Jean Dybowski

La Route du Tchad

DU LOANGO AU CHARI

Ouvrage illustré de 136 dessins inédits

PAR

Mme PAULE CRAMPEL, MM. E. LOËVY, MONTADER, CLÉMENT ET BINETEAU

D'après les photographies, dessins, aquarelles de l'auteur et les documents rapportés par lui

PARIS

LIBRAIRIE DE FIRMIN-DIDOT ET CIE

IMPRIMEURS DE L'INSTITUT, RUE JACOB, 56

1893

LA
ROUTE DU TCHAD

TYPOGRAPHIE FIRMIN-DIDOT ET Cie. — MESNIL (EURE).

JEAN DYBOWSKI.

JEAN DYBOWSKI

LA ROUTE DU TCHAD

DU LOANGO AU CHARI

OUVRAGE ILLUSTRÉ DE 136 DESSINS INÉDITS

PAR

Mme PAULE CRAMPEL, MM. E. LOËVY, MONTADER, CLÉMENT ET BINETEAU

D'APRÈS LES

PHOTOGRAPHIES, DESSINS, AQUARELLES DE L'AUTEUR, ET LES DOCUMENTS
RAPPORTÉS PAR LUI

PARIS
LIBRAIRIE DE FIRMIN-DIDOT ET Cie
IMPRIMEURS DE L'INSTITUT, RUE JACOB, 56
1893

Traduction et reproduction réservées.

LA
ROUTE DU TCHAD

DU LOANGO AU CHARI

CHAPITRE PREMIER

Les origines de la mission. — Départ de France. — La côte occidentale d'Afrique. — Recrutement des tirailleurs. — Libreville. — Arrivée au Loango. — Organisation des caravanes. — Mœurs et coutumes des Loangos.

C'était au début de l'année 1891. Mue par un élan nouveau, la France se portait vers les vastes entreprises coloniales. L'opinion publique tout entière était favorable aux expéditions lointaines. On semblait avoir compris enfin qu'il importait à toute nation puissante de se créer un empire colonial, qui serait l'entrepôt de toutes les matières premières destinées à alimenter nos industries, en même temps que le débouché le plus assuré pour l'écoulement des produits manufacturés.

Qu'on le veuille ou non, le temps est proche où le solde de la prospérité commerciale de toute grande nation européenne se fera sur le terrain colonial.

Dans la lutte acharnée que se font les peuples combattant à

coups de traités de commerce, celui-là sera le plus puissant qui sera le plus indépendant, qui pourra songer à ses propres ressources avant d'être tributaire de celles de ses voisins.

Et toute cette jeunesse instruite, brillante, qui ne demande qu'à dépenser son savoir et son énergie, se lancera dans les entreprises hardies, et contribuera à faire la France forte chez elle, grande et respectée au dehors.

Chacun ayant compris tout cela, les vastes conceptions trouvaient faveur.

Et puis, l'on savait que le moment du grand partage du Continent noir était sonné. Il importait de prendre d'emblée une place qui nous ferait, plus tard, lors d'une nouvelle convention politique européenne, une position prépondérante. Les routes parcourues par les explorateurs, les traités signés par eux donnent, en effet, aux nations qu'ils représentent des droits imprescriptibles.

Depuis une année bientôt, Crampel était parti. Il avait conçu le plan de réunir, en les faisant pénétrer plus avant dans le cœur de l'Afrique, nos colonies du Sénégal au Congo par le Soudan, et du Congo à l'Algérie par les régions inexplorées qui s'étendent entre l'Oubangui et le Tchad. Projet grandiose, dont la conception seule faisait honneur à son auteur, et dont la réalisation lui eût assuré le premier rang parmi les explorateurs africains. Car Crampel prêchait d'exemple, et dans ce plan d'ensemble il s'était réservé une tâche à accomplir, la plus difficile peut-être.

Il devait remonter le Congo et l'Oubangui, pénétrer ensuite dans des territoires inconnus jusque vers le Tchad, et, une fois là, tenter la traversée, jusqu'aujourd'hui inaccomplie, du Sahara par le pays du Hoggar, et regagner ainsi l'Algérie.

Pour soutenir cette entreprise, le Comité de l'Afrique française, qui, contrairement à tant d'associations, avait, avant même de se former encore, organisé déjà la mission dont Crampel était chargé, songeait, maintenant qu'il s'était constitué, à soutenir l'œuvre entreprise, en formant une nouvelle mission qui irait rejoindre celle en cours de route et qui, en lui apportant de nouveaux éléments de force, pourrait assurer son succès.

Après avoir été chargé, dans le cours des années 1889 et 1890, par les ministères de l'Instruction publique et de l'Agriculture, de deux missions scientifiques dans le Sahara, je songeais à reprendre mes études des territoires africains, mais en abordant, cette fois, le Continent noir par la côte occidentale.

M. le capitaine Binger, récemment revenu de son remarquable et fructueux voyage au Soudan, avait bien voulu me montrer quels étaient, à son sens, les points qu'il importait maintenant d'étudier. Des amis s'étaient chargés de présenter le plan préparé au Comité de l'Afrique française, qui, j'en avais la conviction, pouvait m'aider puissamment dans l'accomplissement de la tâche nouvelle que je m'étais donnée.

Les choses en étaient là, lorsqu'à la fin du mois de janvier, je reçus un avis du secrétaire général du Comité de l'Afrique française : M. Percher m'invitait à venir m'entretenir avec lui. Il voulut bien me montrer quelle était la situation présente et le grand intérêt qu'il y avait pour la France à abandonner pour le moment toute action isolée pour concentrer tous les efforts dans l'accomplissement du plan d'ensemble conçu par Crampel. Il me dit que le Comité était décidé à envoyer une nouvelle expédition, qui irait se joindre à celle de Crampel. Il m'indiqua à grands traits le programme qu'il conviendrait de remplir, et voulut bien m'assurer que, si je voulais en prendre la direction, elle me serait probablement confiée.

Ma décision fut vite prise : je répondis que j'acceptais. Nous devions donc nous rendre le lendemain matin au siège du Comité, où aurait lieu l'assemblée du Sous-Comité d'exploration, duquel je devais recevoir d'abord une première sanction. Ce Sous-Comité se composait des généraux de Gallifet, Borgnis-Desbordes, Derrécagaix, des capitaines Binger, Lechatelier et Caron.

Le programme me fut à nouveau soumis, et lorsque j'eus dit que je m'y conformerais, on m'annonça que j'étais agréé et que je serais, le lendemain, présenté à l'assemblée générale, laquelle ratifierait la décision prise par le Sous-Comité.

Le lendemain, je l'entendis, en effet, confirmer par le président,

M. le prince d'Arenberg. J'étais donc désormais définitivement engagé.

Dès lors, il importait de se hâter. Le désir du Comité était de me voir mener très rapidement mes préparatifs, afin de partir, si cela était possible, le 10 mars, de Bordeaux.

On m'adjoignait, comme personnel européen, deux seconds qui partiraient en même temps que moi de France, et un agent commercial que je devais prendre au Congo, et qui serait en quelque sorte l'économe de la mission et s'occuperait des échanges des marchandises que nous emporterions, contre les vivres de toute sorte qu'il nous faudrait acheter en cours de route.

Je demandai et j'obtins de m'adjoindre, en plus, un préparateur qui m'aiderait dans la récolte de collections nombreuses que je désirais faire et qui, à mon sens, constituaient dans leur ensemble les renseignements les plus nets et les plus précis que l'on puisse rapporter d'une expédition pour servir au progrès du commerce et de l'industrie. Ce préparateur était, dans mon esprit, déjà tout désigné : c'était M. Charles Chalot, qui avait déjà rempli des fonctions analogues auprès de moi à l'École nationale d'agriculture de Grignon.

Les autres collaborateurs étaient : M. Paul Brunache, administrateur adjoint des communes mixtes d'Algérie, lequel devait remplir les fonctions de second de la mission, et M. Charles Bigrel, qui se recommandait par une campagne qu'il avait déjà faite au Sénégal; il serait chargé de la conduite de l'escorte.

Je fus mis en rapport avec ces collaborateurs, lesquels devaient m'aider à l'organisation des préparatifs de l'expédition.

Les ministères de la Marine et des Colonies, et des Affaires étrangères fournissaient des subventions, destinées à aider à l'organisation de la mission. Il en était de même des ministères de l'Instruction publique et de l'Agriculture, qui me chargeaient plus spécialement des études scientifiques et agricoles. Le Comité de l'Afrique française prenait à sa charge tous les excédents de dépenses qui pouvaient déjà être créés lors de l'organisation de la mission, et qui pourraient constituer, au moment du retour, des sommes plus ou moins importantes, représentant la solde du personnel. Mes fonctions étaient entièrement gratuites.

Un certain nombre de maisons de commerce, parmi lesquelles il faut citer en première ligne les maisons Daumas et Cie, Bapterosse, Chollet et Prevet, etc., fournissaient un appoint appréciable par des marchandises de toute sorte qu'elles offraient gratuitement. Je trouvai dans la maison Daumas et Cie un concours utile; car non seulement, comme je viens de le dire, elle nous aidait par un apport gratuit, mais encore elle voulait bien ne pas nous ménager les conseils acquis par une longue expérience. Elle se chargeait de faire pour moi les achats de marchandises de toute nature dont il était indispensable de se prémunir.

Tout, en effet, doit être prévu et organisé avant le départ. Il ne faut rien compter trouver sur la côte occidentale. On doit donc emporter avec soi jusqu'aux choses de moindre importance, sous peine d'en être définitivement privé.

Le choix des marchandises est un des points les plus importants en même temps qu'une des conditions d'organisation les plus difficiles à remplir. Tant que l'on doit demeurer sur le territoire dont les populations sont connues, on peut bénéficier des renseignements acquis par ses prédécesseurs, agir avec précision et n'emporter que ce qui est utile. Mais le moment viendra bientôt où l'on se trouvera sur les territoires vierges de toute exploration et en contact avec des populations dont on ne connaît ni les besoins ni les exigences. Il faut alors emporter de toutes choses, puisque l'on ne sait pas laquelle de ces marchandises sera le mieux acceptée. Il en résulte une augmentation très réelle dans les frais d'organisation, non pas seulement à cause des achats divers qu'il faut faire et qui ne représentent, au total, qu'une faible partie des dépenses créées, mais surtout à cause des moyens de transport qui feront défaut et qu'il faudra payer très cher. On risque donc de faire transporter à grands frais une certaine partie de marchandises, qui peuvent se trouver n'être d'aucune utilité.

Cependant, ce sont là des exigences contre lesquelles on ne peut rien et qui montrent combien il pourra être important, en cours de route, de recueillir des renseignements précis, qui éviteront aux successeurs d'onéreuses écoles.

Je n'entreprendrai pas de décrire ou d'indiquer même, en une liste détaillée, les objets de toute sorte que j'emportais avec moi. L'énumération en serait fastidieuse, et je dois me contenter de mentionner les principaux dont je fis l'acquisition, en me basant sur les renseignements que je pus recueillir de tous côtés par les indications obligeantes des maisons de commerce ou par la lecture de relations de voyage.

Les étoffes formaient une partie importante des marchandises que j'emportais. Elles étaient de toute nature : cotonnades blanches, guinées, andrinoples, indiennes, draps légers, soieries, gazes de soie; ces trois dernières marchandises étaient particulièrement destinées à la région musulmane que j'espérais atteindre. Le tout formait environ quatre-vingt-dix charges.

J'emportais trente charges de fil de laiton, lequel, coupé en barrettes de 30 centimètres de long, a cours dans presque tout le Congo. Puis c'étaient, en proportions variables, de petites glaces de divers modèles, de petites sonnettes en bronze, des couteaux, des cuillers, des gobelets en fer-blanc, des sabres d'abatis ou machettes, des boutons, des cauries (sorte de coquillages), des perles, etc.

Les perles constituent un objet d'échange très important; mais la difficulté de leur choix est réel, car les unes ont cours en un point, et ne trouvent, par contre, aucune faveur dans une autre localité. Il faut donc emporter surtout un stock important de celles qui sont reconnues bonnes et un assortiment plus faible d'autres variétés que l'on essaiera de faire passer. J'emportais un grand nombre de charges de cette petite perle blanche en porcelaine qui sert à confectionner les couronnes mortuaires et que l'on appelle rocaille ou baïaka, laquelle, je le savais, jouissait d'une grande faveur dans l'Oubangui.

J'emportais encore de la bijouterie fausse et de l'orfèvrerie argentée, destinées l'une et l'autre aux cadeaux ou aux échanges à faire dans la région musulmane.

L'équipement de mon expédition était fourni par le ministère de la Marine. En plus de l'armement de l'escorte que je devais emmener et des munitions nécessaires aux fusils, j'avais avec moi deux canots en toile, démontables, qui devaient nous aider, sinon pour la navigation, du moins pour la traversée des rivières.

Pour ce qui est de notre propre équipement à nous autres Européens, je l'avais réduit au minimum. Il se composait de deux petites tentes et de grandes bâches, destinées aussi bien à servir d'abri qu'à protéger les marchandises contre les intempéries.

De petites malles étanches renfermaient des costumes de rechange : vestes et pantalons de treillis, tricots de laine fine destinés à remplacer les chemises, brodequins solides en cuir cousu, molletières et casques, tel était le costume que j'avais adopté pour la marche. Je puis dire dès maintenant que j'eus entièrement à me louer du choix que j'avais fait.

J'apportai un soin tout particulier à l'organisation d'une pharmacie que je voulais suffisamment complète pour me permettre de parer à toute éventualité, en même temps que simple, pour ne pas m'encombrer outre mesure.

Prévoyant les cas de chavirage, de vols ou de pertes accidentelles, je formai quatre caisses de pharmacie comprenant chacune un assortiment complet de médicaments et d'objets de pansement. Je donnai une importance particulière aux produits antiseptiques destinés aux usages internes et externes. Une petite trousse de chirurgie faisait également partie de mes bagages.

Pour ce qui est des vivres, il ne fallait pas songer à emporter tout ce qui constitue l'alimentation ordinaire des Européens : je comptais vivre sur le pays. Mais encore fallait-il avoir des aliments condimentaires : sucre, sel, etc., et une petite quantité de conserves de choix, destinées à relever les forces des malades.

Pour cette même raison, j'emportais avec moi quelques quarts de bouteille de champagne. Je conseillerai à tout voyageur qui part avec quelques bagages de ne jamais manquer d'annexer à sa pharmacie un certain nombre de petits flacons de ce vin, qui peut, dans les cas graves, rendre les plus réels services.

Le matériel scientifique comprenait, d'une part, tous les instruments d'observation : chronomètres, sextants, horizon artificiel, boussoles Peignier, baromètres, thermomètres, télémètres, etc.; d'autre part, tout ce qui était nécessaire à la préparation et à la conservation des collections. A ce titre, j'avais tout ce qu'il fallait pour souder les caisses de collections et mettre celles-ci à l'abri et de l'humidité et des insectes.

La mission que je devais remplir était avant toute chose pacifique, et j'avais à m'efforcer par tous les moyens possibles de faire naître la confiance dans l'esprit des indigènes. Cependant, une petite escorte était indispensable pour pouvoir se défendre, le cas échéant, et nous mettre, dans tous les cas, à l'abri des déprédations et du vol.

Afin d'éviter toute perte de temps, je fis partir à l'avance M. Bigrel pour le Sénégal. Il devait recruter là, avec l'aide de l'administration de cette colonie auprès de laquelle je l'accréditais, une quarantaine d'hommes ayant, autant que possible, déjà servi comme tirailleurs sénégalais, lesquels formeraient notre escorte.

Le 1er mars, tout étant prêt, je fis partir M. Brunache pour le Havre, où toutes les charges avaient été centralisées. Il devait s'assurer que toutes portaient la marque de la mission et que leur embarquement se ferait régulièrement sur le steamer qui devait nous transporter. Celui-ci devait relâcher à Cherbourg et prendre là les armes, les munitions et l'équipement qui nous étaient destinés. Le 10, il serait à Bordeaux, où je le prendrais.

Le 10 mars, en effet, je m'embarquais à bord du bateau de la Compagnie des Chargeurs Réunis, *Ville de Maranhão*, sur lequel était déjà embarqué M. Brunache.

Ce ne fut pas, je l'avoue, sans un cruel serrement de cœur que je me séparai de ma famille et de mes amis. Je partais pour longtemps, pour deux années sans doute, et qui pouvait leur assurer la certitude de mon retour? Moi-même pouvais-je y compter et le garantir? Mais, du moins, j'avais devant moi le but à poursuivre, la tâche à accomplir, et je devais trouver là une compensation à tous les chagrins que je laissais derrière moi.

Nous partîmes de France par une mer déplorable. Le départ

avait déjà été retardé espérant que le temps s'améliorerait, mais nous avions à peine gagné le large qu'il nous fallut renoncer bientôt à gouverner. Ce n'est qu'après vingt-quatre heures que, le calme se rétablissant peu à peu, nous pûmes reprendre notre route.

Après avoir fait escale à Sainte-Croix de Ténériffe, le 21 nous étions en vue de Dakar. Je ne connaissais pas encore la côte occidentale, et je fus surpris de voir combien ce qu'on appelle le cap Vert est triste et dénudé.

La jetée construite à Dakar nous permet d'approcher de la terre ferme. Une baleinière me met à terre et je retrouve là M. Bigrel, qui vient me dire qu'il a recruté quarante-deux hommes, lesquels sont tous prêts à être embarqués. Nous nous rendons dans un des coins de la ville où un terrain a été mis à ma disposition et où sont campés tous nos engagés.

J'avoue que l'impression que je ressentis en les voyant n'était nullement favorable. Leurs costumes de toute couleur, mélange de vêtements européens et de *boubous* indigènes, le plus souvent sales et en guenilles, n'était pas fait pour donner de prime abord une heureuse impression.

Mais là encore, il ne faut pas se fier au costume. La plupart de ces hommes avaient déjà fait des années de service et étaient par suite exercés au maniement des armes, mais libres de tout engagement, ils portaient des vêtements de travail, qui leur donnaient cet aspect peu séduisant. Je procédai aussitôt à leur embarquement. Ils étaient avisés que leur engagement était de deux ans, après quoi ils devaient être rapatriés à Dakar.

Dès qu'ils furent à bord, j'offris à chacun d'entre eux une avance d'un mois de solde, de façon à ce qu'il pût laisser cette petite somme à sa famille. Tous acceptèrent, et je vis la plupart donner ces avances à des femmes, à des enfants qui étaient venus les accompagner jusqu'à bord.

Désormais, ma mission était au complet, et nous n'avions plus qu'à faire route le plus rapidement possible vers Libreville, où je devais me mettre en rapport avec M. de Brazza, commissaire général du gouvernement au Gabon, et à Loango, où nous devions débarquer.

Mais la compagnie des Chargeurs Réunis fait faire à ses bateaux de nombreuses escales tout le long de la côte occidentale. Je pus ainsi visiter, souvent avec quelque détail, nos arrêts étant parfois de deux à trois jours, plus d'un point présentant un intérêt réel à l'étude.

Je fus frappé de ce fait, que, malgré l'état de fertilité naturelle du sol de toute cette partie de l'Afrique, tout le chargement que l'on prend à destination de France est composé de matières premières résultant de productions spontanées. Il n'y a, pour ainsi dire, encore aucune exploitation réelle, fournissant des produits agricoles ou commerciaux; pas de cultures, pas d'élevage, et on a toutes les peines du monde à se procurer dans les escales quelques pauvres animaux de boucherie maigres et ne donnant que de la viande de basse qualité.

A Dakar, nous avions pris à notre bord deux jeunes officiers de cavalerie, MM. Quiquerez et de Segonzac. Ils ont embarqué avec eux dix tirailleurs sénégalais et six ânes. Ils doivent descendre près de Grand Bassam, à l'embouchure de la rivière Lahou, dont ils doivent remonter le cours encore inexploré. Ils se présentent fort bien, tous deux jeunes, grands, souples, agiles. Ils ont bonne mine sous leur costume de chasse, de toile nankin. Ce sont de vrais boute-en-train, heureux de vivre, de partir, de mener la vie d'aventures, pleins de foi dans l'avenir. Quiquerez a fait la campagne du Tonkin, la guerre de Tunisie, et, bien que sorti des rangs, il est lieutenant à vingt-sept ans. S'il a la chance de réussir, ce sera un soldat d'avenir. Tout leur bagage, assez limité d'ailleurs, trop peut-être, est mis dans des sacs imperméables fermés à cadenas, ce qui semble un système assez pratique.

Par une complaisance spéciale, qui n'était pas faite pour nous surprendre d'ailleurs, le capitaine du bord, M. Laperdrix, veut bien, pour éviter toute perte de temps aux deux jeunes explorateurs, relâcher à l'embouchure du grand Lahou, où ils pourront descendre et continuer de là directement leur route.

Après avoir relâché successivement à Grand Bassam et à Kotonou, nous arrivons, le 3 avril, à Libreville. Avant que j'eusse pu songer à débarquer, la chaleur étant excessive, je reçus de M. de Brazza un mot fort aimable, me conviant à descendre chez lui. Je me rendis donc à terre et me présentai au Commissaire général. Il me dit alors qu'il avait reçu, du Sous-Secrétariat des colonies, communication du programme qui m'avait été confié et, conformément aux avis qu'il avait reçus, il me déclare qu'il est disposé à nous donner l'appui le plus effectif et le plus large qu'il lui sera possible. Il m'assure que je puis compter trouver dans tous les postes de la colonie l'accueil le plus favorable, et que, conformément à un avis-circulaire qu'il fera tenir aux agents et dont il me donne copie, je devrai recevoir partout, pour moi, mes agents et mon personnel, l'hospitalité des postes. De plus, il compte pouvoir assurer le transport de mes bagages et marchandises, du Loango à Brazzaville, au moyen de porteurs, et, de ce dernier point à Bangui, à l'aide de bateaux à vapeur de la colonie.

Je le remerciai de l'aide qu'il voulait bien m'accorder, l'assurant que l'intérêt qu'il portait à ma mission était pour moi le plus sûr garant du succès pour l'avenir, puisqu'il me permettrait de marcher rapidement et d'éviter ainsi toute perte de temps.

Après trois journées de séjour que j'employai à visiter les environs, les essais de culture très timides encore entrepris par des Annamites déportés et le jardin d'essai dirigé par M. Pierre, je regagnai le bord pour repartir au Loango où j'avais hâte d'arriver.

Nous fîmes d'abord escale à l'île de San-Thomé, la petite mais riche colonie portugaise qui tire toute sa prospérité de ses belles cultures de café et de cacao; et lorsqu'enfin, le 13 avril, le capitaine m'annonça que la terre que nous avions en vue était le Loango, je ne fus pas peu surpris. J'avais beau, en effet, m'armer d'une longue-vue et fouiller l'horizon, je n'y découvrais que quelques pauvres cases très éloignées les unes des autres et qui n'avaient guère l'aspect de maisons. Où était donc la ville? Un repli de terrain nous la cachait-il? Devions-nous ne l'apercevoir que plus tard? Mais point, nous approchions et nous ne découvrions rien de plus; et comme je m'informais, j'appris de la bouche du capitaine qu'en effet le Loango était réduit à ces quelques pauvres cases que nous apercevions là-bas.

Le bateau stoppa très au large, des bancs de sable empêchant l'accès de la terre, et venant même former une sorte de lagune longeant la rive, dans laquelle on ne peut rentrer que par une passe accessible seulement aux pirogues et aux petites baleinières.

Bien que notre présence fût signalée par des coups de sirène, nous ne voyions que deux ou trois petites embarcations se diriger vers le bord. Je profitai de la première qui se présentait pour me rendre immédiatement à terre et prier l'administrateur de me donner l'aide dont M. de Brazza m'avait assuré le concours, en me fournissant le moyen de débarquer mes très nombreux colis. Mais il me fut répondu que l'administration ne possédant pas de bateaux suffisants, il convenait de donner des ordres à l'entrepreneur de transports qui s'occupe du portage entre Loango et Brazzaville. Celui-ci ne possédait qu'une seule baleinière, et comme le steamer était à l'ancre loin en mer, ce n'étaient là que des moyens tout à fait insuffisants, car on n'avait pas le loisir de faire plusieurs voyages. Il fallut donc réquisitionner tout ce que l'on put trouver d'embarcations, même des pirogues indigènes, et mon débarquement se fit dans les conditions les plus déplorables que l'on puisse imaginer, car le bateau ne pouvait attendre, devant dès le lendemain faire route vers le Sud. Tous mes colis furent donc débarqués en hâte, jetés n'importe où sur la côte. Beaucoup d'entre eux étaient mouillés par l'eau de mer, et je devais craindre qu'ils ne fussent avariés. On ne put même pas mettre à ma disposition un nombre suffisant d'hommes pour recevoir tous ces colis, qui s'égrenaient en un long chapelet, ayant plus d'un kilomètre de long. Je dus donc employer mes Sénégalais, qui, bien qu'ils fussent engagés avec l'attribution spéciale de soldats, me fournirent cependant, sans se plaindre, un utile travail.

Nous étions débarqués depuis le matin. Je demandai que l'on voulût bien me fournir, pour mon personnel blanc et pour mes hommes d'escorte, la nourriture que, m'avait-on assuré, je trouverais dans tous les postes; mais il me fut répondu qu'il était impossible de me procurer des denrées. Il nous fallut donc nous mettre à la recherche d'aliments pour tout mon personnel. La factorerie de la maison Daumas et C¹ᵉ mit complaisamment des vivres européens à ma disposition. Il était moins facile de trouver sur-le-champ de quoi nourrir mes Sénégalais. Il n'y a pas au Loango

Fig. 1. — Recensement des porteurs, d'après une photographie instantanée.

de commerce de vivres. Les indigènes peuvent, lorsqu'ils sont prévenus, apporter, au bout d'un jour ou deux, la quantité de manioc qu'on leur demande, mais il ne faut pas compter trouver des provisions dès l'arrivée. Il n'y a pas davantage de bétail, et c'est une bonne aubaine lorsqu'on amène quelques chèvres ou un mouton de l'intérieur. J'arrivai, grâce encore à l'obligeance des factoreries, à me procurer un porc et une chèvre, qui nous permettraient du moins d'attendre le lendemain. Je dois dire que, les jours suivants, l'administrateur voulut bien tenir compte des recommandations faites par M. de Brazza et délivrer chaque jour à mes hommes une ration de riz et de sel.

On mit à ma disposition une sorte de hangar à un étage, qu'on appelait là-bas *le Congo* et qui avait servi de logement et de lieu de déballage aux premières missions organisées par M. de Brazza, lesquelles étaient parties de là pour Brazzaville. C'était une assez pauvre masure ; mais, aidé de mes hommes, nous eûmes bientôt fait de l'approprier un peu. Au premier étage, mes trois compagnons se logèrent. Au rez-de-chaussée, je fis transporter peu à peu tous les colis qui avaient été jetés à la plage.

Un de mes premiers soins fut d'équiper mes Sénégalais. Ils reçurent leurs vêtements et leur armement, lesquels ne leur étaient pas imputés sur la solde.

Le costume consistait en un pantalon et bourgeron de treillis, plus un bourgeron de drap bleu ; comme coiffure, une chechia. Ils reçurent également deux chemises de coton et une ceinture de flanelle.

L'équipement comprenait : couverture de laine, sac de dos, bidon, gamelle individuelle. L'armement : fusil Kropatchek avec baïonnette et ceinturon, cartouchière.

De plus, chaque homme portait sur son sac un sabre d'abatis, une pelle, une hachette, ou un seau de toile.

A peine équipés, mes tirailleurs furent chaque jour menés aux exercices d'assouplissement d'abord, puis de tir à la cible.

Dès l'arrivée, je me préoccupai de préparer et d'organiser tous les colis d'une façon définitive. La plupart d'entre eux avaient déjà été enfermés dans des emballages étanches et dans des caisses réglées à 30 kilos en Europe. Mais nos munitions, par exemple, nous avaient été livrées à l'arsenal de Cherbourg en charges trop fortes pour que l'on pût songer à les transporter telles à l'intérieur. Prévoyant le fait, j'avais emporté de France un grand nombre de caisses vides en bois doublées de zinc qu'il n'y avait plus qu'à souder. Je pus ainsi enfermer dans son emballage définitif, tout ce qui ne devait servir que dans la région haute.

Toutes les marchandises, les aliments, l'équipement, etc., étaient soigneusement inventoriés. Chaque caisse avait, dans des petits carnets spéciaux, son compte d'entrée et de sortie. Il était aisé par ce procédé de se rendre compte de ce qu'on avait et de ne jamais ouvrir une caisse qu'à coup sûr.

Les objets d'usage courant étaient enfermés dans des caisses en fer à charnières et suffisamment protégés contre les intempéries.

Lorsque tout fut préparé, je me trouvai en présence d'environ 550 charges qu'il fallait transporter dans l'intérieur. Ce nombre peut sembler, à juste titre, considérable. Il l'était, en effet, par la raison que, d'une part, nous allions pénétrer dans une région vierge d'exploration, et pour laquelle, par conséquent, les renseignements précis nous faisant totalement défaut, il fallait ne pas être pris au dépourvu et emporter un peu de tout. D'autre part, le programme qui m'avait été dicté me chargeait d'installer des postes d'occupation dans la région comprise entre l'Oubangui et le Chari. Il m'était donc indispensable d'emporter tout l'outillage nécessaire à leur établissement.

Pour se rendre du Loango à Brazzaville, il faut parcourir un chemin d'environ 600 kilomètres. Dans l'état actuel des choses, le seul moyen de transport qui existe est celui qui consiste à utiliser le portage à dos d'homme. Il n'y a aucune sorte de monture ni d'animaux de portage.

Les Loangos sont depuis fort longtemps accoutumés à ce service. Depuis notre occupation de cette partie de la côte, l'administration s'est appliquée à le développer le plus possible, et on est arrivé ainsi à obtenir un nombre prodigieux de porteurs, qui viennent maintenant s'engager soit au poste, quand il s'agit de transporter des produits destinés à alimenter les stations de l'intérieur, soit aux factoreries. On estime à environ 7,000 le nombre d'indigènes qui, chaque année, font la route de Loango à Brazzaville.

Les Loangos portent leur charge sur la tête ou sur les épaules. Quelle qu'en soit la nature, on la place dans des sortes de longs paniers que ces indigènes nomment *moutète* et qui sont formés par deux grandes feuilles de palmier à huile. Les nervures, grosses souvent comme le poignet, forment les deux arêtes de la base de ces paniers. Les folioles, qui ressemblent à celles du dattier ou du cocotier, sont tressées ensemble et constituent le fond. Les bords de droite et de gauche sont faits par les rangées de folioles restées libres, que l'on tresse en une natte continue. La charge est solidement amarrée dans la moutète, et il reste encore de la place pour les marchandises servant à acheter la ration, pour les aliments, et un vase de terre ou de fer destiné à les préparer.

Ce portage est fait dans des conditions toutes spéciales : des sortes de petits chefs de caravane, auxquels on donne le nom de *capites,* viennent au poste ou dans les factoreries s'engager à fournir un certain nombre de porteurs. Afin d'être sûr qu'ils ne se dédiront pas, on les lie en leur donnant des avances qu'ils touchent non pas seulement pour eux, mais pour chaque porteur. Les factoreries font ainsi des avances souvent considérables qui correspondent parfois à l'engagement de quelques milliers d'hommes.

Il arrive que certains de ces chefs, après avoir touché l'avance, ne se représentent plus, mais le fait est presque exceptionnel, car du même coup ils s'interdiraient toute nouvelle affaire.

Le service de l'administration est fait à l'entreprise et par adjudication; et au moment de mon passage, le prix auquel la soumission était accordée était de 37 fr. 50 par porteur, chargé à 30 kilos maximum, pour le voyage d'aller et de retour, et sans augmentation ni diminution de salaire, qu'il soit, à son retour, chargé ou non.

La monnaie européenne n'a pour ainsi dire pas cours au Loango. Seuls, quelques noirs habitant la côte acceptent les pièces d'argent, parce qu'ils savent qu'ils en auront toujours le placement dans les factoreries. Les porteurs, au contraire, sont toujours payés en marchandises. Les factoreries et les entrepreneurs de transport ont un grand intérêt à maintenir ce mode de paiement. L'unité dans ce cas est ce que l'on désigne sous le nom de *cortade,* et qui a une valeur fictive d'un franc. Les entrepreneurs paient les porteurs à raison de 40 cortades pour le transport de Loango à Brazzaville, alors qu'ils ne reçoivent que 37 fr. 50. Toute la spéculation consiste donc dans le placement des marchandises.

En effet, on estime que la valeur réelle de la cortade, marchandise cotée au prix d'Europe, n'excède pas 40 à 45 centimes.

Les marchandises que les hommes réclament en paiement sont de natures extrêmement diverses, mais malheureusement, il faut bien l'avouer, celle qu'ils préfèrent, celle dont le débit est le plus avantageux, c'est l'alcool. On reçoit des alcools de basse qualité de Hambourg et d'ailleurs, et dans un but philanthropique sans doute, on a soin de les étendre considérablement d'eau.

On le débite alors, suivant une unité de mesure que les indigènes appellent la *bouteille*, et qui est réellement un quart de litre.

Fig. 2. — Objets fabriqués par les Loangos : Panier avec couvercle, — Chevet en bois, — Bois sculpté, d'après nature.

Deux bouteilles valent une cortade. Quand on veut acheter quelque chose à un Loango, et qu'on lui en demande le prix, il vous répond : Tant de *bouteilles*.

On importe aussi l'alcool par caisses de douze bouteilles en verre de forme carrée. Cet alcool provient également de Hambourg. Il est de qualité relativement supérieure, et les indigènes le désignent sous le nom de *tafia*, tandis qu'ils donnent le nom de *malafou* à l'alcool ordinaire. Ce mot de malafou est le même d'ailleurs qui sert à désigner le vin de palme.

Sauf l'alcool, qui rentre toujours pour une part plus ou moins importante dans le paiement, les Loangos demandent des marchandises très diverses : des étoffes, des couteaux, des glaces, des faïences peintes, etc., etc. Comme prix de grands paiements, on leur passe quelquefois de vieux chapeaux haut de forme, de vieux oripeaux de théâtre, et jusque parfois des casques de pompier qui servent à orner la tête des chefs.

Lorsqu'on opère le paiement d'une caravane, rien n'est singulier comme de voir toutes les indécisions de chacun des hommes qui voudraient prendre de tout et ne peuvent se décider à faire un choix. Généralement ce qu'ils préfèrent, c'est ce qu'on ne leur montre pas, quelques pièces d'étoffe, par exemple, qui sont déposées dans un coin de la salle ; et un sûr moyen d'écouler une marchandise nouvelle est de ne pas la leur offrir, mais de la leur laisser seulement apercevoir. Cependant, d'une façon générale, ils n'acceptent pas volontiers ce qu'ils ne connaissent pas. Les marchandises recherchées sont donc presque constamment les mêmes à quelques variantes près.

Les caravanes touchent au moment du départ un tiers du prix total de paiement, plus cinq cortades destinées aux vivres d'aller et de retour. Le reste du paiement leur sera délivré au retour.

Tout Loango est inféodé à un chef, et c'est à lui qu'il remet la totalité de son paiement, et celui-ci, suivant sa générosité, consent à lui restituer deux ou trois menus objets. Il s'affranchit rarement de cette domination. On voit cependant des jeunes gens être d'abord des porteurs, puis contre-maîtres et devenir, au bout d'un certain nombre de voyages d'aller et retour, chefs d'un village indépendant.

Quand on engage la caravane, elle se présente tout entière. On en fait alors le dénombrement et on inscrit chaque homme sous son nom. Le plus souvent, ils donnent alors les dénominations les plus fantaisistes, sortes de noms de guerre, qu'ils essaient de rendre les plus drôles possible, au mépris même des convenances les plus élémentaires.

Et c'est alors une sorte de tournoi, dans lequel chacun donne le nom qui fera rire le plus fort toute la bande. Les plus doux sont : *Tchikaïa* (la feuille), *Makaïa* (la fleur), *Makoso* (le cochon), etc. D'autres donnent leur véritable nom parmi lesquels les plus communs sont les : *Tati, Bouiti, Niambé*, etc.

Après avoir reçu cet acompte et s'être fait inscrire, la caravane attend ses charges. On dispose alors un nombre de caisses ou de ballots égal à celui des hommes. Ceux-ci n'ont le droit d'y toucher que quand ils sont avertis par un signal que tout est disposé. Pendant tout le temps des préparatifs, chacun a examiné la caisse qu'il a jugé la moins lourde ou la plus commode à porter. Les objets de petite taille, de forme allongée, sont toujours préférés; aussi lorsque le signal est donné, tous se précipitent en même temps sur les charges les plus commodes, et c'est alors une bataille indescriptible, personne ne voulant prendre les charges encombrantes.

Il faut enfin intervenir, retirer aux gros gaillards les petites charges dont ils ont réussi à s'emparer, les donner aux plus faibles, et imposer aux premiers les caisses qui restaient pour compte.

Il me souvient qu'une fois dans une caravane que je formais, il y avait une très petite caisse sur laquelle tout le monde s'était jeté. Enfin, le plus solide avait fini par remporter la victoire; lorsqu'il voulut prendre la caisse, il put à peine la soulever, — on s'était trompé, on y avait mis deux charges (60 kilos) de plomb de chasse.

On termine l'opération en faisant un recensement, et en mettant en face du nom du porteur la nature de la charge qui lui est confiée. Désormais, on n'a plus à s'inquiéter de rien. Le capite emporte une feuille de contrôle qu'il fera viser aux postes qu'il rencontrera sur la route, et qu'il remettra enfin à Brazzaville.

Le temps moyen du parcours des caravanes de Loango à Brazzaville est d'un mois. Mais il arrivait fréquemment que des porteurs emportaient des charges dans leurs villages, et ne se dirigeaient vers Brazzaville que plus tard, lorsqu'ils avaient mangé leurs avances, n'arrivant à destination que deux ou trois mois après. L'administration vient de mettre un terme à ces abus en délimitant le temps normal de portage, lequel est réglé à un mois de saison sèche et à quarante jours pendant la saison des pluies.

Cependant, les exemples de perte absolue de marchandises sont tout à fait rares et exceptionnels. Les contre-maîtres sont même rendus, dans une certaine limite, responsables des avaries. Cela n'empêche pas que lorsque les caravanes sont chargées des trans-

Fig. 3. — Enfants Loangos, d'après une photographie.

ports pour l'intérieur des liquides, alcool ou vin, ils essaient par tous les moyens possibles d'en dérober une partie. C'est ainsi que lorsque ce sont de ces caisses de tafia dont j'ai parlé, il leur arrive de les laisser tomber volontairement, de façon qu'une ou deux bouteilles se brisent, et mettant alors la caisse au dessus d'un récipient, ils recueillent avec soin tout le liquide qui s'en écoule. Ils font ainsi un double gain puisqu'ils ont un peu de cet alcool qui leur est cher et que la charge se trouve allégée d'autant. On ne saurait d'ailleurs les accuser, puisque la caisse est, en apparence, intacte et inviolée.

J'eus quelque peine à me procurer le nombre de porteurs nécessaire pour transporter toutes les charges dans l'intérieur. Nous ne formions que de petites caravanes successives, que j'envoyais en avant à mesure qu'elles étaient constituées.

Toutes ces difficultés prolongeaient mon séjour à Loango, où je restai un mois entier. J'utilisai ce temps, d'une part à exercer mes soldats qui faisaient des manœuvres quotidiennes, de l'autre à préparer les moindres détails de ce qui pouvait nous être utile dans l'intérieur et à étudier le pays et les environs, afin de recueillir le plus de documents précis qu'il me serait possible.

Je fis tous mes efforts pour engager, en dehors des porteurs qui étaient simplement destinés à aller jusqu'à Brazzaville, des hommes qui resteraient avec moi pendant tout le temps que durerait mon expédition. Et j'eus quelque peine à y arriver; la constitution sociale des Loangos fait qu'ils n'ont nul intérêt à faire partie d'ex-

Fig. 4. — Types de porteurs loangos, d'après une photographie.

péditions de longue haleine. En effet, s'ils partent à l'intérieur, ils savent que leur travail de portage sera indéfiniment prolongé, qu'ils auront, par suite, à faire un travail continu dont cependant ils n'auront aucun bénéfice, puisque ce sera le chef qui s'en appropriera sinon la totalité du moins la plus forte partie. Au contraire, dans le cas du portage normal vers Brazzaville, entre chaque voyage d'aller et retour, il y a une période de repos, qui se prolonge souvent pendant quelques mois, pendant laquelle ils n'ont rien à faire, ce qui revient à dire qu'ils goûteront le bonheur absolu.

Les Loangos présentent un type assez constant : ils sont peu développés, presque chétifs, généralement laids. Le front, largement bombé au milieu, s'élargit au contraire le long des arcades sourcilières. Les yeux sont petits, le nez déprimé et large, la bouche très grande et le menton fuyant.

Ils ne manquent pas d'une certaine intelligence. Ce sont, de tous les noirs, les meilleurs domestiques et avec un peu de dressage, ils deviennent bons blanchisseurs, tailleurs ou cuisiniers; mais il ne faut avoir en leur probité que la confiance la plus limitée : ils sont extrêmement voleurs. A la côte, ils exercent des professions diverses : ils deviennent menuisiers et charpentiers. Dans leurs villages, ils excellent dans les travaux de vannerie de toute sorte; ils tressent avec une rare élégance des paniers ornés des dessins les plus divers. Souvent on les voit faire des séries de paniers qui s'emboîtent les uns dans les autres, à la façon des boîtes japonaises. Ils tressent des nattes d'un ton discret et de dessins sobres mais élégants. Les parois des cases sont le plus souvent tressées de la même façon que ces nattes, et prennent alors un aspect de véritable coquetterie.

Fig. 5. — Domestiques loangos, d'après une photographie.

Beaucoup se livrent à des travaux de sculpture. Ce sont souvent des bonshommes en bois, que l'on a trop fréquemment élevés au rang de fétiches, alors que ce ne sont pour la plupart que des œuvres d'art. Quelques-uns de ces Loangos exercent la profession de sculpteurs sur ivoire. Un d'eux fut amené à l'Exposition universelle de 1889, où il émerveilla tout le monde par son talent naïf, il est vrai, mais riche en ressources de toute sorte. Ils poussent très loin le talent d'imitation et on les voit reproduire en sculpture des objets ou des dessins qu'ils n'ont vus qu'une fois. C'est ainsi que l'on peut voir sur ces pointes d'ivoire sculptées, des cerfs qui, comme on le sait, n'existent probablement pas en Afrique (1), la silhouette de la tour Eiffel, etc.

Il me suffit de leur donner l'empreinte du cachet de la mission pour qu'ils me reproduisent un sceau en ivoire en tout point semblable au premier, avec cette très légère différence cependant que ne sachant pas lire, ils avaient scrupuleusement reproduit toutes les lettres, mais à l'envers.

Aux vices de toute sorte que pratique tout bon Loango, les femmes joignent ceux qui sont propres à leur sexe. Lorsque la jeune fille devient nubile, après l'avoir fait passer par une série de cérémonies spéciales, elle sort des mains des matrones parée de tous les

---

(1) La question de la présence du cerf en Afrique occidentale n'est pas encore élucidée; certains voyageurs affirment en avoir vu.

oripeaux les plus élégants que l'on possède dans les cases, accompagnée de toutes les jeunes filles de son village. Elles s'en vont en bandes nombreuses visiter les villages des environs, passent successivement devant chaque case des blancs, et il est d'usage de leur donner quelque offrande. Cette cérémonie de promenade de la *carbasse* (la jeune fille nubile) se prolonge pendant plusieurs jours, pendant lesquels on amasse la dot qui l'aidera à s'établir. Mais, pour être mariée, elle n'en est pas vouée pour cela à une austérité plus grande : elle paiera seulement redevance à son seigneur et maître.

Les jeunes Loangos se convertissent facilement ; ils n'ont pas de parti pris, de croyance bien nette, et il est assez rare de les voir commettre des actes de fanatisme. J'eus cependant l'occasion d'en constater un assez singulier. Dans un village situé non loin de notre frontière de la possession portugaise, deux hommes furent accusés d'avoir tué leur mère : on les arrêta et on les amena au poste. Ils ne niaient pas leur crime, disant qu'ils devaient bien agir ainsi, parce que depuis quelque temps les hommes mouraient dans

Fig. 6. — Idoles en bois des Loangos, d'après nature.

le village et que le féticheur leur avait déclaré que la cause en était dans la présence d'un fétiche, que leur mère avait dans le ventre et qui continuerait à exercer son action destructive tant qu'on ne l'aurait pas extrait. Craignant pour leur propre existence, ils n'avaient pas hésité à ouvrir le ventre de leur mère, et ils nous déclarèrent qu'ils y avaient trouvé le fétiche dont on leur avait prédit la présence. C'était une corne de bélier que le féticheur avait eu soin de mettre au moment où on pratiquait l'opération. La femme était morte à la suite de l'opération que l'on n'avait pas cependant pratiquée pour la tuer, mais, au contraire, pour la délivrer du fétiche.

La pratique du poison d'épreuve existe chez les Loangos. Lorsqu'un homme est accusé d'un méfait quelconque, on lui offre de se justifier par l'absorption d'un bol de poison. S'il est coupable, il en mourra; s'il est innocent, les dieux sauront discerner la vérité, et il n'aura rien à craindre de cette absorption.

Et effectivement, on voit dans certains cas le patient mourir dans d'atroces convulsions, et dans d'autres demeurer tout à fait indemne. La raison en est que c'est le féticheur qui joue ici le rôle du dieu invoqué, et que suivant qu'il a ou non à se venger du patient, ou bien que celui-ci l'a suffisamment payé, il lui fait absorber une décoction d'herbes parfaitement anodine, ou bien au contraire celle de certaines légumineuses, qui sont spécialement cultivées pour le poison d'épreuve (*Imperata cylindrica*).

CHAPITRE II

Le départ du Loango. — L'administrateur Cholet. — La forêt du Mayombé.

La veille de mon départ du Loango, j'eus la bonne chance de voir arriver M. Cholet, l'explorateur qui avait, le premier, remonté la Sanga. Il venait prendre les fonctions d'administrateur du Loango. Je regrettai qu'il ne fût venu plus tôt, car il m'aurait certainement aidé dans le recrutement tant de mes caravanes que des porteurs qui devaient me suivre jusqu'au bout.

La caravane qui m'accompagnait se composait d'hommes recrutés dans les conditions normales, c'est-à-dire engagés seulement pour aller jusqu'à Brazzaville, et d'autres qui resteraient avec moi. Ceux-ci étaient au nombre de quatre-vingts.

J'avais de plus la promesse d'un très grand nombre de porteurs, qui avaient été précédemment envoyés, de s'engager avec moi à Brazzaville même, pour la durée de mon voyage.

L'administrateur du Loango m'avait d'ailleurs affirmé que je trouverais facilement à engager à Brazzaville un grand nombre de *Bacongos*, hommes vigoureux et énergiques, qui me rendraient de plus réels services que les Loangos. Il avait, disait-il, écrit dans ce sens, à M. Dolisie, administrateur principal de Brazzaville. J'étais donc rassuré sur ce point et j'espérais qu'il me serait aisé d'arriver au chiffre de deux cent cinquante hommes que je désirais atteindre et dont le nombre serait tout à fait suffisant pour la marche régulière, une partie des charges pouvant fort bien rester en arrière, et n'être reprise que plus tard, lorsque des postes servant de base d'opération seraient établis par mes soins dans la région haute.

Déjà, pendant notre séjour au Loango, mes compagnons européens avaient plus ou moins lourdement payé leur tribut à l'acclimatement. Mais celui qui de tous avait été le plus cruellement atteint était M. Bigrel : les accès de fièvre le secouaient souvent, prenant parfois un caractère de réelle gravité.

J'avais donc prévu, au moment de notre départ, qu'il serait utile d'avoir un certain nombre de porteurs libres, afin de pouvoir, en cas de maladie, disposer d'un hamac, dans lequel pourrait s'étendre l'Européen souffrant.

J'ai dit que, dans l'état actuel des choses, le Loango se compose seulement de quelques cases distantes les unes des autres et séparées par de vastes terrains que recouvrent de hautes herbes. C'est dans ces herbes maintenant, par un étroit sentier, qui dès l'abord se dirige vers le Nord-Est et serpente en des méandres aussi imprévus que non motivés, que nous prenons notre route. Nous ne ferons ce premier jour qu'une petite étape, assez seulement pour nous éloigner du Loango et organiser l'ordre de marche régulier.

Mes porteurs sont partis pendant le temps que nous déjeunions à Loango, car suivant leur coutume, il faut qu'ils s'en aillent faire leurs adieux dans les villages. Nous les prendrons en route.

En effet, nous en retrouvons déjà une bonne part au premier petit village que nous rencontrons.

Malgré les instances de mes porteurs qui auraient voulu borner là cette marche du premier jour, nous continuons notre route par le chemin qui serpente et nous arrivons dans la soirée au petit village de *Moukoulim-bouali*, dont le vieux chef vient m'offrir pour la nuit une case très propre et spécialement destinée à recevoir les étrangers. Elle est élégamment construite, cette case : le toit à deux pentes est recouvert d'un chaume régulièrement disposé. Les flancs sont couverts de ces nattes coquettement tressées dont j'ai parlé. Par une petite porte, j'ai accès dans deux pièces, aux parois faites de tresses plus élégantes encore qu'à l'extérieur. Tout cela est établi avec une coquetterie, une régularité qui étonnent. Il

Fig. 7. — Départ de la caravane pour Brazzaville.

y a là, cadeaux de quelques voyageurs de passage, une vieille table et de petits pliants.

La case est petite, et c'est à peine si je pourrai y installer mon lit. Cependant, il y a là une autre pièce qui reste close. Je demande au chef de l'ouvrir. Il y consent non sans peine, car c'est l'endroit où il dépose ses trésors : là se trouvent accumulés toute espèce d'objets européens démodés et déclassés. Sur une sorte de table, des poteries de tout genre, des ornements divers, et contre les murs de mauvaises glaces et quelques imageries, le portrait du général Boulanger ! et la tour Eiffel ! Devant la valeur de tous ces objets précieux, j'arrête mon insistance, et je laisse le chef refermer soigneusement la porte de son trésor.

L'hospitalité que m'a offerte le chef en me donnant cette case pour la nuit, et qu'il a complétée en m'apportant deux poules, toute cordiale qu'elle semble, n'en est pas moins très intéressée. On m'a prévenu, en effet, qu'il est d'usage que, quel que soit le blanc qui passe, le chef vienne se mettre à sa disposition et lui fasse un cadeau, mais il est bien entendu que celui-ci est offert dans l'espoir d'un présent en retour proportionné à la générosité de l'Européen, et qui, dans tous les cas, doit représenter au moins le double de la valeur effective du présent qu'a fait le chef. Je le paie donc largement de ses poules et du dérangement que nous lui avons causé. Le lendemain, dès l'aube, nous nous préparons pour le départ. Le chef vient alors à moi avec son fils Tati, un jeune garçon de 13 ou 14 ans, à la figure avenante et moins laid en somme que la généralité des Loangos. Le chef me dit qu'il veut me confier son fils pour que je l'emmène avec moi pendant toute la durée de l'expédition et qu'il me servira fidèlement. Mais, me dit-il, il est inquiet de me voir escorté de tant de soldats et manifeste la crainte que nous n'allions faire la guerre. Je lui explique que j'ai beaucoup de marchandises avec moi et que le très petit nombre de soldats qui m'accompagnent sont seulement suffisants pour assurer la sécurité, puisque toutes les charges qu'il voit passer par son village par caravanes successives m'appartiennent et doivent être transportées dans le haut. C'est convenu, Tati partira avec moi en qualité de *boy*, aux appointements de quinze cortades par mois.

Je donne ces indications pour faire voir quelle est la situation morale qu'il faut attribuer à un de ces indigènes que l'on décore parfois du titre pompeux de prince ou de roi, et qui ne sont en somme que de petits chefs de village, anciens contre-maîtres de caravane, n'ayant le plus ordinairement sous leur autorité que le groupe de quelques cases dans lequel ils habitent. J'aurai l'occasion de montrer d'autres exemples de l'infime puissance de ces petits chefs de la race *Fiote*.

A partir de ce point, le pays prend un aspect plus caractéristique, plus particulier, et aussi infiniment plus pittoresque. Nous avions, depuis notre départ du Loango, marché sur une sorte de plateau herbeux et presque sans accidents de terrain, où la monotonie de la plaine qui se déroulait devant nous était seulement coupée par quelques arbustes assez rabougris, par suite de l'incendie méthodique des herbes qui est chaque année allumé. Parmi ces arbustes, se trouve en grand nombre, une *annonacée*, dont les fruits à la saveur de l'abricot, mais fort peu charnus, forment la nourriture de beaucoup d'oiseaux. D'élégants petits guêpiers, aux ailes d'un vert émeraude, sillonnent les airs et viennent se percher au sommet des grandes herbes, que leur poids fait fléchir en une courbe gracieuse.

Fig. 8. — Forêt de palmiers à huile, d'après une photographie.

Maintenant, le terrain devient plus accidenté. Fréquemment, des vallées se présentent à notre vue, toutes couvertes d'un boisement intense, et là, soudain, sous nos pieds, le sol s'est effondré, taillant une berge à pic, dont les flancs au sol ferrugineux se détachent en un rouge clair sur le fond sombre de la forêt. Et s'élançant au-dessus du fourré, d'immenses palmiers à huile détachent leur élégant panache de feuilles gracieuses et souples, couronnant leur mince tige, hautes de quelques dizaines de mètres. Parfois le peuplement de ces palmiers prédomine sur toute autre essence et forme une forêt spéciale venue là spontanément sans nuls soins de culture, et que les hommes n'ont qu'à exploiter pour en tirer l'important produit.

Nous descendons les pentes de ces vallées aux flancs couverts d'herbes, et rien n'est gracieux comme cette rangée de chechias rouges, neuves encore, de nos tirailleurs qui donne une note claire dans tout ce paysage un peu gris et un peu sombre. Nous entrons bientôt dans un sous-bois, où la lumière pénètre à peine à travers la feuillée épaisse, et tout au fond coule un petit ruisseau aux eaux claires, cascadant sur des roches que d'élégantes fougères et des lycopodes disputent aux eaux.

Dans l'après-midi, nous traversons la petite rivière de *N'Tombo*, bordée d'un petit bois tellement serré que le soleil semble n'en avoir jamais éclairé le sol. Il y fait frais, presque froid. La petite rivière, grossie par des pluies d'orage, roule des eaux rougies par le sol détrempé qui s'y est mêlé. Tous nos porteurs, laissant un moment les charges, et quittant leurs pagnes, prennent un bain, au mépris des dangers que peut présenter cette immersion après la course que nous venons de fournir et qui les a couverts de sueur. Mais, quoi que l'on fasse, on ne les dissuadera jamais de se baigner ainsi toutes les fois que nous rencontrerons une rivière.

Je ne sais si c'est à ce fait qu'il faut l'attribuer, mais les affections des voies respiratoires sont communes chez les porteurs loangos.

Nous campons non loin de cette rivière, et de gros manguiers au feuillage touffu attestent la présence d'un ancien village abandonné.

Cet arbre, qui croît dans presque tous les villages de la région du littoral, y acquiert souvent de très grandes dimensions, et donne chaque année d'abondantes récoltes de fruits, dont les indigènes sont friands. Les graines jetées par eux servent à accroître d'année en année le peuplement. En dessous de chaque arbre, il y a une véritable pépinière de jeunes arbustes, repoussant de graines. On a proposé d'exploiter ce fruit pour en fabriquer un alcool qui est de très bonne qualité; mais dans l'état actuel des choses, on ne pourrait songer à se contenter d'exploiter les arbres existants; il faudrait commencer par faire des plantations et on ne pourrait, dans ce cas, compter sur des récoltes sérieuses qu'au bout d'une dizaine d'années.

Après une nouvelle journée de marche, plus forte celle-là que la précédente, nous venons camper sur les bords de la forêt du Mayombé. Nos campements sont maintenant organisés régulièrement, suivant un ordre qui sera conservé jusqu'au bout. A peine sommes-nous arrivés à l'endroit de la halte, que nos tirailleurs vont chacun à ses fonctions. L'emplacement où devront être établies les tentes leur étant désigné, ceux qui portent les sabres d'abatis, procèdent immédiatement au débroussement. Ceux qui sont armés de haches, s'en vont couper le bois nécessaire à la cuisine et aux feux que l'on entretient toute la nuit. Enfin, les hommes munis de seaux sont chargés de rapporter une bonne provision d'eau.

Les porteurs, comme les tirailleurs, ont des places désignées pour leur campement, ce qui est le seul moyen d'éviter, d'une part, qu'ils se dispersent, et de l'autre, qu'il ne s'élève de discussion entre eux sur le choix de l'emplacement.

Jusque-là notre marche avait un peu manqué de régularité : quelques porteurs s'étaient attardés dans leurs villages, et mes tirailleurs ne se font que peu à peu à l'habitude de porter le sac au dos. Nous prendrons donc une journée de repos pour nous permettre de nous organiser mieux avant d'entrer dans la forêt du Mayombé. Nous sommes campés en lisière de cette forêt, sous l'ombre de ses premiers grands arbres. Je mets cette journée à profit pour faire une excursion sous bois et voir ce qu'il peut y avoir d'intéressant dans les arbres et les plantes qui la composent.

Le sol, recouvert d'un peuplement exceptionnellement intense, est accidenté; il se creuse à tous moments en des ravins aux flancs rocheux, où s'accrochent les racines des arbres. Celles-ci courent sur le sol, contournées, tourmentées, prenant l'aspect d'immenses serpents; l'humidité qui règne là à l'état constant, leur permet de vivre ainsi d'une façon aérienne; des arbres nombreux d'espèces diverses laissent pendre de leurs branches des racines formant de véritables colonnes, qui atteignent bientôt la terre et s'y fixent solidement. Certains de ces arbres ont un tronc immense, s'élançant tout droit vers le ciel et portant là-haut, au-dessus de la feuillée intense du sous-bois, une ramure puissante qui s'étale librement au grand air.

L'aspect de cette série de troncs robustes, majestueux, revêt un caractère d'étonnante grandeur; et c'est de toutes parts un emmêlement de branches, de lianes qui les enlacent étroitement et s'élancent, d'arbre en arbre, en des méandres élégants et bizarres.

M'écartant du sentier battu pour pénétrer dans le sous-bois, je fus frappé de la présence de quelques petits pieds de vanille, dont la tige sarmenteuse s'enlaçait dans les buissons; et continuant mon chemin, je m'aperçus bientôt que ces pieds n'étaient pas là à l'état isolé, mais que la plante était extrêmement abondante. Des arbres énormes en avaient le tronc absolument tapissé. Je pus donc examiner des échantillons multiples et me convaincre que j'avais bien là affaire à la vanille aromatique. Elle n'était en ce moment ni en fleur ni en fruit. Il est douteux, d'ailleurs, qu'elle doive, à l'état spontané, donner de sérieux produits. On sait, en effet, que la vanille ne mûrit ses gousses qu'à la condition que la plante ait été soumise à des opérations culturales, qui consistent à pratiquer la fécondation artificielle.

On est surpris de voir combien cette grande forêt est muette. C'est à peine si l'on entend le chant de quelques petits oiseaux pendant le jour. Ce n'est que lorsque la nuit se fait qu'alors des bruits retentissent de toutes parts. Ce sont des bandes énormes de perroquets gris qui viennent s'abattre tous sur le même arbre où ils ont élu domicile, qui va leur servir de perchoir pour la nuit

Fig. 9. — Calaos de diverses espèces, d'après des spécimens empaillés.

et qu'ils quitteront dès le matin pour aller chercher leur pâture dans les champs.

C'est encore parfois quelques calaos, qui s'enfuient en poussant des cris stridents. Et de loin, dans le fond du bois, on entend la voix gutturale de quelques gros singes, qui doivent être, d'après ce que m'ont dit les indigènes, des troglodytes. Je ne puis affirmer leur dire, n'ayant jamais pu arriver à les approcher.

Nous commençons, le lendemain, notre marche en forêt et mes porteurs, habitués à la route qu'ils ont déjà faite maintes fois, m'annoncent que nous ne verrons plus le soleil tant que nous n'en serons pas sortis. Cet immense territoire couvert d'arbres représentant une valeur considérable comme bois d'exploitation, malgré l'ombre intense qu'ils projettent et qui ne permet jamais au soleil d'arriver jusqu'à terre, n'est pas cependant complètement inhabité. Dès le premier jour, nous arrivons au petit village de *Doumanga*. Ce ne sont que quelques cases, placées au milieu d'une sorte de clairière, qui a été obtenue par l'incendie des arbres, dont les troncs brûlés restent encore çà et là debout et émergent noirs et tristes au-dessus de petits champs de manioc et de bananiers au feuillage vert clair. Dès que le chef a deviné notre venue, vite il s'est retiré dans sa case pour se parer de ses plus brillants atours. Il vient maintenant à moi, majestueux et digne. Il semble très surpris du mouvement de folle hilarité qu'il produit sur nous. Nous avons bien peine cependant à en retenir l'élan devant la singularité de son accoutrement. Il est vêtu d'un pagne, au-dessus duquel flottent, tout raides, les pans d'une chemise en cotonnade neuve. Sa tête est couverte d'un grand chapeau haut de forme à bords plats qu'il met en arrière. Il porte à la main une grande canne. Il a évidemment mis, en notre honneur, tout ce qu'il avait de plus beau.

Son accueil est cordial : il nous offre des poules et une chèvre, et, suivant la coutume à laquelle je m'habitue maintenant, il ne quitte pas ses cadeaux avant que je lui aie remis les miens qu'il soupèse et examine pour bien voir si leur valeur est suffisante. Satisfait, il se retire chez lui.

Sur toute la route du Loango à Brazzaville, la langue flotte des Loangos de la côte est comprise par les indigènes. Les contremaîtres, les boys, qui parlent tous un peu français, peuvent donc servir d'interprètes; mais il est bien utile de comprendre un peu leur langage, sans quoi ils abuseront certainement de la situation, et interprèteront toujours les paroles qui leur sont adressées dans le sens qui leur sera le plus favorable. D'ailleurs, il faut bien le

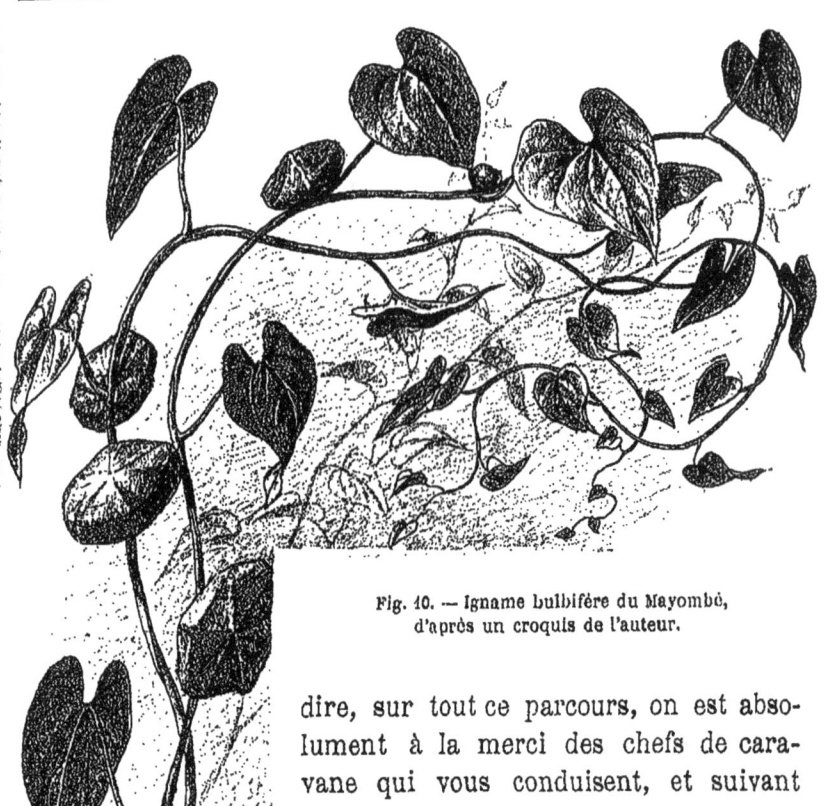

Fig. 10. — Igname bulbifère du Mayombé,
d'après un croquis de l'auteur.

dire, sur tout ce parcours, on est absolument à la merci des chefs de caravane qui vous conduisent, et suivant qu'ils auront intérêt à s'arrêter sur tel ou tel point, ils vous feront traverser tel village qui leur conviendra, au risque d'allonger la route. Il serait aisé de remédier à cet état de choses, qui ne manque pas de présenter de très sérieux inconvénients, en plaçant çà et là quelques poteaux d'indication qui renseigneraient sur la longueur du chemin à parcourir et sur la position du village à atteindre.

La traversée de la forêt du Mayombé ne se fait pas sans difficulté. Dès le second jour, nous escaladons les flancs à pic du mont *M' Foungou*. La montée est pénible; les pluies ont détrempé le sol. Les pieds glissent et manquent à tout moment. Il faut s'aider des mains, se retenir à toutes les petites branches qui se présentent, monter et monter encore, et tout cela dans une atmosphère chaude, humide, où la respiration manque sous un dôme intense de verdure qui vous écrase; et du sol, montent les exhalaisons des feuilles en décomposition dont l'humidité constante de l'atmosphère entretient la fermentation. Et lorsqu'enfin nous redescendons le versant opposé, la marche est plus difficile et plus périlleuse encore. Seules, les énormes racines qui courent sur le sol donnent un peu de sécurité à nos pas; elles ont retenu la terre et forment des sortes de poches où l'eau se mélange à la boue détrempée dans laquelle nous pataugeons. Plus d'un homme glisse et tombe et sa charge dégringole entre les roches, où on a toutes les peines du monde à l'aller chercher. Cette pénible descente est enfin terminée; mais alors nous nous trouvons en présence d'un torrent grossi par l'eau qui a tombé toute la nuit et dont il nous faut suivre cependant le lit, car c'est là le chemin. Lorsque nous en sortons, c'est pour marcher maintenant dans un sous-bois envahi par les eaux, où nous enfonçons dans la boue jusqu'à mi-mollets, et toute la demi-journée se passe ainsi dans une marche épuisante. La caravane est toute débandée maintenant. Chacun est préoccupé de l'endroit où il peut poser le pied, se retenir aux branches pour ne pas glisser et tomber dans cette vase infecte.

De temps en temps, nous traversons des emplacements où devaient exister des villages. Leur présence est signalée encore par quelques arbres fruitiers : manguiers et papayers.

On rencontre très fréquemment des touffes de balisiers (*Canna*). Ils se sont naturalisés dans le pays et leur dissémination s'est opérée par le fait que la graine est employée pour faire des colliers. Certains de ces grains de colliers, quoique perforés, conservent l'embryon intact et peuvent germer.

Le long des arbres grimpent les tiges volubiles d'ignames sauvages, portant des bulbes aériens. Les indigènes ne les consomment pas, prétendant qu'ils sont vénéneux.

Après avoir pataugé dans tous ces marais, nous aboutissons à la petite rivière Kaba, qui coule au pied du mont de ce nom. L'escalade de ses pentes glaiseuses, glissantes à l'excès, ne se fait qu'au prix d'une fatigue bien réelle. La montée est tellement pénible, que nous n'arrivons à atteindre le sommet de ces pentes que complètement trempés de sueur, au point que notre premier soin est de faire allumer de

Fig. 11. — Maintenant le chemin, c'est le lit de la rivière...
D'après une photographie instantanée.

suite de grands feux pour pouvoir nous sécher et nous réchauffer un peu, car nos vêtements se refroidissent maintenant et nous grelottons, et il fait 26 degrés, mais l'ombre est toujours épaisse et pas un rayon de soleil ne vient jusqu'à nous.

La descente n'a pas été plus facile que n'était la montée. A tout moment le pied manque, et ce sont encore des charges qui dégringolent dans les précipices se brisant sur les rochers.

En bas de ces pentes, nous trouvons la petite rivière de *M'-Vouti* qui suit un cours tellement capricieux, que pour continuer notre chemin et atteindre le village du même nom, nous traversons ses méandres neuf fois de suite. L'eau en est claire, des plantes superbes l'ombragent de toute part, mais le courant est violent. Le plus souvent nous n'avons de l'eau que jusqu'aux genoux, cependant par deux fois il nous faut résolument nous engager complètement dans l'eau qui nous envahit jusqu'aux épaules.

Sur un des coudes de la rivière, les indigènes ont établi un barrage en une sorte de clayonnage coupant son cours et formant deux lignes aboutissant au centre qui seul est libre sur un faible espace. Là sont placées des nasses et tout le cours étant ainsi tamisé, les poissons viennent s'y accumuler.

Avant d'arriver au village de M'Vouti, nous traversons un petit cimetière et sur les quelques tombes qui le composent, les indigènes ont déposé, en façon d'offrandes aux dieux, bon nombre de vases en faïence grossière de fabrication européenne : assiettes, pots à eau, cuvettes, qui tous sont percés d'un trou afin que les impies n'aient pas l'idée de se les approprier pour s'en servir.

Le chef du village, avec des démonstrations d'une politesse exagérée, m'apporte un bouc et un régime de bananes; puis il me donne quelques noix de kola accompagnant chaque cadeau de saluts jusqu'à terre. La noix de kola semble être en ce point le cadeau destiné aux chefs; un indigène qui m'en a apporté s'est mis à genoux pour me l'offrir. L'arbre qui produit cette graine (*Kora Balleyi*) y est assez abondant. Il ne s'en fait cependant pas de commerce qui ne trouverait d'ailleurs que de faibles débouchés, les indigènes n'en étant pas très friands.

De nombreuses cultures occupent les débroussements : ce sont des plantations de manioc, de bananes, de patates, de tabac. Autour des cases, de grandes touffes de canne à sucre que les indigènes cultivent pour en découper la tige par morceaux et en faire une boisson fermentée assez agréable. Les légumes sont représentés par des aubergines aux fruits d'un rouge minium et de grandes amaranthes, dont les feuilles à l'état jeune sont utilisées comme épinards. Cela constitue un légume agréable, que nous consommons volontiers.

Dans tous les villages de la route de Loango à Brazzaville, on trouve en abondance des pieds de papayers (*Carica Papaya*). Cet arbuste qui, dans les meilleures conditions, atteint 6 à 7 mètres de haut, portant le plus souvent une tige simple plus rarement ramifiée, terminée au sommet par un bouquet de grandes et belles feuilles, fournit une fructification extrêmement abondante. Ses fruits, de la grosseur et de la forme d'un petit melon oblong, enveloppent complètement la tige, pressés qu'ils sont les uns contre les autres. La chair d'un rouge orangé est sucrée, savoureuse et a le grand avantage d'être extrêmement digestive, à tel titre que manger une grosse papaye après son dîner n'encombrera pas l'estomac mais au contraire fera digérer plus facilement tout ce que l'on a ingéré. Comme la graine est abondante, elle se ressème partout et la plante s'est à demi naturalisée autour des villages. Les pieds mâles, ceux qui ne portent pas de fruits, se couvrent en toute saison de

Fig. 12. — Le chef du village de M'Vouti, un de ses fils et sa troisième femme, d'après une photographie.

grandes grappes de fleurs, répandant tout autour une odeur suave et pénétrante.

Enfin, après une dernière étape dure et fatigante, mes guides m'annoncent que nous allons sortir tout à l'heure de la forêt. En effet, les arbres diminuent de grandeur et soudain nous voilà arrivés en plein soleil; sa clarté nous inonde de toutes parts; et nos yeux se sont tellement habitués à la demi-obscurité qui règne dans la forêt, que nous sommes véritablement éblouis et que nous avons peine à nous faire à cet excès de lumière. Mais c'est avec joie que nous saluons cette fin de la marche sous bois qui a été tellement pénible. Chacun de nos Européens, et plus d'un de mes tirailleurs sénégalais, ont déjà payé un lourd tribu à la fièvre. Celui dont la santé est le plus cruellement éprouvée est encore M. Bigrel, mon chef d'escorte. Dès l'entrée dans la forêt, il a été pris d'accès qui, résistant à toute médication, n'ont été qu'en s'aggravant chaque jour. Il me tarde d'atteindre le poste de Loudima, où il sera possible de lui faire prendre quelque repos, car bien que je l'aie fait, depuis ces derniers jours porter en hamac, la course n'en est pas moins très fatigante, d'autant que plus d'une fois les chemins deviennent tels qu'on est bien forcé de mettre pied à terre. Le seul moyen de portage, en effet, consiste dans l'emploi de ce qu'à la côte on appelle un *tipoï*. C'est un hamac dont les cordes sont fixées sur une très longue tringle de bois, portée par deux hommes vigoureux.

Après un repos pris à un village, situé non loin du bord de la forêt, nous reprenons notre marche. La joie que nous avions eue en quittant le Mayombé, et qui provenait de l'espoir de voir les difficultés les plus grandes terminées, fut bientôt déçue, car, pour être d'une nature différente, elles n'en restaient pas moins bien réelles.

Ce ne sont plus ces pentes glissantes, ce ne sont plus ces arbres effondrés par la foudre, ces enlacements de lianes, ces marais; le terrain devient désormais presque plan, se relevant seulement çà et là en de petits monticules dont les pentes sont aisées à gravir; mais tout cela est recouvert par les grandes herbes. Des herbes tellement hautes, tellement touffues, tellement impénétrables, que qui ne les a vues a quelque peine à se les figurer. Elles ont partout dans les vallées 3 et 4 mètres de haut, et lorsque la caravane s'y engage, elle y disparaît totalement. C'est à peine si la marche successive de tous les porteurs qui font annuellement ce parcours a tracé dans ces roseaux un faible sillon.

Lorsqu'on s'y engage, ce n'est qu'au prix d'une gymnastique continuelle qu'on arrive à s'y frayer un passage. Des brins brisés vous poignardent, vous frappent la figure, vous aveuglent; des feuilles coupantes vous lacèrent les mains et la face, et la poussière que laissent retomber ces herbes vous enflamme les yeux. La caravane tout entière a disparu maintenant au milieu de l'herbe; marchant à la file indienne, on voit seulement l'homme qui est devant soi, et immédiatement le sillon se referme. Du sommet d'un mamelon où l'herbe est moins haute, je devine à peine dans la vallée, par l'ondulation des chaumes, la présence de tout ce long serpent de caravane qui y est englouti. Parfois, soudain, des animaux surpris par notre présence, que le bruit seul pouvait leur faire deviner, bondissent devant nous; ce sont des buffles ou des antilopes.

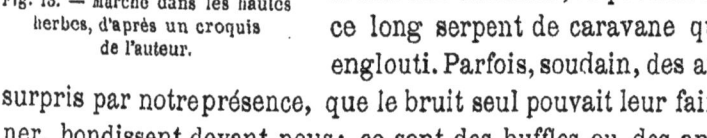

Fig. 13. — Marche dans les hautes herbes, d'après un croquis de l'auteur.

Lorsque ces grandes herbes sont sèches, les indigènes de tous les villages des environs se réunissent et les enflamment, produisant ainsi d'immenses incendies. Le feu ayant été allumé suivant des lignes prévues à l'avance et venant converger vers un point, les flammes chassent devant elles tous les animaux qui trouvaient là leur refuge, et qui sont obligés de passer devant les indigènes, lesquels, armés de fusils à pierre, les attaquent et en tuent un grand nombre. On ne brûle ainsi les grandes herbes que quartiers par quartiers, et nul village n'a droit d'agir pour son compte exclusif et sans entente préalable avec ses voisins. On prolonge ainsi la période de ces chasses, qui fournissent toujours des produits fructueux.

Malgré le brûlage de ces herbes, qui détruit cependant chaque année une quantité énorme de produits utiles à la végétation, la fertilité du sol est telle que, chaque année encore, les moissons repoussent avec la même vigueur. Ce sont là des indications qui montrent tout le parti que l'on pourrait tirer de ces plaines si l'on voulait simplement suivre l'exemple donné par la nature et substituer peu à peu à ces bandes de buffles et d'antilopes sauvages des troupeaux de bœufs ou de moutons domestiques. Le point n'est pas tellement éloigné de la côte que l'on ne puisse songer à faire franchir la distance aux animaux qui y seraient élevés.

A cette plaine longue et fertile succèdent des plateaux où se reconnaît encore l'emplacement d'anciens villages abandonnés maintenant. Nous en retrouvons les traces par un grand nombre de plantes, qui se sont naturalisées et croissent là à l'état demi sauvage. En outre des manguiers, des papayers et des tomates, couverts de fruits mûrs à point, il y a un grand nombre de pieds de cotonniers. Leurs capsules entr'ouvertes laissent échapper des flots de belle soie blanche que personne ne récolte. N'est-ce pas là une indication précise, et qui montre combien la culture de cette plante serait aisée? Les plateaux eux-mêmes sont fertiles : quelques arbres nous protègent de leur ombre salutaire et nous nous reposons sous la ramure d'un immense figuier sycomore. Les branches sont chargées de nids de tisserins jaunes, qui volent tout autour de ces sortes de poches, suspendues à l'extrémité des rameaux. Il y en a des centaines, et lorsque les habitants de ces nids s'envolent tous ensemble, ils s'en vont faire de grands tours en l'air pour revenir s'abattre sur l'arbre.

Les passereaux de toutes sortes sont extrêmement abondants dans toute cette région des prairies, dont les herbes qui sont souvent des millets (*paspalum*) leur fournissent une abondante nourriture, et c'est un spectacle charmant que de voir tout autour de soi sur chaque brin d'herbe, le courbant à peine tant leur poids est léger, toute cette série de ravissants oiseaux que nous sommes habitués à voir

Fig. 14. — Nous nous reposons sous un sycomore... D'après une photographie

dans nos volières, mais combien plus jolies et combien plus éclatantes aussi sont leurs couleurs dans cette vie de liberté; ce sont des astrides, des bengalis, des nones, des cordons bleus. Et puis de temps en temps quelques veuves au collier d'or s'envolent, semblables à des comètes, ou bien c'est un ignicolore au plumage pourpre qui, gonflant ses plumes, vient, en poussant des cris perçants, défendre le nid où couve la femelle.

J'ai la barbarie, je le confesse, de tuer quelques-uns de ces jolis oiseaux pour les faire préparer et les envoyer en Europe.

CHAPITRE III

Le poste de Loudima. — Cultures. — Élevages. — Les ânes pourraient servir de bêtes de somme. — M. Bigrel malade retourne à Loango. — Les bords du Niari. — Un heureux coup de fusil. — Le poste de Comba. — Le poste de Bouanza. — La mission Fourneau attaquée. — Désertion des porteurs. — Mon nouveau chef d'escorte. — Le passage du N'Djoué.

Le poste de Loudima est situé au point où la rivière de ce nom conflue avec le Niari. Avant d'arriver, on est obligé de traverser la rivière Loudima dont le cours est violent. Un large chemin de débroussement nous a donné libre accès. Arrivés au bord de l'eau, je fais tirer deux coups de fusil, ce qui, paraît-il, est le signal convenu pour faire venir le piroguier. Nous prenons place dans une grande pirogue, large au milieu, pointue aux deux extrémités et qui est fixée après un câble en fil de fer qui traverse la rivière. En tirant sur celui-ci, on peut se déhâler sans risque d'être emporté par le courant. La pirogue est vieille et prend l'eau, le câble est peu solide, et tout cela sert chaque jour, sans que cependant il y ait d'accident à déplorer.

Il y a quatorze jours déjà que j'ai quitté le Loango, et ce n'est pas sans une véritable joie que je vois se présenter devant nous deux Français, M. Renault, chef de poste, et son adjoint M. Vadon. Je suis reçu de la façon la plus cordiale, et tout ce qui est au poste est mis à ma disposition. Nous habiterons des cases grandes et confortables, nos hommes eux-mêmes ont des abris pour la nuit.

L'ensemble du poste a un aspect de prospérité qui réjouit; les bâtiments bien tenus, les cultures soignées, tout montre ce que l'on peut faire dans cette région quand on veut s'employer utilement à la production du sol.

L'état de M. Bigrel a singulièrement empiré. La fièvre ne le quitte plus et aucune médication n'en vient à bout. Les marches en forêt avec les haltes obligées, ont réveillé chez lui une ancienne affection bronchique qui prend maintenant des proportions alarmantes; nous l'installons dans une case spéciale en lui donnant tout le confort possible. Nous resterons au poste deux jours, et si après ce temps son état ne s'est pas amélioré, je le ferai transporter dans un hamac jusqu'à la côte, où il pourra être mieux soigné.

M. Renault me fait les honneurs du poste et me montre tous les résultats heureux auxquels il a pu arriver. Un vaste potager est installé au confluent de la Loudima et du Niari sur les riches terres d'alluvion formées par les dépôts limoneux des rivières. Les légumes européens y sont en pleine prospérité. Néanmoins, j'éprouvai une véritable surprise lorsque je vis servir, le soir à dîner, un plat de pommes de terre nouvelles, ayant toujours entendu dire que cette plante ne venait pas sous ce climat. C'est qu'en effet ce n'était pas les mêmes pommes de terre que celles que l'on cultive chez nous, mais un légume dont la culture n'a rien produit sous notre climat, que l'on nomme pommes de terre de Madagascar (*Coleus tuberosus*) et qui, dans cette région, donne d'excellents produits. On ne saurait trop recommander la culture de cette plante, qui vient absolument sans soins et fournit des tubercules, savoureux et nourrissants.

Les ananas sont très abondamment cultivés au poste. Ils se sont d'ailleurs à demi naturalisés dans toute la région; j'en ai trouvé des peuplements intenses dans toute la forêt du Mayombé. Ces plantes, qu'elles soient sauvages ou cultivées, donnent des fruits excellents. La quantité en est telle, que l'on a songé un moment à les distiller. On en produit une eau-de-vie de très bonne qualité. Mais pour que l'opération soit véritablement avantageuse, il faudrait se livrer à des cultures très étendues. Les indigènes extraient les fibres de ses longues feuilles et les tissent en une étoffe assez fine dont ils se font des pagnes et des calottes.

La fibre du bananier qui est employée aux mêmes usages, est moins utilisée par les indigènes. Elle fournit, en effet, des étoffes plus grossières.

Un des résultats les plus intéressants des essais faits au poste de Loudima est celui de l'élevage des ânes. Deux couples ont été importés; supportant très bien le climat, ils se sont multipliés et le troupeau comptait maintenant treize têtes dont trois jeunes.

Il n'est pas douteux que si l'on voulait donner plus d'importance à cet élevage, on arriverait bientôt à former une cavalerie qui rendrait les plus réels services en permettant de remplacer dans une certaine mesure le portage à dos d'hommes.

Les chèvres et les moutons d'une race spéciale, se rapportant au type des moutons soudanais, prospèrent très bien au poste de Loudima. Il y en avait un troupeau de cinquante têtes. On obtient ainsi un peu de viande de boucherie et une certaine quantité de lait, ces deux aliments indispensables à tout Européen pour se bien porter et résister aux rigueurs du climat.

Je mis à profit la journée de repos que je prenais au poste pour aller visiter des grottes qui se trouvaient sur la rive droite du Niari. Pour y arriver, il faut remonter en pirogue la rivière sur un parcours d'environ deux kilomètres depuis le poste, mais le courant est tellement violent que bien que nous ayons pris dix pagayeurs, nous ne mîmes pas moins de trois quarts d'heure pour franchir cette faible distance.

L'entrée des grottes est voilée complètement par des lianes immenses, suspendues après des arbres accrochés aux flancs des roches, d'où s'enfuit, à notre approche, en poussant des cris stridents, une grande bande de singes.

Il n'y a là que la trace de récents campements laissés par des pêcheurs qui sont venus chercher abri. Je me suis muni de lanternes et je pus visiter le fond de ces cavernes qui forment de vastes voûtes. Mon approche fait s'enfuir des nuées de chauves-souris, qui trouvent là abri, et remplissent par place le sol d'un dépôt de guano. Mes recherches ne me montrent rien qui puisse se rapporter d'une façon précise à une habitation ancienne de l'homme dans ces cavernes.

En revenant au poste, nous voyons, profondément empreintes dans la vase de la rivière, au grand étonnement de M. Renault, des traces

Fig. 15. — Bélier de Loudima, d'après une photographie.

de passage d'un hippopotame. Sa présence est là un fait absolument exceptionnel, paraît-il.

Le lendemain, je fis mes préparatifs de départ et je dus, constatant que l'état de M. Bigrel, loin de s'améliorer, devenait sans cesse plus mauvais, exhorter ce compagnon à accepter courageusement la nécessité d'une séparation. Je lui disais : « Restez au poste où vous serez soigné, et si votre santé est moins bonne, allez vous refaire à Loango. De là, une fois que vous serez mieux, vous pourrez, en vous faisant porter, me rejoindre à Brazzaville, car je devrai, par la force des choses, y rester quelque temps avant de partir dans les rivières. » J'essayais ainsi de lui donner une confiance dans l'avenir que je n'avais pas moi-même. Il s'était, en effet, tellement affaibli, qu'il ne lui était plus possible de marcher du tout.

Je le munis de lettres, qui devaient lui faciliter son séjour au Loango, et si besoin en était, son retour en France. Ce ne fut pas sans une profonde émotion que je dus ainsi me séparer d'un de mes compagnons.

Il y avait si peu de temps que nous étions débarqués, nous avions fait si peu de route, et déjà nous payions un si lourd tribut aux difficultés du climat.

D'ailleurs, nos blancs n'étaient pas les seuls à souffrir de la fièvre et les tirailleurs sénégalais eux-mêmes en étaient atteints. La veille, dans la soirée, je fus appelé auprès de mon sergent noir Samuel qui, à peine indisposé dans le courant de la journée, avait été pris le soir d'un accès tellement violent, qu'il gisait maintenant presque sans connaissance, le regard vitreux et éteint. Il était atteint d'un accès pernicieux d'une telle gravité, que chacun croyait qu'il n'en échapperait pas.

Immédiatement, je lui fis des injections sous-cutanées de caféine et de bi-bromhydrate acide de quinine. L'effet en fut presque immédiat et, deux heures après, je pus déjà lui faire administrer une haute dose d'ipéca à la brésilienne. Le lendemain, l'état de mon malade était suffisamment amélioré pour que je pusse ne pas avoir de crainte. Cependant, je dus le laisser au poste où il continuerait à se remettre; il eût été imprudent de l'emmener, car des retours offensifs violents sont toujours à craindre dans ce cas. Avant de partir de Loudima, je confiai à M. Renault des caisses comprenant toutes nos récoltes faites en cours de route. J'y joignis une caisse, contenant un énorme *python molure* vivant. Ce serpent, qui mesurait plus de trois mètres de long, avait été capturé près du poste. Il venait de bien manger lorsqu'on le surprit, et on put s'en rendre maître en l'entourant de couvertures. C'est ainsi qu'il fut emballé, et je sus plus tard qu'il arriva au Muséum d'histoire naturelle de Paris en parfait état de santé.

Il n'y avait pas longtemps que nous étions partis de Loudima, cheminant à travers les grandes herbes, lorsque soudain un de nos tirailleurs, qui marchait en avant vint à moi en courant et en disant : Viens vite, viens vite, il y a une très grosse bête au bord de l'eau. Je le suivis. Au pied des collines dont nous parcourions le faîte, roulait le Niari, et, sur un petit îlot couvert d'herbes fraîches, paissait un hippopotame, accompagné de son petit. Je me saisis immédiatement du fusil Kropatchek de mon tirailleur et j'y logeai des cartouches.

Mais, bien que nous fûmes à environ 300 mètres de l'animal, il nous avait aperçus, et gagnait en hâte la rivière, suivi de son petit. Je visai l'animal à la tête et l'atteignis. Il était, à ce moment-là, à moitié plongé dans l'eau. Il fit alors culbute sur lui-même, mettant les quatre pieds en l'air. Il était mort. Son corps plongea peu de temps après, entraîné dans le fond par sa masse. Pendant ce temps-là, le jeune, ainsi que le mâle qui se montrait maintenant, avançant de temps en temps la tête hors de l'eau, fuyaient rapidement en s'aidant du courant. J'envoyai immédiatement quelques hommes au village, qui, me disait-on, n'était pas loin, pour essayer d'avoir une pirogue. Mais lorsque les indigènes surent de quoi il s'agissait, ils prétendirent n'en pas avoir, et il fallait remonter loin dans le Niari pour trouver un village qui en possédât, disaient-ils. La rivière était trop large et le courant trop violent pour que nous pûmes songer à la traverser à la nage. Dès que les indigènes surent que j'abandonnais le butin pour ne pas perdre un temps précieux, ils se précipitèrent à la recherche de pirogues, espérant ainsi bénéficier de notre chasse. J'eus du moins le soin d'envoyer un courrier à Loudima prévenir le chef de poste, afin qu'il pût prendre pour ses hommes la chair de l'hippopotame.

A partir de ce moment, je traversai un pays occupé par les populations *Bassoundis*, qui semblent plus travailleuses que celles que nous venions de quitter. Dans les villages, les cultures sont abondantes. Des champs de bananiers, hauts parfois de 5 et 6 mètres, entourent les cases. De toutes parts, pendent d'immenses régimes, soutenus par une gaule terminée en fourche, et qui sert à étayer le fruit, sous peine de voir le pied tout entier s'effondrer sur le sol. Un homme a toute sa charge d'un semblable régime.

Les bananes à fruits doux, juteux, telles que nous les connaissons en France, sont peu cultivées par les indigènes, car ce n'est là qu'un fruit de dessert, un accessoire. Au contraire, on recherche les fruits à pulpe demi-sèche qui, une fois cuits, fournissent un aliment dont on peut se nourrir. La saveur en est un peu douceâtre, légèrement aigrelette et au demeurant fort agréable. Nous nous y étions accoutumés, et ces bananes, cuites à l'eau ou grillées sous les cendres, accompagnaient chacun de nos plats en guise de pain.

Il existe un nombre très considérable de variétés de bananes, dont il pourrait être intéressant de faire une monographie. Qu'il me suffise de dire ici que les distinctions portent sur la dimension de la plante, sur le nombre et le groupement des fruits composant les régimes, sur leur saveur et leur grosseur. Il en est, en effet, qui ne mesurent pas plus d'une vingtaine de centimètres de long. D'autres, au contraire, atteignent $0^m,40$ et ont alors la grosseur du poignet. Les variétés de ce genre portent des régimes composés d'un très petit nombre de fruits. Tous ces bananiers drageonnent. Ce sont donc des éclats du pied que l'on plante, et sitôt que la tige principale s'est terminée par une fructification que l'on a récoltée, on l'abat, car son rôle est achevé et ce sont les rejets qui fructifieront dans l'avenir. La production s'établit ainsi d'une façon continue.

Bien que ces bananes soient très recherchées dans l'alimentation courante, les indigènes font concurremment une très grande consommation de manioc : on en voit partout près des villages de grandes plantations, assez mal tenues d'ailleurs et souvent envahies par les herbes. La plantation se fait à l'aide de fragments de rameaux, que l'on pique dans le sol et qui s'enracinent, mais ce n'est qu'après une année que les racines charnues deviennent assez grosses pour pouvoir être arrachées.

On cultive là du manioc doux que l'on peut consommer à l'état frais ou simplement grillé sous la cendre, ce qui constitue un aliment agréable. Mais le manioc amer, dont la racine est, comme on le sait, vénéneuse à l'état frais, est à beaucoup près le plus cultivé, pour la raison que, paraît-il, il donne de plus forts rendements. Lorsque ces racines sont arrachées, on les coupe par morceaux et on les met à tremper dans un courant d'eau vive pour qu'elles se débarrassent de leur suc propre et perdent ainsi toute propriété nocive. Malheureusement, ce bain de trois jours, s'il

Fig. 16. — Plantation de bananiers, d'après une photographie.

est vrai qu'il rend la racine inoffensive, fait développer par contre une fermentation butyrique, qui lui donne une odeur répugnante. Les racines extraites de l'eau sont réduites en bouillie, que l'on fait cuire après l'avoir enveloppée dans des feuilles d'une marantacée qui croît partout à l'état spontané dans les sous-bois. Ainsi cuites, elles constituent une masse demi-gélatineuse, à laquelle les indigènes donnent le nom de *chicouangue* et dont ils sont très avides. Les autres plantes cultivées sont les arachides, le maïs, les ignames, la canne à sucre.

Les légumes sont représentés par des piments, des aubergines, des amarantes, dont on consomme les feuilles et du basilic qui sert de condiment.

Le palmier à huile (*Eleis*), d'une part, les Raphia, de l'autre, sont deux plantes qui fournissent des produits multiples, devenus presque indispensables à la vie de ces peuplades. La seule graisse employée est l'huile de palme et l'Eleis fournit encore une boisson très recherchée par les indigènes : c'est le vin de palme, qu'ils désignent sous le nom de *malafou*. Tous les arbres de ce genre sont soumis à l'exploitation : chaque matin, un homme, muni d'une ceinture en lianes, de quelques grandes calebasses et d'un couteau, s'en va faire la récolte. Passant autour de l'arbre le cercle de sa ceinture à laquelle il se tient des deux mains, il grimpe avec les pieds, le corps éloigné du tronc, donnant à la ceinture de petits sauts saccadés pour s'élever successivement. Il faut que celle-ci soit solide, car son corps tout entier est penché en arrière. Arrivé au sommet, à l'endroit où naissent les feuilles, il enlève celles qui sont mortes, puis incisant la base des plus vivantes avec la pointe de son couteau, il atteint la partie vive, le plus souvent la base d'une inflorescence en voie de formation; dans le trou ainsi ouvert, il applique l'orifice d'une calebasse, où la sève viendra s'accumuler. Il place ainsi souvent plusieurs calebasses sur le même arbre. Le lendemain matin, on vient récolter tout le produit obtenu et placer de nouveau les récipients. Un arbre est capable de fournir deux à trois litres de cette sève dans les 24 heures. Cela constitue une boisson un peu blanchâtre, presque claire, légèrement mousseuse, qui est assez agréable quand elle est fraîche. Mais la fermentation s'y établit rapidement, donnant un goût butyrique extrêmement désagréable pour les Européens, très recherché au contraire par les noirs.

Les raphias donnent aussi un vin de palme, mais ils sont surtout utiles d'une part par les fibres (1) qu'ils fournissent et avec lesquelles

(1) On sait que les liens de raphia, qui font l'objet d'un important commerce d'importation, sont fournis par des lambeaux de cuticule, arrachés aux rachis des jeunes feuilles.

les indigènes tissent des pagnes souvent très fins, et tressent des calottes parfois véritablement élégantes par l'originalité en même temps que par la précision de leurs dessins. De plus, les rachis ou nervures principales des feuilles acquièrent de telles dimensions qu'ils constituent les matériaux ordinaires avec lesquels on construit les cases. Ce sont, en effet, des tiges absolument droites, ayant $0^m,10$ à $0^m,15$ de diamètre et 5 à 6 mètres de long.

Tous les villages de cette région sont bien construits. Ils sont administrés par de petits chefs, qui en groupent sous leur autorité un certain nombre.

La femme vit dans un état social très élevé et qui semble dépasser même celui que nous lui attribuons chez nous. J'ai vu, en effet, dans un de ces villages, l'autorité suprême être représentée par une vieille femme que sa sagesse ainsi que ses qualités administratives avaient désignée aux suffrages de ses concitoyens. Mais ces fonctions publiques qui leur sont parfois dévolues ne les éloignent pas des devoirs de la maternité. Une femme est d'autant plus vénérée et respectée qu'elle a plus d'enfants, lesquels constituent une véritable richesse pour le pays.

On me conta un fait qui prouve toute l'importance que l'on attache au nombre des enfants. Un père avait marié sa fille et l'homme, en échange, avait payé le prix convenu. Celle-ci, en huit années, eut neuf enfants. Le père de la femme réclama et obtint quatre de ces enfants, se basant sur ce que dans ces conditions la femme n'avait pas été payée assez cher.

L'autorité du chef n'est pas aussi absolue qu'on pourrait se le figurer; il arrive fréquemment qu'elle est contestée, contrebalancée même par l'influence du féticheur. Dans des villages que je traversai avant d'arriver au poste de Bouanza, je trouvai une certaine hostilité régnant entre deux tribus voisines. Le chef de celle où j'avais établi mon campement vint à moi en me suppliant de le protéger, me disant que, parce qu'il n'avait pas été le plus fort dans la lutte avec ses voisins, son peuple le menaçait de mort. Ne voulant pas trancher en matière relevant des pouvoirs de la colonie, j'engageai cet homme à me suivre jusqu'au poste français, où il s'expliquerait et où justice lui serait rendue. Sa joie fut telle qu'il ne put s'empêcher de la manifester à l'instant. Il rentra dans sa case, prit ce qu'il avait de plus précieux, en fit un ballot et annonça, en le criant bien haut, qu'il allait pouvoir s'en aller et quitter le village. Mais le parti qui lui était opposé ne l'entendait pas ainsi. Soudain, je vis, en effet, un homme, la tête coiffée de plumes, la figure peinte en rouge avec des raies blanches, brandissant d'une main un couteau, de l'autre divers objets constituant des fétiches, parcourir le village en tous sens, en poussant des cris formidables, et se livrant à la gymnastique la plus incohérente.

Comme il voulait continuer ce même exercice au milieu de mon camp, je l'avisai que, s'il continuait, il recevrait une correction dont il se souviendrait. Mes paroles eurent un effet encore bien plus magique que tous ses sortilèges. Il cessa immédiatement, mais il n'en est pas moins vrai que le lendemain matin lorsque je partis, le chef qui devait m'accompagner ne se présenta pas; il avait craint de braver le courroux des dieux et de son peuple.

Chaque jour, en arrivant au campement, je procédais à la visite médicale de tous mes malades. Bien des fois, dès indigènes se présentaient pour être soignés et souvent le fait d'avoir acquiescé à leur désir me valut d'être littéralement assiégé par de soi-disant malades.

Tous voulaient que je les guérisse de quelque chose et plus d'une fois alors, j'obtenais les meilleurs résultats en me contentant de leur faire respirer énergiquement un flacon d'ammoniaque. La sensation désagréable que cette aspiration leur avait produite avait suffi pour les guérir de la maladie imaginaire et ils s'en allaient contents.

Les ulcères sont extrêmement fréquents. Les indigènes, comme beaucoup de mes hommes, en sont atteints, et si on ne les soigne pas, la plaie s'étend sans cesse et atteint rapidement la dimension de la paume de la main.

Lorsqu'ils sont simples, l'application d'une pommade au bichlorure de mercure suffit; parfois, ils deviennent bourgeonnants, et il est indispensable alors de les cautériser au nitrate d'argent.

Dans un village, un chef m'avait amené sa fille pour la soigner d'un ulcère de ce genre, et lorsque j'eus fini le pensement, il me demanda de lui donner un *matabiché* (pourboire) parce que le traitement avait fait beaucoup souffrir sa fille.

Les blancs eux-mêmes ne sont pas exempts de cette affection, et les plaies que l'on a ainsi, lesquelles se produisent généralement aux pieds et aux jambes, rendent parfois la marche absolument impossible. Après guérison, il reste sur la peau blanche de grandes taches pigmentaires noires.

Sept jours après être parti de Loudima, j'arrivai, le 5 juin, au petit poste de Bouanza : situé sur une colline dominant une belle vallée, arrosée par les eaux claires d'une petite rivière poissonneuse. Une seule grande case d'habitation et un peu de culture constituent tout ce que nous possédons en ce point, et si l'on ne s'attachait pas à lui donner plus d'importance, c'est que, me disait-on, on se disposait à évacuer ce poste, et cela pour la raison qu'il manque d'agents au Congo, paraît-il, et que l'on a hâte d'occuper des points plus éloignés. La route ouverte, entre le Louango et Brazzaville passe au milieu de populations qui sont maintenant soumises à l'autorité de l'administration coloniale ; mais il peut, cependant, être utile de conserver des postes en plus grand nombre possible au milieu d'elles,

Fig. 17. — Quand j'eus fini le pansement, son père me demanda un pourboire... D'après une photographie.

afin de pouvoir être en mesure de réprimer le vol, le pillage et même le meurtre, qu'elles ne se font pas faute de pratiquer dès qu'elles ne sentent pas notre autorité peser sur elles.

Pendant la journée de repos que je pris à ce poste, je reçus un courrier de Loudima, par lequel j'appris que la santé de M. Bigrel s'était aggravée encore et qu'il était obligé de partir pour le Loango.

Le pays que nous traversons devient plus accidenté, et nous suivons longtemps un chemin occupant une ligne de faîtes. Au pied de ces coteaux, s'étendent d'immenses vallées boisées, où coulent plus d'un ruisseau dont les eaux sont parfois d'un blanc laiteux. Cette coloration leur est donnée par la très grande quantité de paniers de manioc que l'on y fait tremper.

Les populations babembé, chez lesquelles nous sommes maintenant, se distinguent par leur coiffure, consistant en de longs cheveux qui retombent en mèches tout autour de la tête. Ces mèches graissées sont sales et remplies de poussière. Les hommes portent, dans la cloison nasale, un morceau de chaume, dont les extrémités dépassent les ailes du nez.

J'ai remarqué chez ces populations un fait tératologique qui se reproduit fréquemment. Il consiste en ce que les mains ont parfois un doigt supplémentaire, surajouté du côté du pouce. Ce second pouce est sans usage. Dans les quelques cas que j'ai observés, les deux mains étaient semblables. Par contre, les pieds étaient normaux.

Tout autour des villages courent en abondance des porcs noirs au groin allongé, très hauts sur pattes, presque maigres. Des moutons le plus souvent pie-noirs, dépourvus de laine qui est remplacée par un poil abondant sur le poitrail, vivent en liberté. Ce bétail représente une grande valeur, et le prix d'un gros porc est le même que celui d'une femme. On échange l'un pour l'autre. Un chef indigène émerveillé du maniement de mon fusil de chasse, m'offrait en échange, si je voulais le lui céder, l'une ou l'autre de ces deux marchandises.

La montée s'accentue encore, et du chemin élevé que nous suivons, la vue s'étend sur de superbes vallées, que limitent seulement des coteaux qui apparaissent tout bleus dans les lointains embrumés. Lorsque nous campons sur un de ces sommets, les populations des environs qui connaissent notre présence, signalée longtemps à l'avance par les cris que poussent de temps en temps nos porteurs, et les sons bizarres de leurs sifflets, arrivent de tous côtés nous offrir des provisions, que nous achetons ainsi que chacun de nos porteurs, lesquels ont touché leur solde de route et doivent pourvoir eux-mêmes à leur nourriture. Pour nous, nous choisissons sur-

Fig. 18. — Arrêt sur les hauts plateaux, d'après une photographie.

tout des poules, des œufs, des patates, mais eux préfèrent le manioc, les bananes et divers produits indigènes. Je les vois tous acheter avec empressement un produit blanc et rond que je prenais pour une sorte de châtaignes. Ma surprise ne fut pas petite lorsque regardant de plus près, je m'aperçus que ce que l'on se disputait avec tant d'avidité, c'étaient d'énormes larves d'un longicorne, qui vivent dans le tronc des palmiers et auxquelles les indigènes trouvent un goût délectable. On abat souvent de gros palmiers à huile pour rechercher les quelques vers qui s'y trouvent et dont la présence est signalée par des trous extérieurs. Plus d'une fois, j'ai profité d'un de ces arbres abattus pour lui enlever son gros bourgeon terminal, lequel constitue un légume d'excellente qualité. Les indigènes ne consomment pas ce chou palmiste. Cru, il peut être mangé en salade; cuit, il est un des meilleurs légumes que l'on puisse se procurer. Son goût est très analogue à celui du fond d'artichaut.

Dans cette région, les marchandises qui trouvent le plus de faveur sont pour les gros achats, les petites pièces de 6 mètres de cotonnade blanche. Il en faut deux ou trois pour payer une chèvre; quatre ou cinq, pour un mouton. Les perles en porcelaine blanche décorée ou en verre bleu, les boutons de porcelaine blanche sont la menue monnaie qui a le plus généralement cours. Cependant, on accepte encore des couteaux, des machettes ou sabres d'abatis, les clochettes, etc. Dans certains villages, les boutons étaient tellement recherchés que les indigènes me demandaient de couper ceux que j'avais à ma veste ou sur les jambes de ma culotte.

Nous étions dans cette région de plateaux, lorsque je vis une grande effervescence se produire au milieu de mes porteurs. C'était l'heure de la halte du déjeuner : ils se réunissaient en petits groupes, discutant très fort. Je m'informai et je finis non sans peine par obtenir les renseignements suivants. Une caravane de porteurs qui nous avait croisés le matin, venant de Brazzaville et se dirigeant sur Loango, avait répandu au milieu de mes hommes des nouvelles alarmantes. On disait que plusieurs blancs faisant partie de la mission Crampel avaient été assassinés. Or, mes porteurs savaient que j'avais pour objectif d'aller rejoindre cette mission, et mes Loangos refusaient absolument de marcher dans de semblables conditions, craignant d'avoir à subir le même sort. Pour mon compte, je n'ajoutai aucun crédit à cette nouvelle, que rien ne m'indiquait comme devant être vraie. Mais il fallait du moins calmer la terreur de mes hommes, qui étaient capables de refuser d'aller plus loin et peut-être même de déserter. Je réunis donc tous mes porteurs et je leur dis de n'avoir aucune inquiétude, car je n'emmenais personne de force, et si véritablement leurs craintes n'étaient pas vaines, et qu'ils eussent à redouter d'aller plus loin, à Brazzaville, je leur rendrais leur liberté; que, dans tous les cas, ils n'avaient rien à craindre jusqu'à ce point et que, par conséquent, ils n'avaient qu'à se rassurer.

Ce discours parut leur donner confiance.

Le lendemain, nous arrivâmes au petit poste de Comba. Je trouvai là M. Raymond, chargé de la direction de ce poste, ainsi que M. Uzac, chef du poste de Brazzaville, qui venait de donner sa démission et rentrait en France. Par eux, j'appris quels avaient été les faits qui avaient donné lieu, la veille, à l'inquiétude de mes porteurs. Les nouvelles avaient été inexactes, mais celles que j'appris ne furent malheureusement pas meilleures.

La mission qui devait remonter la rivière Sanga, et dont la direction était confiée à M. Fourneau, avait été attaquée par les indigènes. Un blanc, M. Thirier, avait été tué; M. Fourneau et un de ses compagnons blessés; un certain nombre de porteurs loangos massacrés. M. Fourneau avait dû battre en retraite, après avoir brûlé toutes ses marchandises pour ne pas les laisser aux mains de l'ennemi.

Les nouvelles que l'on avait de la mission Crampel n'étaient pas bien rassurantes non plus. Il y avait deux mois, M. Orsi mourait de la dysenterie, et l'on venait d'apprendre que l'ingénieur de la mission, M. Lauzière, qui était chargé des relevés de route, venait de mourir aussi. On était peu rassuré, me disait-on, sur le sort de la mission entière.

La situation se présentait toute grosse de difficultés à vaincre. Mes porteurs manifestaient maintenant une inquiétude que je ne pouvais plus calmer, et je redoutais qu'ils ne consentissent même pas à m'accompagner jusqu'à Brazzaville. Or, je ne l'ignorais pas, si la marche de la mission Crampel avait été retardée et si des difficultés surgissaient autour d'elle à tous moments, la principale cause en était de ce qu'il n'avait pu emmener de porteurs avec lui.

Au moment de son départ cependant, aucune mauvaise nouvelle n'était venue le frapper et entraver le recrutement. Il avait espéré trouver dans la région haute des indigènes qu'il croyait pouvoir engager comme porteurs, et l'on me disait que ses espérances avaient été déçues.

Par tous les moyens, il m'importait donc d'essayer du moins de conserver les hommes que j'avais avec moi. Je leur fis distribuer des suppléments de rations, leur promettant d'élever leur solde s'ils consentaient à m'accompagner jusqu'à Brazzaville. Les Loangos, s'ils sont timorés, sont avant toute chose avides, et ces promesses étaient le meilleur de tous les encouragements. Je ne pouvais d'ailleurs, les faire surveiller par mes tirailleurs, car j'aurais éveillé en eux des craintes qui les auraient certainement déterminés à fuir. Le lendemain matin, je partis donc de Comba ayant la joie de constater que mon personnel était au complet.

Au premier village que je rencontrai, j'assistai à une scène de fétichisme qui me frappa par son étrangeté. Le chef était malade et l'on faisait des sortilèges pour essayer de le sauver. Il était là gisant, étendu sur une natte, sans mouvement. A côté de lui, le féticheur, l'œil gauche cerclé d'un gros trait blanc se prolongeant jusqu'à l'oreille, est accroupi devant un assortiment de débris de toute sorte : petites cornes de bouc, diverses pierres, quelques graines, des fragments de peau, des dents de carnassiers, etc. Il prend un à un ces fétiches, les tenant de la main droite et les époussette avec une sorte de plumeau fait en belles plumes de coq. Devant lui est installé un dieu sculpté en bois et revêtu d'un pagne; tout autour, une douzaine de noirs, faisant une musique étrange, les uns frappant des mains, d'autres battant sur un tambour, d'autres enfin secouant des calebasses pleines de cailloux et accompagnant cette musique de cris sauvages.

Derrière le féticheur, la sorcière, qu'entourent quelques femmes toutes peintes en rouge. La féticheuse a une figure étrange, peinte qu'elle est de carreaux en damiers, alternativement rouges et blancs. Elle porte sur le dos, retenu par une courroie en peau de buffle, un jeune enfant. Et cette tête singulière toute à carreaux est secouée par un mouvement choréique d'avant en arrière; et la musique continue, et le féticheur époussette sans cesse. Le

Fig. 19. — Le malade devra en guérir... (D'après un croquis.)

malade devra en guérir, car tout cela est fait avec une grande conviction.

La nuit, campé sur un plateau isolé, je suis réveillé par mon boy Tati, qui me prévient en hâte qu'une partie des porteurs a pris la fuite. Immédiatement, je désigne huit de mes tirailleurs sénégalais et un nombre égal de porteurs, et je les envoie ainsi par groupe de quatre dans toutes les directions, pour essayer de rattraper les fugitifs, leur promettant de bonnes récompenses s'ils me les ramènent. Nous sommes éloignés de tout village, et je ne sais vraiment ce que je pourrai faire si on ne retrouve pas mes porteurs.

Je procède au recensement des hommes et des charges. Il me reste exactement quarante porteurs, mes charges ont déjà diminué de nombre; mes Européens, dont la santé s'est améliorée, pourront maintenant faire la route à pied, ce qui supprime le hamac et rend libres quelques hommes. Malgré toutes ces réductions, il me reste quinze charges de supplément que je ne saurais comment faire transporter si on n'arrive pas à rejoindre les fugitifs, car je ne puis espérer en ce lieu désert trouver des indigènes qui voulussent consentir à venir jusqu'à Brazzaville, où toutes les charges transportées par les précédentes caravanes doivent être maintenant accumulées. Faute de quelques hommes, je puis être ainsi retenu, car j'ai simplifié mes charges le plus possible, et je ne puis en abandonner une seule.

La journée allait se terminer sans que j'eusse reçu aucune nouvelle des hommes que j'avais expédiés à la recherche des déserteurs, lorsque je vis venir à nous une caravane suivant la même direction que nous.

Elle accompagnait un Européen. Celui-ci vint à mon campement et se présenta : il se nommait M. Briquez, venait de terminer son service militaire et se rendait à Brazzaville.

Il était désigné pour commander un des postes du Congo. Parmi les porteurs qu'il avait avec lui, la plupart se trouvaient sans charges, les marchandises et les vivres ayant été utilisés en cours de route. M. Briquez voulut bien me les offrir pour transporter mes charges. J'acceptai de grand cœur, car je doutais que mes fugitifs pussent être rejoints. En effet, dans la matinée du lendemain, mes tirailleurs revinrent seuls; ils avaient été jusqu'au poste de Comba et me rapportaient une lettre de M. Renaud me disant qu'il ferait rechercher les fuyards, mais qu'il ne conservait que peu d'espoir de pouvoir les retrouver, car ils devaient avoir pris un chemin de traverse.

Nous repartons donc et j'atteignis bientôt un escarpement à la pente raide et difficile, auquel on donne le nom de montagne du Chien. Son escalade conduit à une série de plateaux, dominant un pays superbe avec des vallées boisées et dans le peuplement desquelles je découvris des acacias, portant en longues stalactites, une gomme très pure, nullement exploitée encore. Elle est, comme j'ai pu m'en convaincre, de bonne qualité et entièrement soluble dans l'eau froide. Il pourrait donc y avoir un intérêt réel à l'exploiter.

Dans les villages, on cultive assez abondamment un chanvre dont on fume les feuilles; celles-ci sont de formes spéciales, étant simples et non lobées comme celles des variétés cultivées chez nous. Ce chanvre est fumé dans de petites pipes en terre, fixées sur un des côtés du ventre d'une gourde pèlerine, et le tuyau plonge dans de l'eau qui y est versée; l'aspiration se fait par le point d'attache du pédoncule. L'effet de la fumée de ce *liamba* (chanvre) est de produire une sorte d'ivresse extatique, extrêmement agréable, disent les noirs.

Près des villages, croissent çà et là des arbres de pomme acajou (*anacardium occidentale*); l'enveloppe de la graine renferme un suc corrosif dont les indigènes se servent pour aviver les incisions destinées à produire des tatouages en bourrelets saillants. Ceux-ci n'ont rien de caractéristique; ils sont le plus souvent quelconques, formés de lignes diversement convergentes : les femmes en portent sur le ventre, le torse et les bras.

Enfin, le 17 juin, comme je marchais en tête de ma petite colonne sur des plateaux boisés d'acacias, au tournant d'un bouquet de ces arbres, j'aperçus, dans le lointain, une grande masse grise serpentant au milieu d'une forêt toute noire : c'était le Congo, en dessous de Brazzaville. Avec quelle joie je saluai cette vue! Bientôt nous serons au bord du grand fleuve dont nous remonterons le cours. En marchant bien, nous pourrons arriver à Brazzaville avant la fin de la journée, me disaient mes guides.

Nous sommes maintenant dans une grande plaine tourbeuse, où l'herbe serrée et rase fait sous les pieds un moelleux tapis tout vert et tout émaillé de charmantes fleurs. Des bandes d'alouettes s'envolent à notre approche, sillonnant l'air en tous sens en poussant de petits cris aigus.

Enfin, après avoir descendu une pente boisée d'arbres immenses, nous nous trouvons au bord d'une belle rivière aux eaux claires : c'est le N'Djoué. Un batelier est là, qui, à l'aide d'une pirogue, va nous faire traverser le cours. Dix hommes avec leurs charges montent dans la pirogue, et s'accroupissent afin de ne pas la faire chavirer, car la barque est longue, étroite, et son fond est arrondi. Seul, debout à l'arrière, armé d'une longue pagaie, le batelier,

Fig. 20. — M. Briquez, d'après une photographie.

profitant d'un contre-courant qui suit la berge, remonte la rivière jusqu'à une centaine de mètres, et d'un seul coup le voilà au milieu du cours. Il se laisse aller alors, se contentant de diriger la frêle embarcation à l'aide de sa pagaie, vers la rive opposée, où le courant vient le déposer doucement. En moins de temps qu'il n'en faut pour le dire, il est arrivé ainsi à franchir ce courant aux eaux si vives qu'il serait impossible de le traverser en ligne droite. Successivement, il nous transporte par petites fournées, d'une rive sur l'autre.

Maintenant, une heure de marche encore, et nous serons à Brazzaville. Tous mes hommes ont réservé dans leur sac un costume de rechange qu'ils revêtent, et tous ensemble nous prenons la route élargie, déblayée, qui doit nous conduire au poste.

Un blanc vient au devant de nous, notre présence ayant été signalée : c'est M. Thollon, que j'avais connu en France à l'École de Grignon.

Peu d'instants après, j'arrivai au poste de Brazzaville, où je fus reçu par M. Dolisie, administrateur principal.

CHAPITRE IV

Brazzaville. — Le Congo et le Stanley-Pool. — Léopoldville. — Les factoreries. — La mission Fourneau. — Populations Batékés et Balalis.

Par sa position au bord du Congo, au point où il commence à être navigable, Brazzaville est un des lieux les plus importants de la colonie. De là, par la grande rivière, on peut remonter aisément jusque dans la région haute et se mettre en contact avec des populations industrieuses et des contrées riches en matières premières de toute sorte. Le point saillant des explorations de M. de Brazza est d'avoir donné à la France ce poste d'occupation, qui est la clef de toute la région, et c'est là un titre de gloire dont il a droit de se montrer fier.

Mais, par ce qui précède, on voit combien dans l'état actuel des choses, il est difficile d'arriver jusqu'à Brazzaville. Ce n'est qu'au prix d'une marche pénible qui dure tout un mois, pendant lequel on a à lutter contre des difficultés sans nombre, que l'on peut arriver à franchir cette route de 600 kilomètres. Si des moyens de transport réguliers existaient, reliant ce point à la côte, du coup toute la région centrale serait ouverte au commerce et à l'industrie; car aujourd'hui on ne peut considérer que les transactions soient possibles dans ces régions où il faut transporter les marchandises à dos d'hommes, à un taux extraordinairement élevé. Une foule de produits utiles, qui pourraient être exploités grossièrement, en les prenant au sein de cette

Fig. 21. — Recensement des porteurs à Brazzaville, d'après une photographie.

nature si prodigue, restent là sans emploi, faute de pouvoir les transporter à bon compte. Si du moins une route pouvait être ouverte, si des animaux de portage faisaient un service régulier, ce serait déjà une grande simplification.

Mais rien de semblable n'a encore été entrepris, et les difficultés qui existaient lors de l'occupation de ces régions sont les mêmes aujourd'hui. Et la situation de ce point du territoire offre un ensemble d'avantages qui apparaissent si clairs aux yeux de chacun que les Belges, qui occupent la rive gauche du Congo, ont compris tout l'intérêt qu'il y avait d'arriver en hâte à le relier à la côte. Leur poste de Léopoldville sera bientôt en communication avec la région du littoral, par un chemin de fer qui est en voie d'exécution.

Dans l'état actuel des choses, Brazzaville comprend, d'une part, le poste, de l'autre, les factoreries. Le poste se composait lors de mon passage d'une maison en briques servant de magasin, d'une autre construite en pisé et recouverte de chaume, où habitaient l'administrateur et ses agents et de quelques cases abritant les tirailleurs sénégalais. Tout cela disposé sur un plateau dénudé situé en haut d'un escarpement, au bas duquel le Congo roule ses eaux jaunes. Pas d'arbres pour abriter les maisons contre l'ardeur d'un soleil de plomb, si bien que la vue s'étend à l'infini sur ce lac immense que forme en cet endroit le Congo et qui constitue le Stanley Pool ; et c'est à peine, pendant les journées les plus claires, si l'on aperçoit là-bas, à l'infini, les coteaux qui bordent la grande plaine liquide.

Les débroussements ont été opérés de toute part, mais le sol mis à nu n'est pas cultivé. Il n'y a pas de plantation au poste de Brazzaville, ni d'agents chargés de s'occuper spécialement de la culture. Il est arrivé, paraît-il, que des Européens, fonctionnaires du poste, ayant des aptitudes individuelles spéciales, ont entrepris de créer des jardins potagers et ont obtenu les plus heureux résultats. Mais ce n'étaient là que des faits que l'on peut qualifier d'accidentels et les agents ayant été déplacés, les cultures ont rapidement disparu.

Cependant, tout ce qui peut suppléer aux vivres européens qui font défaut, contribue largement à améliorer le sort des agents et leur donne une plus grande force de résistance pour supporter les difficultés du climat. Certes ce climat influe d'une façon nocive sur l'état sanitaire des Européens, mais ce qui contribue plus largement encore à rendre les conditions d'existence très précaires, c'est

Fig. 22. — Le Congo au-dessous de Brazzaville : les rapides de Livingstone.
D'après une photographie.

le manque absolu d'aliments frais et reconstituants : ni viande ni lait ni légumes.

On me dit que cette absence de culture est voulue et qu'elle a pour but de favoriser le développement de celles faites par les indigènes. Peut-être le meilleur moyen d'arriver à ce résultat serait de commencer par prêcher d'exemple.

Les populations qui entourent Brazzaville s'occupent exclusivement de commerce et ne cultivent que strictement ce qui leur est nécessaire pour vivre et acheter les denrées qu'elles peuvent obtenir par voie d'échange d'autres populations voisines.

On a donc toutes les peines du monde à les décider à apporter au poste, le manioc, qui, à lui tout seul, forme la ration aussi bien des tirailleurs que des noirs de toutes sortes employés au poste.

Par tous les moyens possibles, on tâche donc d'obtenir des indigènes qu'ils apportent le manioc. Mais ceux-ci, ne trouvant aucun intérêt dans cette vente pour laquelle des prix insuffisants leur sont offerts, ne s'y résolvent qu'à regret, et il advient que les provisions font défaut et que l'on est obligé de recourir à une alimentation infiniment plus coûteuse et de se servir, par exemple, de riz qui vient d'Europe.

Il serait grandement à désirer que l'on pratiquât au poste d'importantes cultures, destinées peut-être non seulement à alimenter tout le personnel d'une façon suffisante, mais même à fournir des produits aux populations des environs qui, si elles se font prier pour venir vendre, n'hésiteraient pas à venir acheter.

Il n'y aurait pour cela qu'à s'inspirer d'exemples que l'on trouve là sur les lieux. La mission catholique possède, en effet, un jardin potager attenant à de grands champs de culture où tous les légumes européens sont produits en abondance : radis, salades, carottes, tomates, aubergines, choux, etc., etc., poussent avec une telle vigueur, que leur développement complet s'achève en moitié moins de temps qu'en Europe, et c'était toujours fête au poste quand les missionnaires voulaient bien y envoyer quelques paniers de légumes.

Des essais entrepris, timides encore, mais très concluants cependant, montrent combien il serait aisé de faire de l'élevage et de fournir ces deux aliments indispensables à tout Européen : le lait et la viande. Une vache et un taureau ont été importés, le troupeau s'est peu à peu accru et compte maintenant dix-sept têtes. Tout le petit troupeau est dans un état exceptionnellement prospère, mais il conviendrait d'en régler l'exploitation et de profiter rapidement de l'enseignement qui découle de ces essais. Il ne me semble pas douteux, pour mon compte, que le jour où on pourra remplacer la viande d'endaubage par de la bonne viande fraîche, le manioc par nos légumes d'Europe, et fournir du lait aux agents affaiblis, on n'arrive à diminuer sensiblement la mortalité qui sévit d'une façon cruelle sur le personnel blanc. Il y a là plus que des entreprises de progrès à faire, il y a surtout des mesures humanitaires à prendre dont l'application s'impose.

Les factoreries françaises et hollandaises s'échelonnent sur le bord du Pool. Un kilomètre pour atteindre celle de la maison Daumas et Cie, et deux encore pour arriver à celle tenue par les Hollandais. Toutes les deux sont dans une situation très prospère. De belles cultures les environnent, et les légumes et les fruits de toute sorte ne font pas défaut.

Dans l'état actuel des choses, ces factoreries sont plutôt des entrepôts, des magasins de concentration de tous les produits achetés dans les stations secondaires. Chacune d'elles possède une flottille destinée à visiter ses postes, à les approvisionner en marchandises et à ramener à Brazzaville celles qui ont été achetées. Un transport continu est établi entre la factorerie principale et le Loango.

Le commerce de Brazzaville même n'a plus à l'heure actuelle qu'une importance tout à fait secondaire. Les transactions sont faites par l'intermédiaire des Batékés. Ceux-ci sont en rapport avec les populations de l'intérieur, et, remontant le Congo en pirogues, s'en vont leur porter des marchandises et rapporter de l'ivoire et du caoutchouc, dont ils connaissent le prix exact et qu'ils ne cèdent aux factoreries qu'à la condition de réaliser des bénéfices.

Si nos maisons ne consentent pas à donner un prix suffisamment élevé, les Batékés n'hésitent pas ou à les vendre aux factoreries belges, ou bien à les céder à des Bacongos, qui les transportent jusqu'à la côte et y trouvent là des prix plus élevés. On paie ainsi l'ivoire jusqu'à 16 et 18 francs le kilo, mais le paiement est fait en marchandises dont le prix réel subit une majoration très élevée. Le bénéfice ne s'établit donc que sur le troc des marchandises cédées à un prix avantageux.

La monnaie courante qui sert de base est la barette de laiton, longue autrefois de 0^m,33, réduite, maintenant, à 0^m,28.

Les factoreries attribuent à ces mitakos une valeur de 0,15. On compte en mitakos, mais on paye en marchandises : pièces d'étoffe, guinée, andrinople, cotonnade blanche, couteaux, ustensiles divers.

Le commerce que font les Batékés a une réelle importance, à cause des relations directes qu'ils ont avec les populations des bords du Congo. Ils possèdent un village situé sur le bord du Pool, où vit le chef N'Tchoulou, qui jouit d'une très grande autorité dans la région. C'est à M'Pila que viennent se concentrer toutes les marchandises du haut.

Les Batékés constituent une population aux mœurs douces ; ils ont reconnu d'une façon absolue notre autorité, au point que tous leurs différends viennent se vider au poste. Ils ont un type particulier et, pourrait-on dire, particulièrement laid. Le front est large et bombé, le nez aplati s'efface en une ligne qui dépasse à peine la proéminence des pommettes. La bouche est grande. Les cheveux sont généralement coupés courts sur le devant de la tête et conservés plus longs sur le sommet. Tous les Batékés des environs de Brazzaville, lesquels se distinguent très nettement des Batékés des environs de l'Alima par l'ensemble de leur caractère, portent sur chaque joue une série de lignes obliques et parallèles, produites par des incisions successives ; elles partent de l'oreille pour aboutir au menton et couvrent les joues ; elles sont peu visibles chez les adultes. Ce tatouage constitue à tel point un signe particulier de ces populations, que tous les petits fétiches représentant des dieux le portent toujours.

Les Batékés sont des gens au corps grêle, le plus souvent maigre et osseux. Ils sont vêtus de pagnes tissés en fibres de raphia, souvent très fins et très élégants imitant assez bien le pongé de Chine. Ils les remplacent volontiers par des étoffes européennes, et les chefs se drapent dans des pièces de velours ou de satin aux couleurs voyantes. Les femmes ont toujours la poitrine voilée, et la pièce d'étoffe dans laquelle elles sont drapées fait ressembler cette sorte de costume à un peplum romain. Elles portent aux chevilles et aux bras des anneaux, faits parfois tout en laiton, mais

Fig. 23. — Le chef du village M'Pila, d'après une photographie

souvent aussi forgés avec beaucoup d'habileté, suivant une disposition spéciale. C'est une sorte de torsade, ou de nœud, de laiton, de cuivre rouge et de fer. Lorsque ces anneaux ont été construits avec soin et qu'ils sont polis, ils prennent parfois une véritable élégance.

Chez les femmes, les cheveux rasés près du front de façon à le dégager, sont, au contraire, réservés très longs à la partie supérieure et ramenés en arrière ; ils sont tendus de façon à former une sorte de calotte soigneusement graissée. La partie rasée est couverte d'une épaisse couche d'ocre rouge, formant quatre ou cinq grandes dents régulières occupant tout le front. Quand une femme est en deuil d'un chef, elle se peint la figure avec de la suie, revêt un pagne noir et dispose ses cheveux en une série de petites boulettes faites de graisse et d'argile noircies. L'aspect que lui donne cet accoutrement est véritablement hideux. La polygamie est établie. Le chef de M'Pila a dix femmes, et leurs cases sont isolées du reste du village par une barrière qui les entoure.

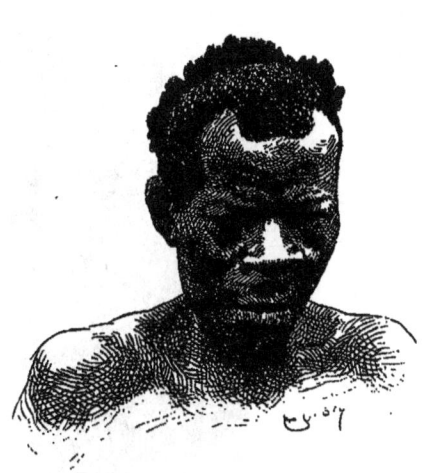

Fig. 24. — Type de Batéké, d'après une photographie.

Dès mon arrivée à Brazzaville, j'aurais voulu, sans perdre de temps, remonter le cours du Congo et de l'Oubangui, et je demandai à l'administrateur principal s'il pouvait mettre à ma disposition des bateaux qui, aux termes des engagements pris par M. de Brazza, devaient me transporter. Mais, sur les trois bateaux que possède la colonie, deux étaient partis dans la Sanga, et le troisième était en réparation. Par la force des choses, je devais donc attendre. Je le regrettai vivement, non seulement parce que c'était du temps perdu, mais parce que chaque minute est précieuse et qu'il faut se hâter de mettre à profit toute cette provision de bonne santé et d'énergie que l'on a rapportées de France et qui pourrait bien, malgré tout, s'épuiser un jour. J'utilisai du moins mon temps à étudier les environs et à constituer d'importantes collections, se rapportant à la flore et à la faune du pays.

C'était là une façon de faire encore de la besogne utile. Les documents de toutes sortes que l'on peut accumuler, servent de renseignements certains pour les entreprises que l'on pourrait tenter plus tard. Lorsqu'on connaît bien la flore et la faune d'un pays, on en déduit aisément, par assimilation, quels sont les végétaux ou les animaux que l'on pourra plus tard importer utilement. On peut découvrir aussi, au milieu de cette végétation si riche et si luxuriante, bon nombre de plantes qui peuvent présenter des applications immédiates et devenir la source d'un commerce important.

Aux environs de Brazzaville, croissent à l'état sauvage plusieurs espèces de palmiers : le palmier à huile est un de ceux qui est le moins abondamment représenté. Par contre, tous les bois des bords de la rivière sont remplis d'un rotang (*Calamus*), dont les tiges minces et flexibles pourraient être importées en Europe, puisque ce sont elles qui fournissent les lanières avec lesquelles on fait le cannage des chaises. On trouve également un autre palmier (*Raphia tœdigera*), qui fournit ces filaments rigides avec lesquels on fabrique les brosses et les balayeuses mécaniques.

Fig. 25. — Femme batéké, d'après une photographie.

La présence des Européens, les déboisements ont éloigné peu à peu les grands animaux, qui autrefois, paraît-il, étaient abondants dans cette localité. L'éléphant ne se trouve plus là qu'à l'état d'exception. J'ai assisté cependant une fois à une chasse faite par les indigènes; un éléphant avait été blessé et, pour échapper à ses ennemis, il s'était jeté à l'eau. Mais les indigènes avaient armé des pirogues, et l'animal était poursuivi et assailli de toutes parts. Le courant était violent, et donnait à cette scène une animation extraordinaire; animal et chasseurs descendaient avec une vitesse incroyable. On le cernait et on le poussait vers la rive. Il succomba enfin et vint s'échouer sur le bord. Immédiatement tous les hommes qui étaient au poste se précipitèrent pour aller couper des morceaux de cette chair. Les Batékés qui avaient attaqué l'animal se réservèrent les pointes d'ivoire, mais ils nous apportèrent la trompe qui est le morceau de choix. L'éléphant étant adulte, cette trompe représentait un poids énorme, offrant à la base un diamètre d'au moins 40 centimètres. Pour la cuire, on ouvre une fosse dans le sol, on y entretient un grand feu de broussailles et lorsque la terre est rougie, on rejette tout le bois enflammé, on couche la trompe sur un lit de feuilles de bananiers, au fond de la fosse, et on la recouvre de terre, sur laquelle on va entretenir, pendant toute la nuit, un grand feu de bois sec. Cela constitue un aliment assez agréable, parfois un peu coriace, il est vrai, mais qui est, dans tous les cas, la meilleure partie de l'éléphant. Si ces pachydermes sont rares dans cette région, par contre les hippopotames et les caïmans sont beaucoup plus communs. Bien souvent on envoyait des tirailleurs les chasser sur le Pool et lorsqu'ils arrivaient à en tuer, cela apportait une amélioration à la nourriture quotidienne du personnel noir.

Fig. 26. — Couteau de parade des Batékés, d'après nature.

La chair de l'hippopotame est de médiocre qualité, presque toujours dure et filandreuses; celle du caïman est blanche, mais a une détestable odeur musquée à laquelle on a peine à se faire.

Différentes espèces d'antilopes habitent les environs de Brazzaville. C'est là le meilleur gibier que l'on puisse se procurer.

Dès mon arrivée, je demandai à l'administrateur de vouloir bien faire droit à la requête que venait de m'adresser M. Briquez de faire partie de mon expédition en donnant sa démission comme agent du Congo. Je l'obtins, et M. Briquez fut immédiatement chargé de remplacer M. Bigrel, que je n'avais plus l'espoir de voir revenir parmi nous, car les nouvelles que je recevais de lui étaient sans cesse plus alarmantes. Avec un zèle et une activité dignes de tous

Fig. 27. — Les hommes se précipitèrent pour dépecer l'animal, d'après une photographie instantanée.

les éloges, M. Briquez reprit l'instruction militaire de mes hommes d'escorte, lesquels en peu de temps devinrent d'excellents soldats. Tout était mené avec ordre et discipline; il est facile de faire de ces Sénégalais de bons tireurs, à la condition de les exercer beaucoup et de leur faire faire notamment de l'école de pointage sans quoi ils tirent, comme tous les noirs, un peu au hasard. Quand leur courage natif est joint au dévouement et à une obéissance absolue, on obtient d'eux des services véritablement exceptionnels que l'on ne saurait attendre de nulle autre escorte. Ces qualités,

M. Briquez sut les développer au plus haut degré, et, je puis le dire dès maintenant, j'ai rencontré chez tous les Sénégalais que j'avais emmenés avec moi un dévouement qui ne s'est pas démenti même dans les circonstances les plus difficiles.

Il est indispensable de développer les qualités de discipline, car on est obligé de vivre au milieu de peuplades où il faut avant toute chose inspirer des sentiments de confiance et, si les tirailleurs se livraient au vol, c'en serait fait des relations amicales et l'on pourrait avoir à craindre d'incessants conflits.

J'étais à Brazzaville depuis quelques jours lorsqu'arriva M. Fondère, agent du Congo, qui venait de Bangui, transporté par un des bateaux de la colonie. M. Fondère était gravement atteint par la dysenterie; il se présenta à nous, pâle, défait, se traînant avec peine et sous le coup d'une violente émotion; il retrouvait enfin des blancs amis qui pourraient lui porter secours.

J'ordonnai immédiatement une médication sévère et j'eus la joie de voir que, malgré l'état presque désespéré du malade, sa santé s'améliora rapidement. Dans tous les cas de dysenterie, j'obtins les meilleurs effets de l'emploi simultané du sulfate de soude, de l'ipéca à la brésilienne et du salycilate de bismuth.

M. Fondère avait manqué de tout médicament à Bangui et sa maladie qui avait pris une forme chronique ne céda qu'à un traitement prolongé.

Les nouvelles qu'il me rapportait de l'Oubangui étaient peu rassurantes. Il avait été le dernier en rapport avec la mission Crampel et s'était précisément trouvé sur les bords de l'Oubangui quand M. Orsi était mort. Son corps avait été ramené et inhumé à Bangui. Une lettre qu'il avait reçue de M. Nebout, lequel dirigeait l'arrière-garde de la mission, lui donnait les noms de quelques porteurs et tirailleurs qui avaient déserté. M. Crampel était aux prises avec des difficultés réelles et ne pouvait se procurer des porteurs dont il avait un besoin absolu. A son sens, la mission était encore peu éloignée et peut-être me serait-il possible de la rejoindre.

Désormais, par le fait du retour de M. Fondère, il y avait deux bateaux à Brazzaville. L'administrateur principal voulut bien me dire qu'il ferait hâter les réparations qui étaient nécessaires et qu'il espérait dans une dizaine de jours pouvoir les mettre à ma disposition. Je les emploierai sans retard en envoyant en avant mes porteurs loangos avec une partie de mes hommes d'escorte et quelques centaines de charges. Mes Loangos, en effet, s'étaient ras-

Fig. 28 — On arrivait à tuer des hippopotames, d'après une photographie instantanée.

surés et avaient consenti à s'engager avec moi pour suivre mon expédition. Il fallait profiter de leur bonne volonté que les moindres nouvelles alarmantes pouvaient transformer en mauvais vouloir.

Le 1er juillet, comme nous étions à table, le soir, à la nuit venue, un Européen se présenta soudain devant nous : c'était M. Fourneau. Il était en bonne santé; la blessure, légère d'ailleurs, qu'il avait reçue au front était complètement guérie. Il nous donna des renseignements précis, que je transcris ici de mon journal. Il avait remonté la Sanga et déjà, depuis le 3 mai, il était sans cesse pour suivi par une population hostile, dont le nombre grossissait à chaque passage dans les villages très rapprochés et situés au milieu de plaines herbeuses. Dans la soirée du 11, il couche dans un village et poste des sentinelles pour prévenir toute attaque. Cependant, vers trois heures du matin, il est réveillé soudain par des bruits insolites : c'est une bande d'indigènes armés de sagaies, qui vient attaquer son camp. Les porteurs loangos affolés se précipitent sous la tente qui lui donne abri et essaient d'y pénétrer en soulevant la toile de tous côtés. Ils sont sagayés, mais leurs corps lui font un rempart. M. Thirier, qui avait allumé une bougie pour se rendre compte de ce qui se passait, reçoit d'abord une sagaie dans le ventre, puis une seconde, et une troisième qui l'atteint à la tempe droite et l'étend raide mort. M. Blum est blessé, les tirailleurs sénégalais ont une contenance admirable et c'est à eux que la mission doit de ne pas être complètement massacrée. Vers six heures, l'attaque a pris fin. M. Fourneau rassemble alors tous ses colis et les brûle avec le corps de M. Thirier. Avec les débris de la tente, on construit un hamac dans lequel est transporté M. Blum et tous les hommes valides gagnent rapidement les bords de la rivière où ils arrivent à cinq heures du soir. Là ils s'emparent des pirogues et désormais tout le monde étant embarqué, ils peuvent redescendre le cours, franchissent les rapides, et échappent aux flèches que les indigènes leur décochent sans cesse, mais qui n'arrivent pas jusqu'à eux. Enfin on parvient chez un chef allié, qui leur donne la nourriture dont ils n'ont pas usé depuis la veille. Désormais, la mission est sauvée.

Malgré tout le soin que l'on mit au poste de Brazzaville pour cacher tous les détails de ces mauvaises nouvelles, elles s'ébruitèrent cependant, colportées par les quelques noirs qui étaient revenus en même temps que M. Fourneau, et le désastreux effet qu'elles devaient produire ne fut pas long à se manifester. Dans la nuit du lendemain, je fus réveillé par mon sergent tirailleur qui vint m'apprendre que quarante des porteurs loangos, que j'avais rengagés et qui avaient reçu des avances, avaient pris la fuite. Avec l'aide de l'administration, nous fîmes visiter les alentours et on envoya même deux tirailleurs jusqu'à Comba, mais cette fois encore toutes nos recherches furent vaines. Si l'on avait pu me fournir plus tôt des bateaux, j'aurais ainsi évité cette désertion, dont l'effet était pour moi désastreux.

Il fallut donc s'occuper par tous les moyens possibles de tâcher de recruter dans le pays des hommes qui, moins timorés que les Loangos, consentissent à partir avec moi. Il fut décidé que trente-trois hommes, saisis comme faisant partie de la troupe d'un marchand d'esclaves qui, opérant sur les territoires belges, avait cru trouver refuge dans notre colonie, seraient mis à ma disposition; ces hommes entièrement libres seraient consultés. Ils consentirent volontiers à s'engager avec moi moyennant une rétribution avantageuse.

Fig. 29. — Type balali, d'après une photographie.

D'autre part, l'administrateur principal eut l'idée de s'adresser aux populations balalis, dont le domaine est situé près de Brazzaville, sur les bords du Congo et du N'Djoué, pour trouver parmi eux des hommes de portage. Les Balalis forment une population essentiellement commerçante, et c'était précisément en flattant cette aptitude spéciale que nous espérions les déterminer à venir dans l'Oubangui. En effet, je leur permettrais d'emporter avec eux des fusils et de la poudre pour les troquer contre de l'ivoire.

Une trentaine de ces hommes consentirent à s'engager dans ces conditions.

Aux termes de la convention établie avec la maison Daumas et Cie, celle-ci devait me fournir un agent commercial, qui ferait partie du personnel de ma mission et s'occuperait de mes marchandises destinées au paiement des vivres que nous devrions acheter.

En compensation du service qui m'était ainsi rendu, je devais emmener un second agent de cette même maison, auquel je donnerais aide et protection et qui pratiquerait librement des transactions au nom de la compagnie qu'il représentait. Il me semblait utile de donner ainsi à la mission un caractère essentiellement pacifique, et de fournir aux indigènes une sorte d'explication et de raison d'être à notre pénétration chez eux : notre intention de commercer avec eux.

Toutes ces populations primitives ont, en effet, un raisonnement empreint d'une grande logique et elles ne comprennent pas que l'on vienne chez elles sans un but qu'elles puissent s'expliquer. A leur sens, on vient, ou bien pour faire la guerre ou pour pratiquer des échanges commerciaux. C'était cette seconde attitude qu'il convenait de conserver.

Malheureusement, l'agent en chef de la factorerie française, à qui je fis part de cette convention écrite, fut dans l'impossibilité matérielle d'en remplir les engagements, pour la raison que plusieurs des agents de la maison avaient été malades et avaient dû regagner l'Europe. On espérait cependant pouvoir, dans un délai plus ou moins proche, m'adjoindre tout au moins un agent commercial.

La première semaine de juillet passa sans que la réparation des canonnières fut terminée, et je prévoyais que bien des jours s'écouleraient encore avant que nous puissions partir.

L'époque du 14 juillet approchait. Je demandai à l'administrateur d'organiser une fête, à laquelle nous donnerions le plus d'éclat possible en convoquant toutes les populations indigènes des alentours, et j'offris de contribuer dans la plus large part à l'organisation des réjouissances, en mettant à la disposition de l'administration tout ce qui dans mon matériel pouvait être utile. Cette fête, qui serait la première que l'on aurait donnée dans la colonie, aurait à mon sens l'avantage de grouper autour de nous les tribus de toutes les populations des environs et d'établir ainsi avec elles des relations amicales. M. Dolisie voulut bien faire droit à ma demande et prit une décision par laquelle il me chargeait de présider une commission d'organisation, qui réglerait les détails de la fête et en assurerait l'exécution.

CHAPITRE V

La fête du 14 juillet. — Les tam-tams. — On m'annonce le désastre de la mission Crampel. — Arrivée de M. Nebout. — La mission Crampel.

C'est le 14 juillet, la fête est organisée. Tout ce que nous possédons a été mis en branle. A l'aide de grandes bâches que j'emportais avec moi pour me servir à abriter mes marchandises en cours de route, nous avons construit une grande salle, qui est maintenant toute pavoisée de trophées de drapeaux mêlant leurs vives couleurs aux longues feuilles des palmiers qui la décorent. Des pièces d'andrinople, de calicot et de guinée bleue cousues bord à bord, drapent tout le pourtour de cette tente, flanquée de grands mâts, portant au sommet de longues oriflammes et décorés de cartouches que mes compagnons ont élégamment brossés. C'est sous cette tente qu'aura lieu le banquet, où se réuniront tous les Européens du poste, des factoreries, et aussi nos invités de l'autre côté du Pool, les Belges. Tous ensemble, nous serons une quarantaine.

Toutes les ressources dont chacun de nous disposait ont été mises à contribution pour arriver à dresser d'aussi nombreux couverts, et rien n'est drôle comme la composition hétérogène de ce service : assiettes creuses ou plates, en porcelaine, en faïence ou en fonte émaillée sont accompagnées de verres, de coupes et de gobelets, de services les uns en fer, les autres en argent. Chacun a donné aussi le meilleur de ses approvisionnements; il y aura des poissons du Congo, des quartiers d'antilope et puis un jambon venu d'Europe; un gros dindon solitaire, élevé depuis longtemps à la factorerie, fut sacrifié pour ce jour-là.

Devant la tente, sur une place immense que limitent les cases du poste toutes pavoisées, s'élève un mât de cocagne haut de 15 mètres, au sommet duquel à l'aide d'une petite poulie on montera successivement des pièces d'étoffe, récompenses qui ne manqueront pas d'éveiller la convoitise de tous les noirs. Le programme comporte, en outre, des courses à pied, en sac, un grand concours de tam-tams ou danses guerrières, dont la plus haute récompense sera un rouleau de fil de laiton (1,200 mitakos).

Les Batékés, Balalis, les Loangos, les Pahouins, tous les Sénégalais devaient prendre part à ce concours.

Je sus qu'il y avait à Brazzaville un vieux canon, pièce de 7 sans usage. Nous lui fîmes un affût, le remîmes en état, et ma poudre servirait à tirer des salves le matin, à midi et le soir.

Dès l'aube, vingt et un coups de canon annonçaient à toutes les populations des environs la solennité du jour; et bientôt nous vîmes les vapeurs sillonnant le Pool amener nos invités les Belges. Puis, tous les grands chefs des environs, installés sur des civières, recouvertes de peaux de lions et de panthères et portées sur les épaules robustes de leurs esclaves, firent leur entrée, précédés des sorciers aux costumes étranges, et d'une foule de serviteurs jouant d'instruments divers et poussant des cris discordants. De toutes parts des bandes noires encombrent les chemins. Le grand chef batéké, N'Tchoulou, revêtu d'un somptueux manteau de velours vert, portant au cou le collier d'investiture du roi Makoko et la tête ornée d'un panache de légères plumes blanches de marabout, s'est fait apporter pour assister à la fête.

Tous les tirailleurs du poste, ainsi que les miens, en grande tenue, sont passés en revue devant tous les indigènes, qui regardent avec admiration leurs évolutions régulières et irréprochables.

Bientôt, un grand cercle de plus de cent mètres de diamètre, se forme et tout autour se massent en rangs serrés des milliers de noirs venus de tous côtés. C'est au milieu de ce cercle que les tam-tams vont se succéder, et de la tente du banquet, placée sur un de ses bords, les blancs vont assister aux danses, les juger et décerner les récompenses.

Après les exorcismes des féticheurs à la figure peinte de rouge, à l'œil gauche cerclé d'une large ligne blanche qui s'en va rejoindre l'oreille, après leurs invocations accompagnées de cris gutturaux poussés dans d'immenses calebasses destinées à en augmenter le son, le calme s'établit. Soudain une bande de noirs fait irruption dans le cercle et s'apprête à la danse; ce sont les Loangos. Après avoir installé des tambours sur lesquels ils frappent un air monotone et lent, ils dansent un pas maniéré, qui accompagne cette mélopée sans caractère. Chacun, à tour de rôle, se sépare de la bande et s'efforce, par ses grimaces et ses contorsions, de faire rire l'assemblée. En Afrique, les danses constituent une des caractéristiques les plus nettes de l'esprit entier de la tribu.

Les Loangos, peuple avili, lâche et peureux à l'excès, race chétive et ratée chez laquelle les Portugais ont implanté les vices les plus honteux, et qui n'ont pris de la civilisation que ce qu'elle a de mauvais, ne sont capables que de faire des grimaces, qui laissent deviner leur mollesse et leurs vices.

Puis ce sont les M'Fans ou Pahouins, vrais sauvages ceux-là, encore quelque peu anthropophages, mais du moins ce sont des hommes solides, énergiques, guerriers, courageux. Dévêtus, ceints seulement d'une gerbée d'herbes, ils font trembler le sol sous leur pas cadencé, qu'accompagne un chant guttural, rauque, sauvage, mais puissant. Ils se pressent les uns contre les autres, ils frappent le sol avec plus d'énergie encore, et leurs gestes vifs, désordonnés déjà, deviennent bientôt violents et brutaux, véritables sauvages, mais véritables mâles aussi.

Maintenant, ce sont les Sénégalais qui s'avancent, rangés correctement et armés de l'élégante carabine Gras, dont les cuivres brillent au soleil et qui sont chargées de cartouches à blanc. L'un d'eux se détache du groupe, court en avant, cherchant du bout de son fusil un ennemi imaginaire, s'accroupit, rampe, se relève brusquement, court encore et tire une cartouche. Un couteau est

planté en terre, c'est le défi. Deux camps se sont formés, un homme de chacun d'eux s'en détache, ils se cherchent, s'évitent, se menacent : puis soudain, les deux camps entiers prennent part à la lutte, car un des deux champions a été tué; l'attaque est générale maintenant, les coups de fusil partent de tous côtés, et grisés par l'odeur de la poudre, nos hommes se livrent à une fantasia brillante, où apparaissent toutes leurs qualités de vigueur, de souplesse et d'agilité. Un des camps est victorieux, alors les fusils sont lancés en l'air et toujours habilement rattrapés avant de toucher terre. Plus d'un des tirailleurs fait le saut périlleux et au milieu de sa course fait partir son fusil. Quel beau spectacle, et comme on est rassuré d'avoir en mains une poignée de semblables gaillards!

L'avis fut unanime : de tous les tam-tams, le plus brillant avait été celui des Sénégalais; ils eurent la plus haute récompense.

Le cours de cette fête, si singulière, si étrange, mais aussi si pleine de caractère et de pittoresque, fut brusquement interrompu par la venue de l'évêque de Brazzaville, Mgr Aughouard. Il vint à nous et dit qu'il avait à nous apprendre une fatale nouvelle, qui me touchait directement. Il descendait le Congo à bord de sa chaloupe à vapeur *le Léon XIII*, lorsqu'il fut rejoint par le bateau de la colonie *l'Oubangui*, qui avait à son bord M. Nebout. Celui-ci revenait à Brazzaville et apportait la triste nouvelle du massacre de Crampel, Saïd et Biscarrat, et de la mort de Lauzière. Il ne pouvait d'ailleurs nous fournir aucun détail, n'en possédant pas.

Ce fut pour moi un coup terrible, dont chacun comprendra aisément toute la cruauté. Quelques jours avant, en effet, les nouvelles que m'avait données M. Fondère, m'avaient permis d'espérer qu'il me serait possible de rejoindre bientôt Crampel. Et maintenant, soudain on venait me dire que tout était fini et que la mission entière était anéantie, et cela juste au moment où nous donnions une fête, où tant de pavillons déployés, où tant de gaieté répandue de toute part, nous avaient donné l'illusion de croire que nous étions moins loin de la terre de France.

Cependant, il ne convenait pas, nous semblait-il, d'ébruiter l'effroyable nouvelle, tant que nous n'en aurions pas la confirmation absolue par les renseignements que pourrait nous fournir M. Nebout. Rien ne nous prouvait, en effet, que ces renseignements fussent exacts, et que nous devions considérer le désastre comme définitif et irrémédiable. Nous savions que M. Nebout occupait l'arrière-garde. Avait-il donc été attaqué lui-même, ou bien la nouvelle de la mort de Crampel lui avait-elle été rapportée par quelque indigène ou par quelque homme de la mission? Et rien ne pouvait nous laisser deviner si elles étaient vraies ou fausses. Nous n'en dîmes donc rien et nous attendîmes pour aviser jusqu'au lendemain matin, jusqu'à l'arrivée de la canonnière.

Mais comme nous avions hâte de voir ces fêtes se terminer! et quel lamentable contraste il y avait entre tous ces chants, ces cris, ces joies bruyantes et les sombres pensées qui nous hantaient l'esprit et l'âpre douleur qui nous poignait au cœur! Le soir vint. Sans regret, nous laissâmes partir nos invités. Nous discutions encore la possibilité d'une nouvelle non fondée, tant nous avions de peine à nous faire à l'idée de ce désastre. Nul cependant n'osait conserver d'espoir, et de longs et tristes silences interrompaient notre conversation, faite de phrases menteuses dont chacun essayait de rassurer les autres, sans y ajouter foi soi-même.

Les heures de cette nuit qui ne voulait finir passèrent lentes et tristes. Enfin l'aube vint, et dès que ses premières lueurs parurent, je postai, au sommet de ce grand talus se terminant en un vaste plateau qui était la cour du poste, et au pied duquel venaient rouler les eaux du Congo, des tirailleurs chargés de venir me prévenir en hâte quand ils verraient sur la grande plaine liquide du fleuve la fumée de la canonnière qui devait ramener M. Nebout. A neuf heures, *l'Oubangui* est signalé sur le Pool. Vingt minutes après, il accoste et M. Nebout met pied à terre. Je me présente à lui et lui demande de me dire ce qu'il sait de la mission Crampel. Il me dit qu'à son sens la mort de Crampel et de tous ses compagnons ne faisait aucun doute, et c'était précisément parce que cette conviction s'était ancrée dans son esprit qu'il était revenu. Il me raconta comment les événements s'étaient passés. Je donne ici les pages extraites du propre carnet de notes de M. Nebout, qu'il voulut bien me confier et dont je pris copie. Je lui laisse donc la parole :

« Le 1er janvier 1891, M. Crampel quittait le village banziri de Bembé, pour rejoindre Biscarrat à notre campement d'avant-garde de Makobou, situé à 18 kilomètres de l'Oubangui. Il emmenait avec lui M. Lauzière, ingénieur de la mission, chargé des études scientifiques, Saïd, médecin, Jchekiad-Ag-Rali, tergui emmené d'Alger et devant servir de guide, et la jeune Pahouine Niarhinzeu. Je restai près de la rivière avec M. Orsi, qui, déjà atteint par la maladie qui devait l'emporter quelques jours plus tard, était trop faible pour nous suivre. J'étais chargé de l'arrière-garde. M. Crampel devait aller au Nord prendre contact avec les musulmans qui, au dire des indigènes, devaient se trouver à environ six jours de marche de là. Il espérait pouvoir obtenir d'eux des animaux de bât ou tout au moins et à défaut de ceux-ci, une forte équipe de porteurs, dont il avait un besoin absolu, puisque nous avions avec nous 230 charges et que nous ne possédions que 78 porteurs.

Fig. 31. — M. Nebout, d'après une photographie.

« Au camp de Makobou, M. Crampel acheva un courrier pour l'Europe et, le 3 janvier, en me l'envoyant, il me dit de rallier Makobou aussitôt que l'état de santé de M. Orsi le permettrait.

« Le 5 janvier, notre campement de l'Oubangui est évacué et avec M. Orsi je rejoins M. Biscarrat à Makobou. M. Crampel était déjà parti, continuant sa route vers le Nord.

« Au village du chef Langouassis, Balao, à 40 kilomètres de Makobou, il établit un deuxième campement, y laissa M. Lauzière, et continuant toujours, fit un troisième campement à 36 kilomètres de Balao, au bord de la petite rivière Zanvouza, près du village d'un chef N'Dakoua, nommé Zouli.

« Le 12, M. Biscarrat part avec nos porteurs rejoindre M. Lauzière.

« Le 15, les porteurs reviennent prendre de nouvelles charges et le contre-maître me remet une lettre circulaire de M. Crampel. Pour obéir aux instructions de cette lettre, je quitte Makobou le 16 et vais rejoindre M. Biscarrat au camp de Balao. M. Lauzière avait quitté le campement, le 13, pour aller rejoindre M. Crampel.

« M. Orsi, trop affaibli pour marcher en avant, dut rester au campement de Makobou, qu'il gardait avec 14 Sénégalais. Le 17, je recevais de nouvelles instructions de M. Crampel.

« Le 18, M. Biscarrat part avec 25 porteurs pour rejoindre M. Crampel aux bords de la Zanvouza. M. Lauzière seul l'attend à ce campement, M. Crampel était déjà parti à un jour plus loin, laissant l'ordre verbal de l'attendre à la Zanvouza, M. Lauzière seul devant faire sa jonction avec lui.

Le 20 janvier, M. Lauzière m'informa qu'il quittait le campement de la Zanvouza pour rejoindre M. Crampel et que leur absence durererait 20 jours environ.

« Aussitôt qu'il est rejoint par M. Lauzière, M. Crampel poursuit sa marche sans retard. Son personnel se compose de MM. Lauzière et Saïd, Ischekiad et Niarhinzeu, neuf Sénégalais d'escorte et 35 porteurs avec environ 30 charges de marchandises diverses.

« Entre temps, le transport s'effectue entre Makobou et Balao. Le 28, deux Sénégalais venant de Makobou m'informent que M. Orsi, très malade, est dans l'impossibilité de me rejoindre. Confiant la garde du camp au caporal sénégalais, je pars secourir M. Orsi, mais j'arrive trop tard, et j'apprends le 29 à Makobou que notre camarade était mort au village de Bembé, sur le bord de l'Oubangui, où il s'était fait transporter.

« Un billet de M. Fondère, chef du poste de Bangui m'informait en même temps que le corps de M. Orsi avait été dirigé sur le poste de Bangui pour y être inhumé. Je retourne aussitôt, et revenu à Balao, j'envoie un courrier à M. Crampel pour l'informer de ce triste événement. Pendant douze jours, nos hommes transportent nos bagages de Balao à Zanvouza, où j'arrive moi-même le 14 février.

« Depuis le 22 janvier, M. Biscarrat, que je venais de rejoindre, n'avait reçu aucune nouvelle de M. Crampel à qui il n'avait pu d'ailleurs faire parvenir mon courrier, le jugeant trop éloigné maintenant.

« Jusqu'à la fin du mois de février, nous attendîmes le retour de M. Crampel, sans inquiétude sinon sans impatience, car nous avions pu nous convaincre que les musulmans étaient plus éloignés qu'on ne le supposait d'abord.

« Mais dans les premiers jours de mars, surpris de ce long silence et de cette absence si prolongée, M. Biscarrat est décidé à ne pas attendre davantage et, le 10 mars, il part sur les traces de M. Crampel, emmenant dans cette reconnaissance 18 Sénégalais et 16 porteurs. Je demeure au camp de la Zanvouza avec ce qui reste de marchandises.

« Enfin, le 21 mars, le Sénégalais d'escorte, Samba-Sako, suivi de cinq porteurs, arrive au camp et me remet une lettre de M. Crampel. Elle m'annonce la prochaine arrivée de M. Lauzière, qui devait venir me rejoindre suivi d'une équipe de porteurs musulmans. Le Sénégalais me donne plusieurs renseignements : Après 25 jours de marche, M. Crampel était arrivé à un village nommé El-Kouti, situé à environ 500 kilomètres de la rive de l'Oubangui. Ce petit village, établi depuis peu en cet endroit, était occupé par des musulmans. Leur chef Snoussi se disait vassal du Sultan du Ouadaï; près de lui étaient trois marabouts qui passaient leurs journées en prière. Seuls ces quatre personnages étaient originaires du Ouadaï, tandis que les hommes qu'ils avaient avec eux étaient un ramassis d'esclaves volés en tous pays et convertis à l'islamisme. Ils sont vêtus de costumes arabes faits avec des étoffes européennes. Pour armes, ils ont des fusils doubles de chasse, à piston, et quelques carabines se chargeant par la culasse pouvant tirer la cartouche Gras. Enfin, ceux qui n'ont pas d'armes à feu portent des lances de haste dont le fer énorme est emmanché à un très long bambou.

« M. Crampel est reçu avec honneur. Les musulmans l'accueillent par des salves, puis leur chef les ayant placés sur un seul rang, les présente à M. Crampel. Ils ont un pavillon blanc dont la hampe est ornée d'un fer de lance. L'étoffe est couverte d'une longue inscription en caractères arabes et au-dessous est dessiné en rouge le croissant de l'Islam.

« Pendant trois jours, ils apportent des vivres, mais passé ce temps ils déclarent qu'étant très pauvres, ils ne peuvent nourrir plus longtemps la caravane, et les privations commencent.

« L'homme d'escorte avait quitté El-Kouti le 25 février. M. Lauzière devait se mettre en route 15 jours après lui, attendant un courrier que M. Crampel préparait pour l'Europe, quand un événement vint précipiter son départ. Le 27 quatre hommes d'escorte, déjà découragés par ces privations, désertent avec armes et bagages. Sans plus attendre, M. Lauzière part le même jour à leur poursuite suivi d'environ 12 porteurs et de plusieurs musulmans qui avaient offert leur concours. Il peut rejoindre les fugitifs, mais sans réussir à les capturer. Il ressaisit deux fusils et les bagages que ces misérables ont abandonnés dans le trouble que leur a causé l'approche de la petite troupe.

« Après avoir retourné à M. Crampel les objets saisis, M. Lauzière continue pour venir me joindre, mais atteint de fièvre et de dysenterie, il est obligé de s'arrêter au village de Makorou, vers le 9 mars. M. Biscarrat, parti le 10 de la Zanvouza, a dû s'arrêter le 17 mars, en prenant connaissance d'un ordre remis par M. Crampel, à l'homme d'escorte Samba-Sako. Il était alors au village du chef N'Gapou, Yabanda, à l'entrée d'une grande brousse, courant du Nord au Sud, entre le village de Yabanda et celui de Makobou, sur une largeur de plus de cent kilomètres.

« M. Biscarrat, en apprenant la maladie de M. Lauzière, envoie immédiatement vers lui deux Sénégalais, mais ceux-ci reviennent trois jours après, s'étant perdus en route. Il en envoie deux autres qui, huit jours après, reviennent lui apportant les plus tristes nouvelles.

« Notre malheureux camarade, foudroyé par la terrible maladie, était mort quelques jours après son arrivée à Makobou. Le corps fut enterré par les soins du chef du village, et la tombe recouverte par une sorte de toit de case. Dans cette occasion, comme par la suite, les indigènes fétichistes ont fait preuve des meilleurs sentiments envers nous.

« Les porteurs, à l'exception de deux, atteints de variole, retournent vers M. Crampel, emportant les bagages et les papiers de service.

« C'est le 30 mars que je reçois de M. Biscarrat la sombre nouvelle de la mort de notre excellent camarade.

« Supposant que M. Crampel, aussitôt la connaissance de ce malheur, enverrait des ordres, M. Biscarrat se rend à Makobou pour y attendre la réponse au premier courrier. Le 4 avril, le caporal sénégalais, Amadi-Samba, accompagné de l'homme d'escorte, Lamin-Ifra, suivis de neuf porteurs, arrivent à Makobou apportant une lettre de M. Crampel. Ces hommes, partis d'El-Kouti le 26 mars, n'ont pas rencontré les porteurs de M. Lauzière qui s'en retournaient vers M. Crampel.

« M. Biscarrat écrit à M. Crampel pour lui annoncer la mort de M. Orsi et de M. Lauzière, et lui dire que les porteurs des bagages de M. Lauzière sont retournés vers El-Kouti; Lamin-Ifra retourna, accompagné d'un autre homme d'escorte, porter la lettre, tandis qu'Amadi-Samba continue vers la Zanvouza où il me rejoint le 13 avril.

« Par de nouvelles lettres, M. Crampel, lassé des retards que mettent les musulmans à lui procurer des porteurs promis depuis si longtemps, me donne l'ordre de transporter les bagages vers El-Kouti.

« Avec M. Lauzière et Amadi-Samba, M. Crampel avait envoyé environ 25 hommes. Il ne conservait donc près de lui que 12 hommes, et bientôt la désertion réduisit ce chiffre de moitié.

« Amadi-Samba me complète les renseignements que m'avait fournis Samba-Sako. Depuis le jour de son arrivée à El-Kouti, jusqu'au moment du départ d'Amadi, M. Crampel avait toujours conservé de bonnes relations avec les musulmans. Ceux-ci venaient chaque jour pour s'entretenir avec lui au camp et lui apporter de petits cadeaux. M. Crampel avait eu tout d'abord l'intention de pousser encore plus au nord et d'arriver jusqu'au sultan dont Snoussi lui parlait; mais celui-ci l'en dissuada, prétendant que le sultan se fâcherait si on entrait dans ses États sans autorisation. C'est alors que M. Crampel envoya trois courriers : le premier au sultan du Ouadaï, le deuxième au sultan du Baghirmi, et le troisième à destination d'Europe était adressé au gouverneur de l'Algérie. Il assista lui-même au départ de ses courriers, puis se résigna à attendre la réponse, tout en réclamant chaque jour l'équipe promise. Snoussi avait envoyé tous ses hommes en razzia, et il affirmait à M. Crampel qu'il lui donnerait autant d'hommes qu'il voudrait lorsque ceux-ci seraient de retour de leur opération.

« Quelques mois auparavant, les musulmans avaient ramené du Nord un certain nombre de chevaux, de chameaux, de bœufs et d'ânes. Toutes ces bêtes étaient mortes pendant un hivernage, à l'exception d'une vingtaine d'ânes que Crampel demanda, mais qui lui furent refusés sous divers prétextes. De loin en loin, des caravanes viennent prendre à El-Kouti le produit du commerce ou plus sûrement du brigandage des hommes de Snoussi. Quelques pauvres villages de fétichistes sont restés près d'El-Kouti et paient aux musulmans un tribut consistant en mil et en miel; mais la majorité des indigènes s'est enfuie, s'éloignant de ces redoutables voisins.

« Le 14 avril, au lendemain de la réception des ordres qui me prescrivaient de marcher en avant, je fais mes préparatifs pour partir, et le 16 j'expédie trois porteurs vers M. Crampel avec une caisse de conserves et des médicaments. Je les fais escorter par deux Sénégalais. Je fis l'impossible pour aller vite, car je comprenais combien était critique la situation de notre chef, mais pour 200 charges qui restaient, je n'avais que 48 porteurs. Ce nombre fut porté à 55 quand tous les hommes renvoyés par M. Crampel m'eurent enfin rejoints; car, épuisés par les privations, ils s'étaient échelonnés sur la route. Le nombre de volontaires indigènes dont j'essayais de me servir était toujours restreint, et ils ne consentaient guère à porter à plus de 15 à 20 kilomètres de leur village. Enfin, le 30 avril je rejoignis M. Biscarrat au village de Yabanda, à l'entrée de la grande brousse. Procédant par étapes successives de transport, j'avais dû établir cinq campements et mettre 16 jours pour parcourir 90 kilomètres.

« Le lendemain 1er mai, M. Biscarrat part avec tous nos porteurs et 34 indigènes, et le 5 il arrive à Makobou.

Fig. 32. — M. Crampel, d'après une photographie.

« Dans la soirée de ce jour, le jeune domestique Kokoleu, attaché au service de M. Crampel, vint me rejoindre à mon campement. Après une correction motivée par sa mauvaise conduite, Kokoleu avait déserté le 25 mars. Repris, il abandonne de nouveau son maître le 1er avril; mais il est arrêté à Makobou par les indigènes. Il s'enfuit une troisième fois, mais vient se rendre à moi. Un peu de morale le rend à de meilleurs sentiments, et il me promet de retourner avec moi vers M. Crampel sans chercher à s'enfuir.

« Il me donne sur la santé de M. Crampel des détails alarmants. Il m'affirme que le 30 mars un courrier était venu vers M. Crampel, envoyé par le sultan du Ouadaï. Ce chef ouvrait la route et invitait M. Crampel à venir le trouver ou à lui envoyer un de ses blancs.

« M. Biscarrat, à son arrivée à Makobou, trouve une troupe de 50 musulmans commandés par un lieutenant de Snoussi, Ali-Diaba. Ils venaient à notre rencontre prendre des charges, mais ils s'étaient arrêtés, n'ayant pas voulu traverser la brousse. M. Biscarrat me renvoie nos porteurs et cherche à décider les musulmans à pousser jusqu'à mon campement pour enlever en un seul voyage tout le bagage. Mais Ali-Diaba ne lui donna que 12 hommes, commandés par un sous-chef nommé Tom.

« M. Biscarrat m'écrit pour me faire part des bruits que font courir les indigènes. Ils disent que M. Crampel aurait été assassiné ainsi que M. Saïd par les musulmans, et que les Sénégalais qui lui restaient auraient été tués ou enchaînés. C'est le 10 mai que je reçois ces nouvelles par le retour de nos porteurs, en même temps qu'arrivaient les 13 hommes de Snoussi. Tom me remet une lettre de M. Crampel, qui m'annonce son départ d'El-Kouti pour se rendre chez un sultan dont l'empire est au Nord, et en même temps la venue de l'équipe de porteurs que devra accompagner le caporal sénégalais Demba-ba. Je demande pourquoi Demba-ba n'est pas venu. Il me répond qu'il ne sait pas. Puis il me raconte que Snoussi lui aurait donné une femme et qu'il serait resté auprès d'elle. Je lui demande aussi si M. Crampel a reçu les deux courriers envoyés par M. Biscarrat. Il me dit que les Sénégalais ont dû s'arrêter en route, l'un d'eux étant très malade, et il affirme n'avoir pas rencontré les cinq hommes qui portaient les médicaments destinés à M. Crampel.

« Le 12 mai, je renvoie vers Makobou nos porteurs chargés, mais les musulmans n'ont pas voulu partir avec eux. Ils prétendent qu'ils vont réussir à recruter des indigènes pour enlever le restant des charges. Depuis leur arrivée, ils parcourent, en effet, tous les villages des environs. Dans cette même journée, le chef des villages fétichistes, Yabanda, et nombre d'indigènes viennent me confirmer les sombres nouvelles envoyées par M. Biscarrat. Ces gens m'affirment que les musulmans cherchent à soulever les indigènes contre moi, leur promettant une partie des marchandises, et que Tom se vante de me tuer aussitôt que je serai à Makobou. Ils insistent avec force et paraissent désolés de mon incrédulité.

« Le 13 mai, des N'Gapous venus de Makobou affirment aussi que les deux premiers courriers envoyés par M. Biscarrat ont été saisis en route par les musulmans, de même que les porteurs retournés après la mort de M. Lauzière. Les cinq hommes envoyés par moi auraient eu le même sort et le bassa Sibry, cherchant à s'évader, aurait eu la mâchoire fracassée d'un coup de feu.

« J'étais bien un peu inquiet de l'absence inexpliquée de Dembaba, mais je ne pouvais, je ne voulais croire à ces épouvantables nouvelles. La dernière lettre de M. Crampel datée par erreur du 3 mars mais écrite le 3 avril, ne m'est parvenue que le 10 mai. Je demande à Tom le motif de ce retard : il me répond qu'au moment où M. Crampel se mettait en route, Ali-Diaba était encore en razzia avec la troupe et que ce n'est qu'au retour qu'il a pris la lettre confiée à Ischekiad pour me l'apporter.

« Le 13, des N'Gapous venus de Makobou affirmèrent avoir vu entre les mains des musulmans des couvertures blanches ayant appartenu à M. Crampel.

« Enfin le 14 mai, les treize musulmans se décident à partir pour Makorou après avoir pris charge. Je les fais escorter par 4 Sénégalais.

« Le chef Yabanda me déclare qu'il envoie deux hommes à Makorou pour inviter les N'Gapous de ce village à ne se mêler en rien aux affaires des musulmans et de ne pas prendre parti pour eux. Il me conseille, puisque je ne veux pas le croire, d'arrêter du moins tous les bagages à Makobou, et d'aller à El-Kouti avec tous mes hommes armés nous convaincre de la vérité.

« La persistance de ces bruits, la quantité de détails qu'on en donne commencent à ébranler ma confiance et mes huit Sénégalais qui d'abord accueillaient ces nouvelles avec des railleries, commencent à s'inquiéter.

« Le 22 mai, nos porteurs reviennent et me remettent deux lettres de M. Biscarrat me disant que les bruits alarmants continuent toujours.

« Le 24, à cinq heures, je quitte le village de Yabanda avec le reste du bagage. Nous avançons rapidement et, le 26, j'étais déjà près de Makobou, quand à 2 heures je vois venant à notre rencontre le bassa Thomas, cuisinier de M. Biscarrat. Il me raconte aussitôt que la veille à 8 heures du matin, les hommes de Snoussi avaient assassiné M. Biscarrat. Je l'interroge et j'apprends les événements terribles que je me refusais de croire : la mission détruite, puis la mort de mon camarade :

« Le 23, un jeune Loango nommé Bouiti, domestique de M. Saïd, était venu se réfugier à Makobou. Il venait d'El-Kouti et apprenait à M. Biscarrat l'assassinat de M. Crampel.

« Peu après que notre chef, décidé à aller chez le sultan, eut écrit la lettre qui m'annonçait son départ et l'eut confiée au targui Ischekiad, il fut appelé dans le village par Snoussi. Il s'y rend accompagné de Saïd. Frappés traîtreusement à coups de couteau, ils sont achevés à coups de fusils, puis dépouillés de leurs vêtements. Les corps entièrement ouverts sont entraînés dans la brousse par les assassins et abandonnés là. Le domestique Bouiti est fait prisonnier. Ischekiad courant au village au premier coup de fusil, est saisi et enchaîné. Les Sénégalais Demba-Ba et Sadio veulent prendre leurs fusils, mais tombent frappés avant d'avoir pu en faire usage. Les porteurs sont enchaînés. Ali-Diaba s'empare de la lettre remise à Ischekiad.

« Après plusieurs jours de captivité, Bouiti parvient à s'échapper et à gagner Makobou où il apporte la nouvelle de ces crimes. Il prévient aussi M. Biscarrat qu'une nombreuse troupe de musulmans armés est cachée non loin de là.

« M. Biscarrat cache Bouiti dans sa propre case et lui recommande de ne pas sortir afin de n'être point aperçu des hommes de Snoussi.

« Les Sénégalais, apprenant ces événements, viennent demander à leur chef de surprendre et d'attaquer ces bandits; mais M. Biscarat leur répond que ce serait folie de vouloir avec dix hommes attaquer plusieurs centaines de guerriers armés de fusils et possédant des carabines prises au camp d'El-Kouti. Il les force, au contraire, de ne pas paraître se tenir sur leurs gardes afin de ne pas éveiller les soupçons des musulmans dont le plan devait être d'attendre mon arrivée avec les dernières marchandises.

« Dans la nuit du 24 au 25, Bouiti sort un instant. Il est aperçu des musulmans. Mon arrivée était imminente, aussi sans plus tarder ils précipitent les événements.

« Le 25 mai, vers huit heures du matin, ils s'approchent au nombre d'une vingtaine de la case de M. Biscarrat, tandis que le reste des hommes d'Ali-Diaba se dirige vers les Sénégalais. Avant que M. Biscarrat eût pu se mettre en défense, il tombait frappé d'un coup de couteau au côté gauche par un N'Gapou, le seul qui ait pris part à cette affaire. Puis les musulmans tirant aussitôt, criblent de coups le corps de notre camarade. En même temps, les Sénégalais sont entourés et leurs fusils accrochés dans les cases sont enlevés. Seul le clairon Sidi-Sliman, qui allait partir pour la chasse, avait son fusil près de lui; il se lève, en voyant tomber son chef, mais il est terrassé sans avoir pu faire feu. De tous côtés arrivent des bandes armées qui entourent le camp. Bouiti cherche à s'enfuir, mais il est tué aussitôt. André Loemba, boy de M. Biscarrat, peut se jeter dans la brousse, mais du côté opposé au chemin. Il a disparu. Les Sénégalais ne sont pas enchaînés. Au contraire, les musulmans les traitent avec considération. « Restez avec nous, leur disent-ils, nous vous rendrons vos fusils et nous vous donnerons des femmes; nous ne voulons aucun mal aux noirs, mais nous voulons tuer les blancs. Quand le dernier sera tué, nous retournerons avec les marchandises, et vous serez libres comme nous ». Thomas, sur la promesse de ne pas s'enfuir, est laissé en liberté. Vers 5 heures du soir, il s'approche des Sénégalais et les exhorte à fuir avec lui. « Nous sommes des soldats, lui répondirent-ils, nous ne partirons que si nous pouvons recouvrer nos fusils; nous aurions honte de retourner désarmés ». Thomas se jette alors dans la brousse. En arrivant à une rivière qui coupe le chemin, à deux heures de Makobou, il aperçoit une troupe qu'Ali-Diaba avait envoyée pour surveiller la route du côté où j'étais attendu. Tous étaient déjà armés de carabines Gras et de fusils Kropatchek pris à El-Kouti et à Makobou. Thomas se cache, puis vers minuit quand ces gens furent rentrés à Makorou, il poursuit sa route et ne s'arrête que le lendemain à notre vue.

« Quand le bassa eut fini de me conter cet épouvantable drame, je rassemblai mes huit Sénégalais et leur demandai s'ils voulaient me suivre à Makobou. « Mes amis sont tous morts, leur dis-je, vos camarades sont prisonniers, voulez-vous venir les venger, les délivrer ou partager leur sort. Je pourrais vous forcer, mais un soldat se bat mal s'il ne le fait pas de bon cœur. Je vous laisse libres de prendre une résolution. Pour moi je serais heureux d'aller en avant ».

« Ils se concertent et dix minutes après me disent qu'ils sont trop peu nombreux, et veulent retourner à la rivière (l'Oubangui), que cependant, si je l'exige, ils me suivront, et qu'alors ils sauront mourir.

« En dehors des Sénégalais, la caravane se composait de 57 porteurs dont 32 armés. Beaucoup suivent avec peine, blessés par une longue marche.

« Le 28, nous sommes de retour au village de Yabanda et le 4 juin sur les bords de l'Oubangui.

« Les assassins restaient maîtres de tout le matériel et de tout l'armement de la mission soit :

« Fusils à tir rapide..................................	50
Fusils à piston.....................................	175
Revolvers avec cartouches.........................	12
Cartouches Gras...................................	30,000
Barils de poudre, 30 kilog. chaque................	10
Tonnelets d'amorces de guerre....................	2 »

CHAPITRE VI

Le départ est décidé. — Envoi de dépêches en France. — Désertion du reste de mes porteurs. — Recherche d'une voie de pénétration vers le Nord. — Travaux préliminaires. — Mon départ. — Les canonnières de la colonie.

Tel était le récit que m'avait fait M. Nebout. Mais si sa conviction à l'égard du massacre de la mission était absolue, je ne pouvais pour mon compte croire d'une façon aussi définitive à la réalité de tous ces événements. En effet, le récit avait été rapporté simplement par Thomas, le Bassa, qui le tenait du boy loango Bouiti. Or, ce dernier avait déjà déserté une fois, comme me l'avait dit M. Nebout. Qui donc pouvait me certifier l'exactitude de leur dire et me garantir qu'il n'était simplement imaginé par ces noirs pour masquer leur désertion? Peut-être s'étaient-ils enfuis du camp de Crampel et venaient-ils faire des récits fantaisistes et mensongers pour trouver grâce auprès du chef de l'arrière-garde, au camp duquel ils avaient été obligés de venir se réfugier, n'ayant plus de moyens d'existence. Et puis, quand bien même tout cela fût vrai, pouvais-je vraiment me désintéresser de la cause de mon prédécesseur, sans faire d'enquête sur les circonstances qui avaient amené sa mort, sans essayer de retrouver de précieux documents et en laissant planer un éternel doute sur les causes et les résultats de cette effroyable tragédie? Puis, qui sait? peut-être un Européen restait-il encore vivant, peut-être tout au moins quelques braves tirailleurs attendaient-ils de nous leur délivrance, et je me désintéresserais de la cause parce qu'elle devenait mauvaise? Et je passerais tranquillement mon chemin en détournant la tête? Je ne saurais jamais y consentir.

Ils revinrent à ma mémoire les souvenirs de cet autre massacre de mission, accompli là-bas dans le Sahara, il y avait dix ans déjà, et dont nous avions porté sans cesse les lourdes conséquences : l'assassinat de Flatters et de ses compagnons avait pour une longue période d'années fermé le Sahara à l'influence française. Il me souvenait combien tous nous avions insisté pour que l'on nous permît de partir sur ces traces glorieuses et essayer de rétablir notre légitime influence un moment ébranlée.

Tout cela me hantait l'esprit et je me disais qu'il ne fallait pas hésiter et que je devais me hâter de partir, de me transporter jusque dans les régions où avait eu lieu le massacre, faire une enquête minutieuse, et si les événements me laissaient voir clairement qu'il y avait des coupables, essayer de les rejoindre et leur montrer que ce n'est jamais impunément que l'on porte la main sur un des nôtres.

Cependant, si d'instinct je me sentais entraîné à courir vers le lieu du sinistre, la réflexion me ramenait à tenir compte du programme que l'on avait bien voulu me confier. On m'avait dit de remonter d'abord le Congo et l'Oubangui, de franchir les régions qui séparent cette rivière de celle du Chari, d'établir notre influence dans ces contrées d'une façon définitive en y fondant des postes et lorsque la première partie du programme serait remplie d'essayer par tous mes efforts de prendre le contact avec la mission Crampel. Et il me souvenait qu'en prenant congé d'un des ministres dont le département avait contribué à organiser ma mission, je lui avais dit :

« J'espère qu'avant la fin de l'année j'aurai pu vous faire parvenir la nouvelle que la première partie de mon programme est accomplie. »

Or si je marchais vers El-Kouti, le fait seul de me lancer dans une semblable aventure pouvait compromettre à tout jamais les résultats que l'on attendait de moi. Avais-je le droit vraiment de modifier ainsi non seulement le programme confié mais aussi les engagements pris?

Toutes ces pensées se pressaient en mon esprit et le torturaient. Que n'aurai-je donné pour avoir près de moi un ami sûr qui m'éclairât de ses conseils! Je passai une nuit cruelle.

Le lendemain matin, cependant, ma résolution était prise : je partirai en toute hâte vers El-Kouti.

Dès lors, je retrouvai plus de calme. J'étais en paix avec moi-même, car je me disais que là était le devoir et que si j'échouais, le préjudice n'en pourrait revenir qu'à moi seul, tandis que je pourrais peut-être avoir la chance de réussir, et alors mon action servirait la cause coloniale tout entière en montrant aux étrangers que nous ne nous désintéressons pas de ceux qui sacrifient leur existence pour l'œuvre de civilisation que nous poursuivons en allant sans armes, sans escorte même, comme l'avait fait Crampel, et qu'aussi nous ne permettons à personne de porter une main profane sur un des nôtres.

Je rédigeai une dépêche que j'adressai à M. le sous-secrétaire d'Etat aux Colonies et que je priai l'administrateur principal de faire partir pour la côte par courrier spécial, ce qui fut fait.

Cette dépêche était ainsi conçue : *Massacre de la mission Crampel certain. Vais continuer, sauf instructions contraires.*

M. Dolisie voulut bien me promettre de faire tout au monde pour m'envoyer la réponse si celle-ci arrivait dans un délai suffisamment court pour qu'elle pût me rejoindre en route, à Bangui, où nécessairement je serai retenu par le recrutement de pirogues qui me transporteraient dans le haut Oubangui.

J'informai M. Nebout de ma résolution et je lui montrai combien il était désirable qu'il se joignît à nous puisqu'il connaissait déjà le pays et ses habitants. Il me demanda quelques heures de réflexion. Nes dernières nouvelles qu'il avait reçues de sa famille, il y avait déjà bien longtemps, étaient peu favorables et il n'était pas sans inquiétude. Cependant, la journée ne se passa pas sans qu'il vînt me dire qu'il consentait à me suivre. Je le remerciai et lui demandai de faire tous ses efforts pour décider le plus grand nombre possible des hommes revenus avec lui à se joindre à nous.

Cependant, on me montrait de toutes parts la folie de l'aventure que nous allions courir : les musulmans, qui avaient été les plus forts, étaient maintenant fiers de leur succès et renforcés encore par les armes et les munitions provenant de la mission Crampel. Ma résolution était prise, je n'y reviendrai pas. Mais je ne me sentais pas le droit d'emmener avec moi ces compagnons qui m'avaient suivi pour m'aider dans l'accomplissement d'un programme pacifique, et qui d'un seul coup se trouvait complètement bouleversé. Je réunis donc MM. Brunache, Briquez et Chalot et leur dis que les conditions étaient changées et que je les déliais complètement de l'engagement pris, que je les laissais libres de revenir en France, s'ils le désiraient. Mais simplement, ils me répondirent qu'ils ne m'abandonneraient pas et qu'ils iraient où j'irai. J'étais heureux d'avoir de tels compagnons, qui rivalisaient de zèle et de dévouement.

Je priai l'administrateur principal de mettre sans retard les bateaux disponibles à mon service. Il me dit que deux d'entre eux pourraient probablement partir dans quelques jours et qu'il ferait tout son possible pour que diligence fût faite avec les réparations indispensables pour remettre en état le troisième bateau *l'Oubangui*, mais que, malgré tout, il ne pourrait être prêt avant trois semaines environ.

Il me manifesta tout le regret qui lui venait de ce qu'il ne pouvait me fournir un personnel d'escorte, dont l'aide me serait si utile peut-être, mais il en était complètement dépourvu. Il me pria du moins d'emmener avec moi un agent de la colonie, M. Bobichon, afin de montrer que l'administration ne se désintéressait pas de l'œuvre que nous allions entreprendre. J'acceptai cette offre de grand cœur bien que je ne connusse pas encore M. Bobichon. Il fut convenu de plus, que dix-huit Pahouins, qui avaient pris part à la mission Fourneau et qui se trouvaient à Lyranga, poste situé à l'embouchure de l'Oubangui, seraient mis à ma disposition et transportés à Bangui par un des bateaux.

Ces bateaux étaient de petite dimension et ne pouvaient porter qu'un nombre fort limité de charges et d'hommes, aussi tous les trois étaient indispensables pour transporter mon personnel et une partie seulement de mes bagages.

Afin de ne pas perdre de temps, je résolus d'employer les bateaux à mesure qu'ils seraient prêts, de faire partir le personnel et les charges à Bangui, poste le plus avancé de la colonie et, pour utiliser leur activité et ne pas les laisser dans l'inaction, j'enverrai mes Européens avec une petite escorte visiter un certain nombre d'affluents de l'Oubangui dont il pouvait m'être utile de connaître le cours. En effet, si j'avais la bonne chance de réussir dans ma marche sur El-Kouti, mon intention n'était pas de continuer ma pénétration par cette voie. Le massacre de la mission Crampel, les justes représailles que nous devrions peut-être exercer étaient des causes déjà suffisantes pour me faire préférer prendre comme base d'opérations définitive une autre voie de pénétration.

Fig. 33. — M. Brunache, d'après une photographie.

Je pensais qu'il pouvait être avantageux d'essayer de remonter un des affluents de l'Oubangui si celui-ci se dirigeait vers le Nord, le transport des marchandises étant plus simple et plus rapide par voie d'eau, et les postes que je créerais se trouveraient ainsi plus commodément reliés à ceux de la Colonie.

En étudiant les cartes, existantes j'en étais venu à tirer cette conclusion, toute naturelle, que pour que l'Oubangui fît soudain un coude si brusque vers l'Est, il devait y avoir au Nord, du point où son cours change ainsi subitement de direction, un massif montagneux peut-être de quelque importance et tout montrait que ce devait être là que la ligne du partage des eaux entre le bassin de l'Oubangui et celui des affluents du Tchad était la moins éloignée. Si donc, à l'aide d'une rivière, je pouvais remonter ne serait-ce qu'à cent kilomètres vers le Nord, je n'aurais peut-être que peu à parcourir pour passer dans le bassin du Chari.

Il convenait, en effet, de songer aussi au lendemain des choses et d'assurer dès maintenant, si cela était possible, ce qui avait été la première partie du programme qui m'avait été dicté et dont j'espérais encore mener l'accomplissement à bien si je réussissais dans mon expédition sur El-Kouti.

La carte, qui avait été dressée par M. Lauzière, du coude nord de l'Oubangui, indiquait le nom de deux affluents de la rive droite, dont le cours n'avait pas été encore reconnu et qui tous deux se trouvaient situés au-dessus de la région des rapides de l'Oubangui : c'étaient les rivières Ombella et Kémo; il m'importait d'en reconnaître le cours, ainsi que celui de la rivière M'Pokou, dont l'embouchure est située en-dessous de Bangui, afin de voir laquelle des trois pourrait me conduire vers le Nord.

Les préparatifs de départ n'avaient pas été sans semer l'épouvante au milieu de ce qui me restait de personnel loango; aussi sans plus tarder ils désertèrent jusqu'au dernier et, le lendemain de la venue de M. Nebout, il ne me restait même plus un seul boy; Tati lui-même, le fils du chef de Moukoulim-Bouali, avait pris la fuite.

Pour ce qui était de mes tirailleurs, ils m'étaient tous restés fidèles et je pouvais compter sur eux. Leur nombre s'était même accru de six des hommes qui étaient revenus avec M. Nebout et que j'avais réussi à réengager. Leur concours me serait précieux, car ils me serviraient de guides, connaissant déjà le chemin. Mon personnel de portage se trouvait donc réduit aux 33 esclaves libérés, aux 18 Pahouins et aux Balalis qui, je l'espérais toujours, viendraient avec moi. C'était absolument insuffisant et il me fallait par tous les moyens possibles essayer de recruter des porteurs, car je ne pouvais songer à marcher en avant sans ressources. N'était-ce pas là qu'avait été la principale cause de l'échec de la mission Crampel?

Je demandai à la factorerie française s'il ne lui serait pas possible de me céder du personnel, mais elle n'en avait même pas un suffisamment nombreux pour ses propres besoins. Le chef de la factorerie hollandaise était en ce moment en voyage dans le Congo ; il devait venir prochainement et on me laissa espérer qu'il lui serait possible de me procurer un certain nombre d'hommes.

Le 20 juillet, le bateau à vapeur *le N'Djoué* partait de Brazzaville ayant à son bord MM. Brunache et Bobichon, chef de poste de la colonie, lequel m'était adjoint pour le temps que durerait mon expédition, et 21 Sénégalais. Il était chargé de 150 colis.

Dans quelques jours un second bateau serait prêt et remonterait à son tour l'Oubangui.

En effet, le 28 du même mois, le petit vapeur *l'Alima* partait de Brazzaville ayant à son bord, ou dans un bateau en fer qu'il traînait à sa remorque, MM. Briquez et Nebout, 12 hommes d'escorte et les 33 esclaves libérés. Il emportait 165 nouvelles charges.

J'avais, lors de leur départ, donné à chacun des membres de ma mission des instructions précises. Au terme de ces prescriptions, chacun d'eux devait utiliser son temps pour visiter les abords de la région dans laquelle je devais pénétrer plus tard.

Fig. 34. — M. Bobichon, d'après une photographie.

Dès qu'il serait possible de recruter des pirogues, M. Briquez devait se rendre dans la région haute de l'Oubangui et, à l'aide des hommes libérés, procéder à l'édification d'un petit poste qui devrait être situé sur les bords de la grande rivière entre les embouchures des rivières Ombella et Kémo. Lorsque des abris seraient construits, les marchandises, que les bateaux transportaient jusqu'à Bangui, seraient, de là, par pirogues dirigées vers le nouveau poste, lequel servirait de base d'opération, d'une part pour notre marche sur El-Kouti, de l'autre pour le départ définitif vers le Nord.

M. Brunache était chargé, prenant avec lui quelques porteurs et sous escorte d'une quinzaine de tirailleurs, de visiter les rivières Ombella et Kémo jusqu'au point où la pénétration pourrait s'en faire facilement et pacifiquement. Je lui recommandai, comme prescription suivre rigoureusement engager d'hostilités sous aucun prétexte, et si l'accueil qui lui serait réservé était peu favorable, de revenir vers le poste du bord de l'Oubangui.

Je chargeai M. Nebout d'aller visiter la rivière M'Pokou en se faisant accompagner, lui aussi, d'une petite escorte. Je lui prescrivis la même attitude pacifique.

M. Bobichon resterait à Bangui et s'occuperait du recrutement des pirogues et du transport des marchandises.

Fig. 38. — Le départ de l'*Alima*, d'après une photographie instantanée.

Enfin, dans tous les cas, et quels que fussent les résultats de leurs voyages, MM. Brunache et Nebout devraient faire tous leurs efforts, pour qu'un mois après le jour de leur arrivée à Bangui, ils fussent de retour à ce poste.

J'espérais, en effet, que ce temps suffirait pour que le troisième bateau de la colonie, *l'Oubangui*, fût réparé, mis à ma disposition et que je pusse pendant ce temps-là recruter quelques nouveaux porteurs et regagner moi-même le poste de Bangui pour y prendre toutes nos dispositions de marche sur El-Kouti.

On me promettait le vapeur *l'Oubangui* pour le 15 août. Jusque-là, il me fallait à tout prix essayer de me procurer des porteurs. J'ai dit que la factorerie française se trouvait dans l'impossibilité de m'en fournir. Avec l'aide de l'administrateur principal, j'espérais, sur l'avis favorable qu'il me donnait, obtenir un arrangement avec la factorerie hollandaise. Le chef de cette maison, M. Greshoff, devait être de retour à Brazzaville vers le 10 août au plus tard. J'eus l'idée de partir à sa rencontre jusque dans la rivière Sanga, mais je dus abandonner ce projet, car le Congo est large et j'aurais risqué de ne le point rencontrer.

Il arriva enfin, et les relations que j'eus avec lui furent des plus cordiales. Il me promit de s'occuper immédiatement de me faire venir des factoreries de la côte cent porteurs bassas et qu'il me transporterait par un de ses propres bateaux jusqu'à Bangui. Mais il ne fallait pas compter les voir arriver avant un mois ou deux. En échange du service qu'il me rendait ainsi, je prendrais avec moi, non dans ma marche sur El-Kouti, mais seulement dans l'accomplissement de ce qui devenait la seconde partie de mon programme, un agent commercial qui agirait pour le compte de sa maison.

Fig. 36. — M. Ch. Chalot, d'après une photographie.

Malheureusement le bateau qui devait m'emmener n'était pas réparé et je dus attendre encore, et ce n'est que le 19 août qu'enfin je partis emmenant avec moi, M. Chalot, mon préparateur, les 12 tirailleurs restant et 17 Balalis que j'étais arrivé à recruter. J'emportai aussi non pas tous mes bagages, mais du moins ce qui m'était indispensable. Le reste serait transporté plus tard lorsque les Bassas viendraient me rejoindre.

A l'aube, tout était prêt, et dès six heures tout ce qu'il y avait d'Européens à Brazzaville s'était rendu au bord du Congo pour nous serrer une dernière fois la main. Ce n'est pas sans une très sincère émotion que nous nous embrassâmes M. Dolisie et moi et que nous prîmes congé les uns des autres. C'était comme un dernier lambeau de terre française que je quittais : là était mon vrai départ. Chacun nous souhaitait bonne chance, mais l'on devinait dans l'émoi de leurs paroles que ce succès qu'ils nous désiraient, ils osaient à peine l'espérer.

Le bateau siffla, et le groupe de blancs qui agitaient encore leurs mouchoirs en signe d'adieu, devenait à chaque instant plus petit et bientôt la brume du matin qui s'élevait au-dessus des eaux du Pool nous voila définitivement la vue du poste et de ses habitants. Nous étions maintenant sur le grand lac, voguant vers l'inconnu.

Le bateau *l'Oubangui*, sur lequel j'avais pris passage, était commandé par le capitaine Pouplier, un des agents les plus dévoués et les plus utiles que la Colonie possédât. Il avait fait partie des premières expéditions de M. de Brazza et avait successivement pris part à toutes les pénétrations en avant. Plusieurs fois déjà, avec son bateau, il avait remonté la Sanga et l'Oubangui. Un Européen lui était adjoint en qualité de mécanicien.

Avait pris passage aussi à bord, un nouvel agent de la colonie, M. Fresse, qui s'en allait commander le poste de Bangui. Nous étions donc cinq blancs. Ce bateau, qui n'avait de canonnière que le nom, puisqu'il n'avait jamais porté les canons qui primitivement lui avaient été destinés, était construit sur le même type que les deux autres vapeurs de la colonie. Ce sont de petits bâtiments ayant 17 à 18 mètres de long sur 3^m50 de large au milieu. Leur tirant d'eau n'est que d'un mètre environ, ce qui leur permet de passer dans les rivières même aux eaux basses. Ils sont mis en mouvement par deux hélices. La machine qui les commande est située au centre du bateau. Le chauffage se fait à l'aide de bois que l'on coupe sur les rives. La vitesse moyenne obtenue est de 4 à 5 nœuds à l'heure. A l'arrière se trouve une plate-forme large de 3 mètres, profonde de 2, qui va successivement se transformer pour les Européens en salon de repos, en salle à manger, en chambre à coucher, suivant qu'on y aura mis des pliants, une table ou de petits lits de camp. Le bateau tout entier est recouvert d'un toit plat sur lequel on met l'excédant de bois qui ne peut être logé dans les soutes, et sur lequel aussi s'installent les noirs que l'on transporte.

Si tout allait bien dans les conditions normales, nous devions être arrivés, après vingt-deux à vingt-trois jours de navigation, à Bangui où je devrai procéder à une organisation nouvelle, car des rapides barrent la rivière et on ne peut les franchir que dans des pirogues conduites par des pagayeurs habiles.

CHAPITRE VII

La grande île du Pool. — Le Congo. — Les Afourous. — Commerce, mœurs et coutumes. — Bonga. — Incendie à bord. — L'embouchure de la Sanga. — Le Canal de Licouandji.

Après avoir quitté les rives boisées du Congo, au point où les bateaux viennent atterrir à Brazzaville, nous suivons la grande île qui s'étend sur une dizaine de kilomètres dans le Stanley Pool. La possession de cette île a été à un moment réclamée en même temps par la France et l'État indépendant. La question de possession n'a pas été tranchée. Malgré la vaste surface qu'elle occupe, cette île n'offre, en somme, qu'un intérêt assez secondaire, puisqu'une bonne part de ses terres restent submergées aux eaux hautes. En droit strict, il n'est pas douteux qu'elle doive nous appartenir, étant sensiblement plus rapprochée de notre bord que de la rive gauche. Elle était couverte de ces beaux palmiers borassus aux larges feuilles en éventail, qui sont rares maintenant aux environs de Brazzaville. Les indigènes de M'Pila et des villages voisins ont, par leur avidité à forer le tronc de coups de tarière pour en faire écouler le vin de palme, amené la mort de tous ces beaux arbres. Et ce qui en reste offre un aspect désolé; ce sont de gros troncs noirs, renflés à la partie supérieure, se dressant vers le ciel, mais dénudés maintenant et sans une seule feuille. Sur certains d'entre eux, restent encore adhérentes des lianes, qui avaient été disposées en échelle pour permettre la récolte régulière du liquide dont les indigènes sont si avides.

Une herbe abondante et haute couvre toutes ces terres et de longs bancs de sable jaune se prolongent sur les bords, servant de refuge à des nuées d'oiseaux aquatiques : pélicans, canards, oies de toutes sortes, ibis, tantales, etc. Les hippopotames viennent pâturer dans ces herbages, et, au bruit que fait notre bateau ils sortent rapidement de l'herbe, s'avancent sur les bancs de sable et disparaissent dans un formidable éclaboussement. Je n'aurais jamais cru que des animaux d'un tel poids fussent capables de mouvements aussi agiles.

Vers une heure, nous sortons du Pool et nous nous engageons dans le Congo. Bientôt après, ayant fait choix d'un emplacement où, sur la rive, on aperçoit de grands arbres morts, nous y allons jeter l'ancre. La pirogue que nous traînons à notre remorque nous sert à descendre à terre. On a mis bas les feux, et tout l'équipage, et tous nos hommes aussi, s'en vont sous bois avec des cognées et des scies passe-partout, abattre les arbres morts et les débiter en grosses bûches. Ce travail va se prolonger jusque pendant une partie de la nuit, car il nous faut beaucoup de bois. Nous brûlons environ 800 kilog. à l'heure, ce qui montre quelle est la quantité énorme qu'il faudra charger pour pouvoir marcher chaque jour huit à dix heures.

Le soir, après le dîner qui nous a réunis sur la petite plate-forme d'arrière, après la table enlevée, on dresse les lits de camp, on installe les moustiquaires pour nous préserver des légions d'insectes qui viendraient nous assaillir, et l'on en borde tout autour les pans pour essayer d'être à l'abri. Mais bientôt un vent impétueux se met à souffler, enlevant les rideaux, les moustiquaires et nos couvertures elles-mêmes. Puis la pluie tombe à torrents et, fouettant obliquement, vient nous tremper dans nos couchettes. Il faut se lever, mettre son caoutchouc et chercher abri sur un des côtés du bateau qui danse dans tous les sens, attendant ainsi patiemment que la bourrasque veuille bien finir.

Les rives du Congo, que nous suivons, sont boisées d'un peuplement intense. Souvent les berges sont à pic, laissant voir de grandes roches noires mises à nu et qui montrent leurs lignes de stratification. Çà et là, de grands éboulis de roches viennent se répandre jusque dans les eaux du fleuve; puis, alternant avec ces forêts, des plaines herbeuses, au-dessus desquelles de superbes palmiers borassus, vivants ceux-là, élancent leur tronc droit portant d'abondantes feuilles d'un vert glauque, sur la masse desquelles tranchent leurs nervures d'un rouge violacé. Là encore, ces palmiers sont exploités pour la production du *malafou* ou vin de palme, mais ils sont trop nombreux ou les populations trop peu denses, pour qu'on soit parvenu à les détruire tous.

Le grand fleuve est calme; c'est à peine si, de temps en temps, on aperçoit quelque petite pirogue longeant la rive; mais la plaine liquide de cette immense rivière, qui mesure des kilomètres de large, est tellement vaste, tellement infinie, que tous ces mouvements disparaissent et que tout prend un aspect de calme, de quiétude, presque de mort. Ce n'est que lorsqu'on approche plus près des rives, que l'on voit sur les berges courir quelques oiseaux aquatiques ou s'envoler quelques aigles pêcheurs (*Gypohierax angolensis*), que la venue du bateau épouvante et qui s'en vont pour se percher un peu plus loin. Les hirondelles toutes bleues, peu nombreuses, viennent çà et là s'abattre sur les roches ou sur quelques ramilles mortes; des martins-pêcheurs regardent fixement l'eau pour s'y précipiter comme une flèche et en sortir portant triomphalement un petit poisson dans le bec, qu'ils s'en vont offrir à la nichée qui est proche. Je m'amuse à suivre les évolutions d'un de ces oiseaux. Il est blanc et noir, et de loin semble à petits carreaux (*Ceryle rudis*). Lorsqu'il veut pêcher, il s'élance en l'air, plane en battant des ailes comme le ferait un épervier, et sans bouger de place, la tête coudée à angle droit et le bec dirigé vers l'eau; puis soudain, il plonge, avale sa proie et recommence.

Pour le point où nous devons nous arrêter, nous sommes guidés par une double préoccupation : d'une part, trouver un endroit où l'on puisse faire tout le bois nécessaire, de l'autre se mettre en communication avec des villages pouvant nous fournir le manioc qui forme la ration des hommes. Ce manioc nous est livré sous forme de *chicouang* (pain de manioc), et lorsque nous pouvons en acheter des quantités suffisantes, nous faisons des provisions qui devront durer deux ou trois jours, ce qui nous enlève pour le lendemain cette préoccupation. Les villages Batékés nous fournissent des poules, que nous achetons en plus grand nombre possible, car c'est la seule viande fraîche que nous puissions nous procurer. Sur le toit du bateau, il y a un petit poulailler, où l'on peut enfermer ces volailles. Les provisions que nous pouvons amasser nous permettent de nous arrêter, les jours suivants, dans des îles peu visitées où le bois est facile à faire. Je mets ces arrêts à profit pour aller chasser, soit sous bois, soit dans quelque marais, en me servant de la pirogue. Je ne reviens jamais les mains vides, et la cuisine ainsi que les collections gagnent toujours quelques pièces à ces promenades. Diverses espèces de tourterelles sont très abondantes dans ces îles, et il est aisé de s'en procurer suffisamment pour qu'elles constituent un appoint à la nourriture.

Les caïmans sont communs sur les bords du Congo. On les voit immobiles sur quelques roches, avançant la tête et simulant assez bien un morceau de bois sec. Mais l'œil exercé de mes hommes les distingue toujours; ils me les signalent, et je ne passe jamais devant ces bêtes sans les saluer d'un coup de fusil. Leur chair, bien que de mauvaise qualité, est encore très prisée par nos noirs. Malgré l'abondance de ces bêtes dangereuses, dès que le bateau a stoppé, tous les hommes se jettent à la rivière pour prendre le bain quotidien. Presque tous sont très habiles nageurs, et les joutes qu'ils font entre eux, et dans lesquelles ils déploient tant d'agilité, sont parfois intéressantes. L'eau du Congo est tellement chaude, qu'elle leur permet une immersion prolongée : sa température normale est de 27°,5.

Nous passons successivement devant l'embouchure du Kassaï, sur la rive gauche, et de la Lefini, sur la rive droite.

Vie singulière que la nôtre maintenant, et bien cruelle parfois dans son inactivité, qui laisse aux pensées le droit d'envahir l'esprit, de s'imposer à lui! Et, aidée par cette solitude infinie, par cet isolement si complet, la pensée se détache de tous ces contours flous et vagues qui forment notre horizon, pour se reporter entière vers ce qui est loin maintenant dans le passé!... plus loin encore et plus incertain dans l'avenir!

Une légère blessure, que je m'étais faite au pied en courant la brousse, me retenait captif, la journée de navigation terminée, sur cette petite plate-forme d'arrière, où se passait toute notre vie et prédisposait encore mon esprit à ces retours vers le passé, vers les cruels moments de la séparation, vers les souvenirs de tous les tourments imposés à ceux qui restent, qui attendent et espèrent.

Et la matérialité de toute chose fait que cette blesssure qui n'est rien, mais qui m'empêche de travailler, d'agir, me mettant plus en face de moi-même, ramène à l'esprit tant d'impressions tristes qui l'envahissent. Mais sommes-nous maîtres de ces sensations qui nous prennent tout entier sans que l'on puisse, sans que l'on veuille aussi parfois les chasser?...

Elles ont du moins l'avantage de nous ramener plus directement à la réalité des choses et de donner un plus impérieux désir de rendre plus utiles encore, dans l'avenir, tant de sacrifices acceptés, en employant chaque instant et le consacrant à l'étude de tout ce qui pourra servir aux autres.

Je passai mes journées à exécuter le plus grand nombre possible de croquis et d'aquarelles, aussi à prendre des observations barométriques et thermométriques d'heure en heure. Et il ne me fallait parfois pas moins que l'examen du thermomètre pour me convaincre qu'il n'y avait que 30 degrés de chaud. L'extrême état d'humidité de l'air donne un sentiment de malaise et d'oppression qui ferait croire à un état thermique bien plus élevé qu'il ne l'est en réalité. C'est vers deux heures que la chaleur est la plus forte; elle atteint rarement, sur l'Oubangui, 33 degrés à l'ombre; mais cette chaleur est comparable à celle de nos serres les plus chaudes. J'avais, lors de précédents voyages, supporté dans le Sahara des températures bien plus élevées, mais bien plus tolérables, cependant, pour la raison que l'air y était sec et ne produisait pas cette lourde sensation d'oppression.

Les journées sont courtes. On dîne avant la nuit, à cause des moustiques que la lumière ne manquerait pas d'attirer en grand nombre, or, il est nuit close à six heures et demie.

Il nous arriva une fois d'être obligés de dîner à la lumière. Nos flambeaux, faibles cependant, attirèrent une telle quantité d'une sorte d'éphémère, que bientôt la table et les aliments en furent littéralement recouverts comme d'une couche de neige ; et nous eûmes beau couvrir les gobelets avec des soucoupes, il nous fut impossible de dîner.

Dès après le repas, on se couche, et les heures lentes d'une interminable nuit se déroulent peu à peu. Bien souvent, on est tenu en éveil par les moustiques, que rien, ni fumée, ni moustiquaire, n'empêchent de venir nous dévorer. Ils se vengent sur nous des passages, trop rares à leur gré sans doute, de voyageurs en ces parages. La nuit, nous sommes soudain mis en émoi par les crépitements d'un violent incendie, qui détruit tous les arbres du bord près duquel nous sommes amarrés. Les arbres se tordent et éclatent, donnant l'impression d'une fusillade nourrie et se rapprochant sans cesse ; il fait fuir nos hommes qui ont établi leur campement sur la rive. Ce sont mes Balalis qui, suivant leur coutume, ont mis le feu à la brousse ; c'est leur façon de chasser. Tout ce que les herbes et le bois abritaient fuit devant le feu, qui projette une clarté telle que l'on voit aussi clair qu'en plein jour ; et ils arrivent ainsi à abattre non du vrai gibier, car ils n'ont pas d'armes, mais du moins quelques petits rongeurs, parfois des serpents, des grenouilles et de grosses sauterelles ; et tout cela leur est bon. Ils donnent à tout ce gibier le nom générique de *bici* (viande). Cela assaisonne le manioc, qui constitue la ration quotidienne.

L'effet d'un de ces incendies, qui s'entoure du féerique décor formé de palmiers et de grands arbres enlacés de lianes, est vraiment superbe en ce moment. Le brasier est immense, et des colonnes de flammes montent au ciel avec d'infinies gerbes d'étincelles, qui retombent en pluie d'or tout autour de nous.

Heureusement le vent qui souffle violent vient du large, et le feu ne gagnera pas la rive, où notre bateau a son amarre fixée à un gros arbre, sans quoi nous aurions été obligés de fuir.

L'incendie gagne maintenant les hautes herbes qui couvrent les monticules situés derrière le rideau d'arbres, et le voilà qui court en rubans de pourpre et d'or, dessinant le contour de chaque mamelon. Mais bientôt l'impression change. Une pluie torrentielle commence et noie dans ses flots l'incendie, et, ce qui est plus grave pour nous, envahit notre petite plate-forme et nous fait passer encore une nuit blanche.

Nous ne rencontrons que peu de pirogues, encore les voit-on à peine, car elles longent la rive : une ou deux par jour au plus; ce sont des Afourous, qui descendent chez les Batékés, souvent même jusqu'à M'Pila, vendre leur ivoire, c'est-à-dire l'échanger contre des étoffes ou des barrettes de laiton. Tous pagaient debout, divisés en deux escouades, l'une de droite, l'autre de gauche, et comprenant chacune depuis dix jusqu'à vingt hommes. Tous les hommes de l'avant pagaient à gauche; ceux de l'arrière, à droite; à l'extrémité se tient un barreur. Lorsque l'on voit une de ces pirogues en face, venant sur nous, on dirait un immense oiseau qui bat des ailes à la surface de l'eau, tant le rythme de chaque pagaie est régulièrement cadencé.

Le 27, vers midi, nous passons dans les eaux claires et vertes, comme celles de la Seine, de la rivière Alima. Les flots ne se mélangent que peu à peu à ceux du Congo, et on suit longtemps la traînée qu'elle forme au milieu de ses eaux rouges. En ce point, sur le Congo, les îles se multiplient sans cesse; et ce qui saisit, c'est de voir combien, d'ensemble, tout ce paysage a peu l'aspect tropical. C'est un beau spectacle cependant que celui qu'offre cette navigation au milieu des îles, sur la surface calme et unie comme une glace, de cette eau du Congo. Le matin, une légère brume s'élève au-dessus de ces eaux chaudes, et en donnant à ses contours une apparence plus floue, en la précisant moins, offre l'aspect d'un parc immense, dont les nombreux canaux formeraient les avenues, et les îles les massifs. Tel est le Bois de Boulogne dans son calme du matin, avant que les promeneurs l'aient envahi.

Mais l'illusion s'en va vite quand on s'approche de la rive, et les arbres qui s'inclinent au-dessus de l'eau et viennent mouiller leur verdure dans cette nappe rougeâtre sont d'essences bien différentes de tout ce que nous possédons chez nous. Parmi ceux-ci, l'espèce dominante est le copalier (*Hymenœa*), du tronc duquel exsude en très grande abondance une gomme qui n'est pas encore exploitée, malgré sa valeur. Les indigènes s'en servent pour faire des torches.

Lorsque les vieux arbres se sont effondrés sur le sol et y ont

Fig. 37. — Pirogue afouroue, d'après une photographie instantanée.

pourri, ils laissent des blocs de cette gomme, que l'on retrouve enfouie au milieu des détritus de toute sorte.

L'entrée de la rivière Alima est bordée de marais, qui s'étendent sur ses rives. Celles-ci sont entièrement envahies par des papyrus, qui croissent tellement serrés, qu'ils ont détruit toutes les autres plantes. Ils ont près de trois mètres de haut, comme je peux m'en convaincre lorsqu'une pirogue vient à passer à leur proximité. Ils forment un peuplement si dense, qu'on n'y peut pénétrer, les hippopotames y trouvent abri. Il n'est pas douteux que cette végétation cache une faune peut-être bien spéciale, mais qu'il est impossible d'aller chercher. Je me suis enquis sur le point de savoir s'il n'y avait pas là des baleniceps, mais les indigènes ne semblent pas les connaître.

Nous arrivons aux villages des Afourous, qui occupent toute cette partie du Congo jusqu'à l'embouchure de l'Oubangui. On donne aussi à ces indigènes le nom de Boubanguis. Nous faisons notre arrêt au village de Likouba, qui est perdu au milieu de sortes de lagunes; aussi une des principales occupations de cette population est-elle la pêche, qu'elle pratique à l'aide de grands filets. Les Afourous retirent surtout de l'eau un silurien, de la dimension d'une carpe, à la peau lisse et noirâtre, dont la chair est agréable; ils le conservent en l'exposant à la fumée. Ils passent leur existence dans de petites pirogues, longues de 4 à 5 mètres, sur pas plus de $0^m,70$ de large, taillées à plein bois; la paroi est mince et s'arrondit régulièrement par en-dessous. Elle est généralement ornée extérieurement de lignes parallèles, formant des espèces de stratifications discordantes. Le gréement de ces pirogues montre qu'une partie de la vie se passe là. Au milieu est une sorte de sommier fait de lanières de rotang (*calamus*), retenues par des liens transversaux; ils occupent tout le fond de la pirogue. A l'avant, sont déposés des paniers élégamment tressés, leur base est carrée tandis que la partie supérieure est ronde; c'est de la vannerie fine que ne renierait pas un ouvrier européen. A l'arrière, un fourneau en terre permet de faire la cuisine sur cette petite embarcation. qui n'est jamais montée par plus de deux à quatre individus, hommes ou femmes.

Ils vont et viennent dans tous ces marais, partent quelquefois même dans les grandes eaux du Congo, jusque dans les îles pour aller saigner les palmiers et rapporter chaque jour le vin de palme nommé ici *massanga*, ou les fruits de cet arbre, qui serviront à faire de l'huile que l'on consomme. Cette année, les eaux du Congo menacent d'être très hautes : aussi les indigènes transportent-ils des matériaux de construction sur quelques escarpements, où ils iront chercher abri jusqu'à ce que tout rentre dans le calme.

Les cases des villages afourous sont toujours construites avec le plus grand soin. Elles s'alignent à droite et à gauche formant une sorte de grande rue. Les parois rectangulaires sont faites en vannerie de rotang. La porte, seule ouverture donnant accès à l'intérieur, est à environ 0^m,40 au-dessus du sol.

Les toits arrondis en dômes sont faits en herbes fines ou le plus souvent avec les sommets des cyperus, et ce chaume, très menu, est maintenu en place par de fines lattes.

Les Afourous constituent une race d'hommes grands, bien bâtis et solides, mais laids. Leurs yeux sont très petits et le front bas; le nez est aplati et la bouche large. Ils portent un tatouage caractéristique en bourrelet qui occupe les deux tempes; il est obtenu par des incisions successives qui forment là comme de petits carrés. Sur le front, il y a également deux ou trois lignes transversales de tatouage. Les femmes ont ces mêmes marques qui décorent également leur poitrine, en contournant les seins qui sont énormes et pendent souvent jusqu'à la ceinture. Hommes et femmes portent des pagnes, faits d'étoffe d'origine européenne, qu'ils ont teints en noir et qu'ils bordent presque toujours d'un petit liseré de bourre rouge.

Fig. 38. — Guerrier afourou, d'après une photographie.

Toute la partie inférieure se termine en un effilochage formant des franges.

La coiffure des hommes est faite en réunissant les cheveux en des nattes qui les tirent sur les tempes, et se terminent souvent en des prolongements occupant chacun des côtés de la tête, ou d'autres fois en un seul qui prend le milieu du front. Cette coiffure demande plusieurs heures pour être obtenue avec perfection. Toute la chevelure est d'abord peignée avec grand soin, et il n'est pas rare de voir des hommes porter tous les cheveux provisoirement réunis en un vaste chignon, qui occupe le sommet de la tête.

Les cheveux des femmes ne sont pas tressés. Celles-ci s'enduisent le corps et la figure d'huile de palme et se saupoudrent, soit seulement la face, soit également le torse, de poudre de bois rouge, ce qui leur donne un aspect étrange.

Les femmes riches portent un collier, fait en laiton massif et qui a la grosseur du poignet. Un de ces colliers que je suis arrivé à me procurer pèse huit kilog. Ce n'est pas chose facile que de décider une femme à vendre ce riche ornement. C'est qu'en effet, une fois qu'il a été passé au cou, on le frappe jusqu'à ce qu'il soit fermé et l'opération qu'il faut faire pour le retirer est plus pénible encore que celle de l'investiture. Plus d'une fois, des hommes m'avaient promis de vendre le collier de leurs femmes, et plus d'une fois aussi, celles-ci s'étaient refusées à s'en dessaisir, malgré l'appât du gain. Il jouit chez eux d'une valeur très réelle, et représente environ cinq cents barrettes. Là aussi, les femmes souffrent pour être belles, car ce collier les blesse et elles sont obligées souvent de mettre entre le métal et la chair des tampons de feuilles. On prévoit que si une de ces femmes qui va et vient, dans les frêles pirogues dont j'ai parlé, tombait à l'eau, il y a peu de chance qu'on l'en retirât vivante.

Les chefs boubanguis groupent autour d'eux le plus grand nombre possible d'hommes achetés, lesquels leur doivent une redevance en nature. Les Boubangüis sont essentiellement commerçants : aussi chaque chef envoie-t-il un certain nombre de ses hommes s'installer à demeure chez des chefs du voisinage, qui usent d'ailleurs de réciprocité à leur égard. Il se fait ainsi, de part et d'autre, des échanges de marchandises. Ces hommes sont, comme on le voit, des sortes de représentants de commerce, et non pas de véritables esclaves. Mais il est une circonstance où leur dépendance apparaît d'une façon plus nette : c'est lorsque le chef, pour se rendre les dieux favorables ou quelquefois, paraît-il, par pure ostentation et pour faire montre de ses richesses, veut sacrifier un certain nombre d'hommes. Ce ne sont jamais alors ceux qui résident dans son propre village qui sont sacrifiés, mais plutôt de ces résidents envoyés au loin. Un ordre secret est donné; on se saisit des hommes, on les attache, et on les amène dans le village du chef. Ils sont alors sacrifiés : on leur tranche la tête, laquelle seule est conservée, le corps étant jeté à l'eau. Les Boubanguis ne sont, en effet, nullement anthropophages. Le plus grand nombre, paraît-il, de ceux qui sont destinés à être sacrifiés arrive à s'échapper, et comme le fait a lieu indépendamment de la volonté du chef, le sacrifice est considéré comme ayant été fait; au lendemain de la cérémonie, les hommes peuvent revenir, ils ne seront plus inquiétés.

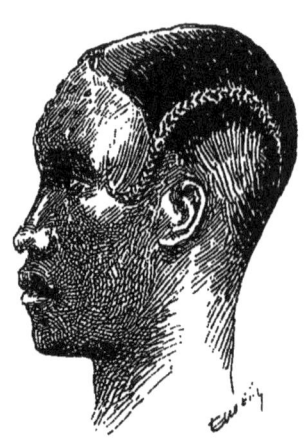

Fig. 30. — Type afourou, d'après un dessin.

Les têtes sont conservées, et, les jours de grandes fêtes, toutes sont alignées autour de la case du chef, en conservant entre elles la distance d'environ un pied. Ces têtes sont un signe de la richesse des ascendants dont la famille se glorifie.

Les Boubanguis croient à une vie future; aussi le plus souvent ont-ils un certain mépris de la mort. Dans leur esprit, ils pensent revenir plus tard sur terre avec un sort meilleur. Ils disent qu'ils seront chefs ou sorciers : ils prétendent même qu'après un certain nombre de ces retours sur terre, ils deviendront blancs.

A Likouba, comme les cultures de manioc sont très soigneusement faites, nous en achetons d'abondantes provisions. Les chicouangues ne pèsent que 200 grammes environ et, réunies par trois, elles sont vendues une barrette, ce qui est la monnaie la plus prisée. Les poules sont vendues très bon marché : cinq à six barrettes. Une marchandise spéciale trouve là un prix de faveur, ce sont les bouteilles vides que les Afourous recherchent pour en faire commerce avec toutes les populations des environs. Pour une bouteille

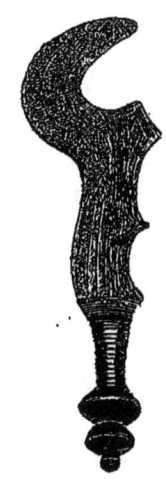

Fig. 40. — Couteau d'exécution des Afourous, d'après nature.

on peut avoir deux poules ou de douze à quinze barrettes. Sur certains points on préfère des bouteilles en verre blanc, sur d'autres, celles en verre noir sans qu'il y ait d'ailleurs de raison pour cela. Nous avions emporté de Brazzaville une assez grande quantité de bouteilles vides et nous les écoulâmes toutes, soit contre des poules, soit contre des barrettes, dont nous aurions toujours l'emploi dans l'Oubangui.

Le 29, nous arrivâmes à Bonga, à l'embouchure de la rivière Sanga, où est établie une factorerie de la maison Daumas et Cie. Le bateau de cette maison, *la France*, était au mouillage. La canonnière *le N'Djoué* arriva à peu près en même temps que nous, venant de Bangui, où elle avait conduit, on s'en souvient, MM. Brunache et Bobichon, ainsi qu'une partie de mes tirailleurs, et les Pahouins que l'administration avait mis à ma disposition, et qu'elle avait pris lors de son passage à Lyranga. Le capitaine de la canonnière me remit une lettre de M. Brunache, dans laquelle celui-ci se plaignait amèrement du manque d'urbanité qu'il avait dû supporter de la part de ce capitaine. Le soir, à un dîner qui réunit tous les blancs présents à Bonga, où jamais encore on n'avait vu tant d'Européens assemblés, nous étions neuf, je ne manquai pas de faire ressortir tout l'agrément qu'il y avait à voyager avec un capitaine aussi aimable que l'était M. Pouplier, et cela alors surtout qu'on était obligé de vivre en commun sur un espace si restreint, et que l'on a déjà à supporter tant de misères de toutes sortes.

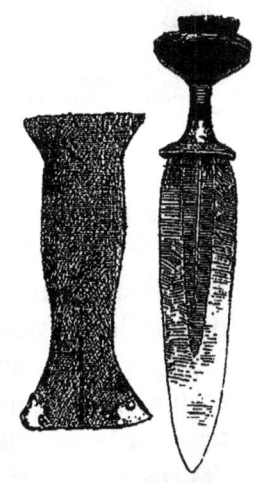

Fig. 41. — Couteau des Afourous et sa gaine, d'après nature.

Le *N'Djoué* descendait vers Brazzaville,

je remis un courrier pour la France. Pour moi, je ne pouvais plus espérer d'avoir de lettres des miens avant mon retour d'El-Kouti. J'avais eu la consolation, du moins, avant de quitter Brazzaville, de recevoir un certain nombre de missives, parmi lesquelles s'en trouvait une émanant du secrétaire général du Comité de l'Afrique française, dans laquelle M. Percher me par-

Fig. 42. — Village afourou, près de Lyranga, d'après une photographie.

lait de la nouvelle, fausse d'ailleurs à ce moment-là, du massacre de Crampel, qui se répandit en France le 14 juin. Et à ceux de mes amis qui s'étaient alarmés de la situation qui m'était faite désormais, il avait répondu, me disait-il, que j'étais libre de changer mon programme et que je pouvais le modifier, suivant l'opportunité du moment. C'était là en quelque sorte une réponse anticipée à la dépêche que j'avais envoyée au sous-secrétaire d'État des colonies un mois plus tard et par laquelle je demandais des instructions.

La factorerie de Bonga était tenue par M. E. Chaussé. Cet agent de la maison Daumas et C¹⁰ avait été désigné primitivement pour faire partie de ma mission. Il était retenu par le fait que le personnel manquait, mais il espérait qu'on viendrait bientôt le remplacer, car il avait l'ardent désir, me disait-il, de nous suivre. Tout ce que je savais de M. E. Chaussé et les qualités qui se devinaient en lui de prime abord, me donnaient le même désir de le voir se joindre à nous. Le soir, nous prîmes toutes nos dispositions de départ et nous couchâmes à bord, devant partir le lendemain matin de bonne heure. Les rideaux de l'arrière étaient baissés. Soudain, je suis réveillé par des cris et, lorsque je me dégage de dessous le moustiquaire, je suis suffoqué par une fumée âcre qui m'aveugle, me saisit à la gorge et me fait bientôt perdre tout sentiment. Le feu est à bord. On s'est porté à notre secours et, nous donnant la main, on nous dirige vers les rideaux relevés. Nous pouvons respirer enfin. Le bois sec, entassé dans les soutes, s'était échauffé par contact avec les chaudières et avait pris feu. Vite nous nous mettons tous à jeter de l'eau ; le danger est grand, car les soutes à bois confinent à celles des bagages placées à l'avant, dans lesquelles sont mes colis et quelques tonnelets de poudre. Heureusement, on se rend rapidement maître du feu et tout danger est bientôt conjuré, mais tous nos bagages sont inondés. La cale du bateau a été si vivement échauffée qu'extérieurement toute la peinture est brûlée. Il s'en est fallu de bien peu que la poudre ne s'enflammât et ne fît sauter tout l'avant.

Le lendemain, de bonne heure, nous pouvons repartir néanmoins. Nous remontons la Sanga sur la distance de sept kilomètres, puis nous nous engageons dans le canal de Likouandji, qui relie la Sanga au Congo.

Les eaux ont partout deux et trois mètres de profondeur et peuvent, par conséquent, être parcourues en tous temps. La largeur du canal est généralement d'une centaine de mètres; alternant avec des massifs d'arbres très épais, s'étendent de grandes plaines de *cyperus papyrus*, et sous ces bois et dans ces eaux s'abritent des quantités d'animaux de toutes sortes qui vivent là bien tranquilles au milieu des manificences de cette flore superbe que la nature a prodiguées avec un luxe insoupçonné.

Le cours de ces eaux, troublé par le sillage de notre bateau, met en émoi quelques hippopotames, qui fuient devant nous, mais pas assez vite cependant pour qu'à un moment donné notre hélice ne vienne à porter contre le dos d'un de ces énormes pachydermes; et le bateau tout entier en éprouve une formidable secousse. Fort heureusement, l'hélice n'est pas brisée, et l'animal, fortement touché sans doute, a fui.

Plus loin, nous apercevons une petite troupe d'éléphants, pâturant tranquillement. Nous leur envoyons quelques balles, mais sans succès apparent, et il est impossible de les suivre dans ces bois marécageux.

Après cinq heures de navigation, nous voilà sur les bords du Congo, près des grands villages afourous, installés sur notre rive, auxquels on donne le nom de Likoulela. Ce sont les mêmes cases et les mêmes populations que celles dont j'ai eu l'occasion de parler et qui occupent les villages de Likouba.

Le lendemain nous reprenons notre route pour Lyranga, où nous ne pouvons espérer, cependant, arriver le soir même.

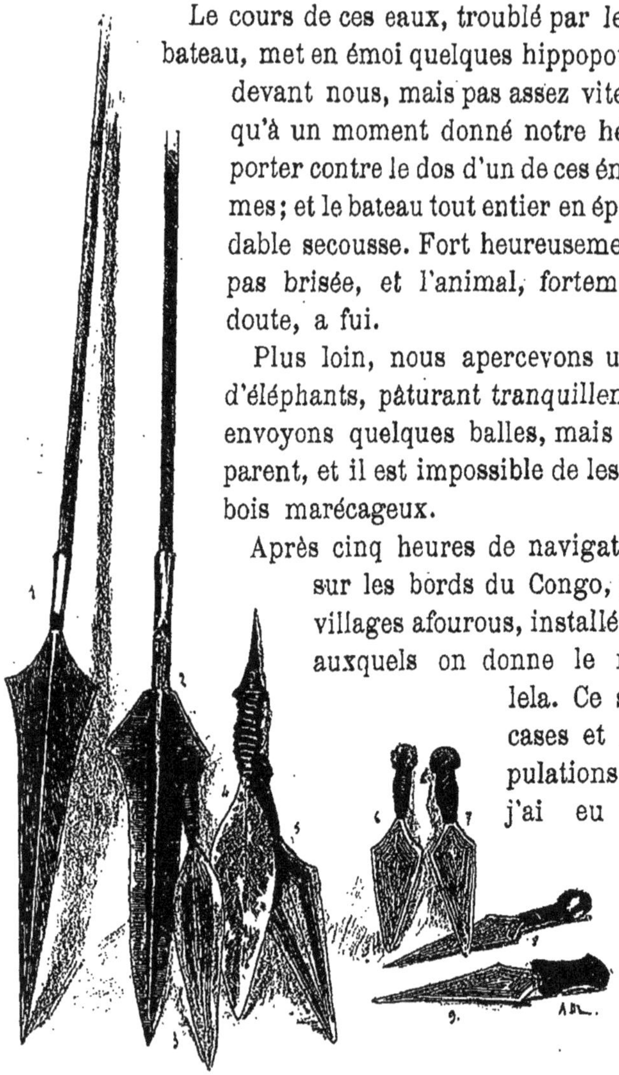

Le fleuve s'est élargi encore, et l'espace s'ouvre devant nous à

Fig. 43. — Sagaies et couteaux de la Sanga, d'après nature.

l'infini. Soudain le ciel qui était calme se rembrunit et là-bas, au Nord-Ouest, tout est noir. Les îles apparaissent au loin enveloppées d'un grand voile indigo, et de gros nuages roulent rapides, amoncelés les uns sur les autres. Il faisait, dès le matin, une température anormalement chaude, mais tout à coup un vent violent, frais, presque froid, s'élève, et la surface de l'eau, calme jusque-là, se couvre de véritables flots, qui nous feraient, pour un peu, croire que nous sommes en mer. Les nuages noirs se déchirent et le ciel s'illumine de longs éclairs, qui brisent leur masse. Le tonnerre gronde de toutes parts et la pluie s'abat, tombant à torrents. Des gouttes énormes trouent les flots jaunes du Congo; le vent souffle tellement fort, qu'il faut relever les rideaux qui nous abritent, et notre petite plate-forme d'arrière, à peine surélevée de $0^m,60$ au-dessus de l'eau, est maintenant balayée par les flots.

Mais le capitaine a bien manœuvré; vite il s'est dirigé vers les îles, et celles-ci nous offrent leur abri; le vent s'est calmé et nous assistons en spectateurs à cette superbe tornade, qui fait s'effondrer les arbres autour de nous et qui, en un instant, a fait de ce lac si tranquille une mer démontée. Un peu plus tard, tout étant rentré dans l'ordre, nous reprenons notre route vers Lyranga, où nous arriverons le lendemain matin.

CHAPITRE VIII

Arrivée à Lyranga. — Le poste. — Dans l'Oubangui. — Avaries successives. — En détresse. — Les Balloïs. — Modzaka. — Le poste abandonné. — Populations Bonjos. — Mœurs, pêche.

Lorsque, dans la matinée du 1er septembre, nous nous trouvâmes en vue du poste de Lyranga, au lieu d'aller aborder la rive où celui-ci est établi, nous allâmes prendre notre mouillage contre une petite île, située à quelques centaines de mètres de la terre ferme. C'est que de grandes roches qui émergent, noires et sombres, tout autour du sol, risquent d'endommager notre bateau, et la pointe avancée de terre sur laquelle est établi ce poste est exposée aux vents de l'Ouest et du Nord, lesquels amènent les fortes tornades. Dans le mouillage choisi, nous sommes à l'abri des tempêtes. A peine avons-nous jeté la corde d'amarre que nous voyons se diriger vers nous un petit canot en toile, dans lequel est M. Manas, chef de poste, qui vient nous souhaiter la bienvenue. Il a amené avec lui une grande pirogue, pour nous permettre de transporter à terre les colis les plus indispensables.

« Notre machine a besoin de réparations. Nous resterons donc, me dit le capitaine, tout au moins un jour ou deux avant d'aborder l'Oubangui. »

La situation du poste de Lyranga est exceptionnellement favorable. Du bord de la plage, ombragée par quelques grands arbres, la vue s'étend au loin sur l'horizon immense du fleuve et commande ainsi son passage. Tout bateau parcourant le Congo, allant vers l'Oubangui ou en descendant, peut être vu du poste. L'embouchure de la Sanga elle-même est proche, comme on l'a vu, et les bateaux peuvent venir relâcher au poste. Le Congo est tellement large en ce point, qu'on se croirait bien plutôt au bord d'un lac que d'un fleuve. Ce que l'on aperçoit là-bas, là-bas, vague dans l'horizon bleuté, ce n'est même pas l'autre rive : ce sont quelques îles, éparses sur la grande plaine liquide. Il est impossible de distinguer où commence l'Oubangui, et cependant nous sommes déjà dans ses eaux, tant ces surfaces sont vastes et l'enchevêtrement des îles empêche de reconnaître ce qui est la terre ferme. Il n'est pas surprenant que les premiers navigateurs qui aient remonté le Congo n'aient même pas soupçonné l'immense Oubangui.

Le poste que M. Manas a installé, avec une rare entente des choses, est tenu avec une correction qui lui fait le plus grand honneur. L'habitation est vaste et spacieuse. Les parois sont élégamment tressées en cette sorte de vannerie que les Afourous excellent à faire. Une grande véranda s'étend devant, maintenant à l'intérieur une salutaire fraîcheur. Là, des fauteuils en toile, faits à la façon de grands pliants, permettent de se reposer pendant le cours des heures les plus chaudes. Quelques très grands arbres qui ont été réservés étendent leur puissante ramure au-dessus de l'habitation. Un de ces arbres est un figuier, tout couvert en ce moment de fruits mûrs, qui s'accumulent sur les petites branches, directement implantées sur les plus fortes ramures. Le soir, des légions de grandes chauves-souris, ayant près de $0^m,80$ d'envergure, viennent cueillir, dans leur vol rapide, un de ces fruits, avec lequel elles s'enfuient. Leur évolution est tellement prompte qu'elles ne s'arrêtent, pour ainsi dire, pas, et ce n'est pas chose très aisée que de les abattre au vol. Le jour, elles s'assemblent toutes sur quelque grand arbre, où elles ont élu domicile et aux branches duquel elles se suspendent, prenant assez bien l'aspect d'un jambon qui serait accroché. L'arbre en est couvert, on ne voit que cela en levant la tête.

Derrière le poste, s'étendent de grands champs de culture, ce sont d'importantes plantations de manioc, de patates, de bananiers, puis aussi de quelques légumes européens : des tomates toutes couvertes de fruits, des aubergines, des salades, des haricots et tout un grand plant d'oignons. Le poste de M. Manas s'est fait, avec ce dernier produit, une réputation toute spéciale. Les oignons viennent mal au Congo, il n'y en a nulle part. Ici même, au lieu de former une bulbe arrondie, ils se divisent à la façon des

Fig. 44. — Chauve-souris à gueule d'hippopotame (*Hypsignatus monstruosus*), d'après nature.

échalottes, mais tels qu'ils sont, on est heureux de les trouver, et chaque bateau sait qu'il en pourra faire au poste une abondante provision.

Après le potager, s'étend la forêt, où les singes sont abondants. J'en tuai quelques-uns : c'étaient des colobes (*Colobus Tholoni*), des cercopithèques (*Cercopithecus Brazzæ*), mais j'eus le regret de ne pouvoir jamais atteindre des chimpanzés qui, m'affirmait-on, existent dans cette région. De gros aboiements, que l'on entendait parfois sous bois, étaient, paraît-il, poussés par ces animaux ; je n'ai pas réussi à les voir.

La forêt, dont le peuplement est très serré, est d'un parcours rendu plus difficile encore par l'abondance des liances, parmi lesquelles celle à caoutchouc (*Landolfia*) est une des plus abondantes. Sous bois, croît un citronnier épineux aux feuilles trifoliolées et dont les fleurs répandent une suave odeur. Les fruits sont tout petits, ne dépassant pas la grosseur d'une bille.

Non loin du poste, sous bois, s'étendent des villages d'Afourous; ceux-ci ont tous les caractères de ceux dont j'ai déjà parlé. Ils prennent abondamment deux animaux qu'ils recherchent pour en faire leur nourriture : c'est, d'une part, une petite espèce de caïman, de l'autre, des tortues d'eau, qui ont parfois une longueur de $0^m,40$ à $0^m,50$ centimètres sur une largeur presque égale. Pour les garder vivantes, pendant quelque temps, les indigènes percent le bord de la carapace, y passent un lien et les attachent ainsi après un arbre. Les caïmans que mangent les indigènes sont d'une petite espèce, ne dépassant pas une longueur d'environ $1^m,50$. Les Afourous m'ont dit que cette espèce vivait principalement sur terre. Pour les conserver jusqu'au jour où on les mangera, ils leur font une muselière à l'aide d'un brin de liane, et leur passant une ceinture à hauteur des pattes inférieures, ils les attachent en laisse à un arbre.

Les phénomènes nerveux persistent longtemps chez ces animaux après la mort. J'en avais acheté aux indigènes, et mon préparateur noir Amat, après avoir fendu la peau en long, avait, ayant tranché la tête, retiré tout le corps et préparé déjà la queue et les pattes; seule la tête restait intacte, attenant à la peau du corps entier. Nous détachâmes la muselière, et je fis ouvrir toute large la gueule; prenant alors un scalpel par la lame, je voulus abaisser la glotte pour me rendre compte de sa structure; Amat tenait les mâchoires ouvertes. Soudain, nous poussons tous les deux un cri de douleur : la gueule s'était refermée, mordant cruellement les doigts de mon préparateur noir et m'entaillant la chair de la lame de mon scalpel. Ceci est un fait analogue à celui que l'on observe sur des anguilles, par exemple, dont chacun des morceaux remue après avoir été coupé, mais je n'aurais pas cru qu'une tête, ainsi détachée du corps, pût conserver dans ses mâchoires une telle énergie musculaire.

Le poste possédait une basse-cour et un troupeau bien fournis : moutons et chèvres, poules et canards, s'en allaient en bandes chercher leur nourriture dans les herbes. Tous ces animaux sont fournis par les indigènes des bords du Congo. Le lac Montoumba, situé sur la rive gauche, porte sur ses bords des villages, dont les habitants se livrent d'une façon toute spéciale à l'élevage des animaux domestiques, et alors que l'on ne retrouve plus de moutons dans aucun des villages de la rive, chez ces habitants il en existe un très grand nombre. Les canards, qui appartiennent à l'espèce dite canards de Barbarie ou canards muets, y sont aussi tout spécialement localisés. On ne les trouve que là et dans la basse Sanga, alors qu'il n'en existe absolument pas ni dans l'Oubangui ni dans le Bas-Congo. Ils semblent être d'origine véritablement indigène.

A deux kilomètres environ plus bas que le poste, en suivant les bords du Congo, on arrive à l'établissement d'une mission catholique dépendant de celle de Brazzaville. Là aussi, les cultures sont bien conduites et fournissent une abondante nourriture fraîche, aux trois Pères qui y sont installés. C'est la station des missions catholiques la plus avancée dans l'intérieur.

N'est-il pas surprenant de voir, d'une part, un chef de poste n'ayant avec lui qu'une demi-douzaine de Sénégalais, et, de l'autre, trois Pères, vivre ainsi dans une sécurité que rien encore n'est venu troubler, au milieu de ces nombreuses populations fétichistes? C'est que celles-ci ont compris qu'elles ont tout à gagner de notre contact, sans avoir rien à en redouter. Nous venons échanger nos marchandises, dont elles se montrent très avides, contre les produits de leurs terres. Nous ne les troublons ni dans leurs pratiques, ni dans leur commerce. Que leur importe le reste?

Les réparations qu'il fallait faire à notre bateau étaient plus importantes que l'on ne pensait, et je restai une semaine entière à Lyranga, me mettant en contact avec la population et la nature entière, interrogeant les uns et les autres, récoltant le plus grand nombre possible de documents de tout genre, qui me permettront de montrer plus tard quelles sont les plantes utiles et les produits que l'on en pourrait retirer.

A peine partis, nous devons renoncer à la marche. La machine est mal réparée; les pompes ne fonctionnent pas et l'alimentation des chaudières ne s'opère plus. Le capitaine vient nous dire de rester à l'arrière, car la chaudière, n'ayant plus d'eau, peut sauter. Vite on met bas les feux, et nous revenons à la dérive jusqu'au mouillage que nous avions abandonné. On va procéder à de nouvelles réparations. Le 8, dès le matin, après avoir pris encore congé de M. Manas, cette fois pour tout à fait, je l'espère du moins, nous partons. La marche s'effectue sans incidents, et, deux heures après avoir quitté le poste, nous rentrons en plein Oubangui. Un moment après, nous voilà dans l'hémisphère nord. Nous avons de nouveau franchi la ligne équatoriale.

Les grands villages afourous, où nous nous arrêtons à la fin de la journée, et qui occupent ici, la rive gauche, se poursuivent identiques à ceux que j'ai vus plus bas. Ces villages étaient, il y a peu de temps encore, paraît-il, extrêmement populeux et, par suite, très prospères. Les Afourous, remontant maintenant l'Oubangui, se sont mis en relations plus constantes avec les indigènes de la région plus haute, les Bonjos. C'est qu'en effet, comme j'ai eu l'occasion de le dire, les Afourous sont avant tout commerçants, et ils ont compris tout l'intérêt qu'il pourrait y avoir pour eux d'aller visiter des populations sédentaires, étroitement cantonnées chez elles, comme sont celles des Bonjos. Il y avait avec celles-ci commerce d'ivoire à faire, afin de revendre cette matière précieuse aux Batékés de M'Pila, qui viendraient à leur tour l'offrir à nos factoreries. Mais les Bonjos sont anthropophages et la marchandise qu'ils réclament principalement, ce sont des esclaves, lesquels au moment venu seront exécutés et consommés. Les Afourous ont donc dû transporter chez eux la seule marchandise qui ait une grande valeur, et qui rentre comme base de transaction obligée dans les achats d'ivoire; et attirés par l'appât du gain, ils ont peu à peu dépeuplé leurs propres villages. De tous côtés, s'étendent de grands champs de culture, maintenant abandonnés, où les herbes ont envahi les derniers carrés de manioc. Les Bonjos trafiquent une pointe d'ivoire moyenne, pesant de 25 à 40 kilos, contre un esclave et différentes autres marchandises. L'esclave est coté 300 barettes. Les étoffes, les barrettes en laiton complètent la somme de 400 à 500 barrettes que peut valoir la pointe. En général, on ne vend que les hommes, car les femmes, étant, paraît-il, d'une valeur supérieure, ne sont pas sacrifiées à la consommation.

Près des villages, les indigènes ont toujours respecté les bouquets d'arbres destinés à les abriter. Il y a là encore d'énormes baobabs, mais cet arbre tend à devenir plus rare qu'il ne l'était avant que nous ayons franchi l'équateur; on est là, en effet, presque à son point extrême de pénétration, vers le nord, sur les rives de l'Oubangui. Le fait est assez singulier, puisque sur la côte occidentale et au Sénégal, il remonte jusque vers le 12° et 13° degré nord. Les arbres de cette espèce sont presque constamment dépourvus de feuilles; d'immenses fruits pendent aux extrémités de leurs branches; les indigènes consomment parfois, sans s'en montrer très avides cependant, la pulpe qu'ils renferment.

Sur les rives, des fromagers (*Bombax*), élancent vers le ciel un tronc d'une infinie hauteur, se terminant par une puissante ramure qui s'étend en tous sens. La base de ce tronc s'est élargie près du sol en des sortes d'ailes saillantes, qui forment entre elles des façons de cachettes, où plusieurs hommes pourraient trouver abri. Tout en haut, sur les branches, des quantités innombrables de anhingas (*Plotus Levaillanti*) ont élu domicile et y ont bâti leurs nids. On voit des centaines de ces oiseaux sur chacun de ces arbres. Les femelles couvent; les mâles, perchés sur une branche à côté du nid, la tête recourbée, presque rabattue le long du cou, regardent fixement le sol. Les arbres sont tellement hauts que le plomb de mon fusil *choke-bored* ne les atteint pas, et il faut charger un fusil à piston à chevrotines pour arriver à en abattre.

Cette première journée de bonne marche avait laissé espérer

que les réparations avaient été bien faites par le mécanicien et que nous pourrions continuer notre route régulièrement : vain espoir! Le lendemain, une heure après être repartis, il faut stopper, mettre bas les feux et visiter l'hélice de babord, qui, paraît-il, a été mal posée, et ce n'est pas chose simple, mais nous finissons par trouver un gros arbre qui penche son tronc au-dessus de l'eau. On attache un cordage dans ses branches, après l'avoir fait passer au-dessous du bateau; à l'aide d'une moufle, on finit par le soulever suffisamment pour mettre les hélices hors de l'eau. Et la journée est ainsi perdue. Le lendemain matin, nous repartons, mais cette fois encore la machine marche mal. Une des pompes d'alimentation ne fonctionne pas, et nous risquons de sauter, dit le capitaine. On met bas les feux d'une chaudière. L'autre machine se conduit à peu près bien, mais elle est insuffisante pour vaincre le courant. Il faut renoncer à marcher avec une seule hélice. A la dérive, nous revenons donc en arrière chercher la terre ferme, et les réparations recommencent; elles vont se prolonger presque toute la journée du lendemain.

J'utilise mon temps à courir la forêt, où je fais une chasse fructueuse. Les singes sont abondants dans cette région, et les pintades, qui jusque-là ne se rencontraient qu'à l'état presque d'exception, deviennent communes dans les plantations qui avoisinent les villages.

Il y a un grand nombre d'arbres à kola (*Kola Balleyi*); mes Sénégalais, qui sont extrêmement avides de cette graine, en achètent aux indigènes, qui leur en donnent une quinzaine pour une barrette.

Kouamout, mon contre-maître balali, qui a été élevé à la mission catholique de Brazzaville, et parle le français, me dit que dans la Sanga il y en a une quantité plus grande encore que dans l'Oubangui. Mes tirailleurs, heureux d'avoir retrouvé en abondance de ces noix pour lesquelles ils ont une prédilection si marquée, en mangent une grande quantité. Lorsque la nuit est venue, mis en gaîté, ils causent et chantent jusqu'à une heure fort avancée. Les Balalis, qui n'ont pas mangé de kola, réclament en vain le silence et à leurs protestations un des tirailleurs leur répond « quand Sénégalais trouver kola, lui pas dormir toute la nuit ». C'était là une réponse bien caractéristique, qui me fait désirer de trouver toujours de ces noix en abondance

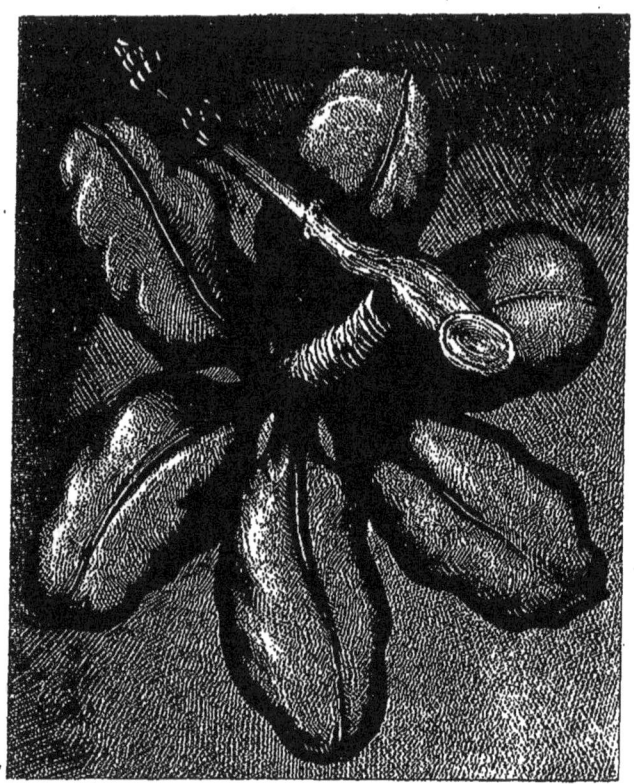

Fig. 45. — Noix de kola, d'après un dessin.

suffisante pour entretenir au milieu de nos hommes la vigueur et la bonne humeur.

Le 12, nous repartons, mais nous avançons lentement, car la crue s'accentue chaque jour; les eaux montent d'une façon sensible. Le courant a arraché aux rives de grands lambeaux de terre, qui flottent, tout couverts d'herbes, parfois de buissons, se tenant tout debout sur l'eau et sur lesquels, bien souvent, quelques oiseaux restent perchés ; ce sont de véritables îles flottantes. Cette crue est pour nous la cause de difficultés nouvelles, car non seulement le courant est plus violent, mais encore avons-nous toutes les peines du monde à trouver un mouillage où il soit possible de mettre le pied sur la terre sèche et de faire commodément notre bois. Tout banc de sable a disparu et la chasse elle-même, sur laquelle il faut compter, car nos provisions baissent, devient plus difficile et plus aléatoire. De petites pirogues d'Afourous passent près du bord, s'en allant visiter les nasses ou récolter les calebasses de vin de palme. Nous les appelons : *Iaka! iaka!* (viens, viens !), mais peu confiants ils passent, répondant qu'ils n'ont ni massanga ni *biçi* (poissons). Ces noirs ne comprennent pas le signe que nous faisons ordinairement du doigt pour faire venir quelqu'un. Pour les appeler, il faut diriger la paume de la main du côté du sol et ouvrir, puis fermer les doigts. De même, leur façon de compter sur les doigts est différente de la nôtre : le pouce ne compte pas; 1, s'indique avec l'index, 2, l'index et le medium, etc., 5 le poing fermé, 6 le poing fermé d'une main et l'index de l'autre; ils comptent ainsi jusqu'à 10; puis une fois, deux fois, trois fois 10, etc.

Dans la soirée, dès que nous eûmes trouvé un mouillage, je partis en chasse accompagné d'Amat. Bientôt nous entendîmes non loin de nous une bande de singes : avançant doucement, j'arrivai jusqu'au pied des arbres où ils se trouvaient. C'étaient de très gros singes gris; il y en avait une bande énorme. J'en vise un et le blesse, il tombe; aussitôt il se redresse furieux, vient à moi, me déchire mon pantalon et saisit mon fusil; je dus l'achever d'un second coup. Pendant ce temps, toute la bande réunie sur les grosses branches poussait des aboiements furieux sans songer à fuir, ce qui lui valut de laisser trois nouvelles victimes entre nos mains. Nous revînmes au bateau, ayant toute notre charge de ces quatre grosses bêtes, dont la viande constitue la ration de mes hommes. Au début, mes Sénégalais avaient quelque répugnance à manger du singe, mais il fallut bien s'y accoutumer et plus tard, ils étaient heureux quand nous parvenions à nous en procurer. Nous en mangions nous-mêmes, mais c'est un rôti peu succulent et répandant souvent un fumet assez désagréable.

Le lendemain, nous repartons, mais la machine fonctionne mal, et tout ce que nous pouvons faire, c'est d'atteindre les grands villages de Yumba, qui se trouvent en face de la rivière Bomali. Nous trouvons à y faire d'abondantes provisions. On nous apporte

Fig. 46. — Il se redresse furieux et vient à moi...

des quantités de bananes, et cela à un prix étonnant de bon marché. De gros régimes pesant de 10 à 15 kilos sont payés de deux à cinq barrettes. Il y a aussi des patates, mais le manioc est rare. Pas de chèvres, et quelques poules seulement.

Le soir, le chef vient au bateau m'apporter des cadeaux, consistant en deux poules, sept immenses régimes de bananes et des poissons fumés. Je lui donne en échange une poignée de perles, quatre brasses d'étoffe, deux petits miroirs à cinq centimes, etc. Ébloui par ma munificence, le chef m'invite à venir dans son village, il insiste, me disant que nous boirons du vin de palme et que je n'aurai qu'à choisir parmi ses femmes.

Je décline les offres de ce roi complaisant, à sa grande surprise d'ailleurs, mais ne voulant pas être en reste avec moi, il offre cette hospitalité à mes hommes.

Les femmes sont ici de mœurs extrêmement libres; pour une ou deux barrettes, elles n'ont absolument rien à refuser à mes hommes, et leur mari n'y trouve rien à redire. Cependant, il fallait que l'autorité du chef fût grande pour qu'il vînt nous offrir ses épouses à nous autres blancs, dont tous ces indigènes et plus particulièrement les femmes ont une très réelle frayeur.

Ce sentiment de frayeur existe chez tous les noirs, mais il est plus vif encore chez les populations que nous traversons. Un rien les met en émoi. Il me suffit de prendre ma jumelle et de les regarder pour les voir tous fuir. Cependant, ils sont curieux : dès que le bateau s'est approché de leur village, ils sont arrivés en masse sur le rivage; mais voilà que la machine a laissé échapper sa vapeur, tous alors affolés ont pris la fuite sous bois; nous les rappelons, ils reviennent en riant et ont l'air de se féliciter d'avoir échappé à ce grand danger.

Le mécanicien a encore travaillé à la machine, et il espère que cela va marcher maintenant. Nous repartons donc de bonne heure, mais nous avançons avec peine. Les pistons sont mal joints, un des cylindres est forcé, les chaudières perdent; nous n'avançons pas! Et le mécanicien vient déclarer au capitaine qu'il lui est impossible de remettre les deux machines en état; que tout ce qu'il peut faire c'est d'utiliser les pièces pour essayer de faire fonctionner convenablement l'une des deux. Mais le capitaine dit qu'il ne peut gouverner avec une aussi faible vitesse et qu'il risquerait, insuffisamment maître de ses mouvements, d'aller nous faire échouer sur quelque écueil.

Alors que devenir?

Lorsque nous étions à Bonga, le bateau *la France* se trouvait au mouillage. M. Chaussé, frère du gérant de la factorerie, qui commandait ce bateau, m'avait dit qu'après avoir visité une station du Congo, il remonterait l'Oubangui ; et comme son bateau marchait bien, il espérait, malgré le détour qu'il avait à faire, être en même temps que nous à Bangui. Peut-être ce bateau pourrait-il nous rejoindre. Mais, réflexion faite, il n'y avait pas d'espoir à conserver de ce côté, car il avait dû partir, le premier du mois, de Lyranga et nous étions au 14, il devait donc être passé. La rivière est tellement large, les îles si nombreuses et si grandes, qu'il est plus facile de s'éviter que de se rencontrer.

Le chef du village de Youmba, que j'avais interrogé hier, m'avait affirmé qu'aucun bateau n'était passé depuis bien, bien longtemps ; mais cela encore ne prouvait rien, car le bateau pouvait n'avoir pas relâché dans son village, et, s'il avait pris l'autre rive, il ne l'aurait pas vu. Je lui avais, à tout hasard, laissé une lettre destinée à M. Chaussé, dans laquelle je lui disais déjà que notre bateau ne marchait pas, et je le priais de me donner passage à son bord. Redescendre, n'était plus possible. Il nous faudrait vingt jours au moins pour nous en aller regagner Lyranga à la dérive. Remonter, nous ne le pouvions pas davantage.

Le capitaine Poplier me propose de former un convoi de pirogues, que nous arriverions peut-être à réquisitionner auprès des indigènes, mais il me prévient qu'il faudra plus d'un mois pour remonter jusqu'à Bangui, que les pirogues que nous trouverons en cet endroit sont petites et que nous devrons abandonner une partie de nos marchandises, et il ne peut garantir que celles que nous emporterons avec nous ne seront point avariées. Dans ces conditions, il m'est bien difficile d'accepter sa proposition. J'insiste pour qu'on essaye de réparer une machine au moins afin de pouvoir gagner à petites journées Modzaka, où il y avait un poste français il y a peu de temps encore ; de là, paraît-il, on voit l'Oubangui dans toute sa largeur. Nous nous installerons en ce point et peut-être aurons-nous la bonne chance d'être rejoints par un bateau ou, si nous y déposons les marchandises, je partirai seul en pirogue pour Bangui, d'où je les renverrai prendre.

J'étais véritablement désolé. J'avais dit à mes agents de se trouver tous le 15 septembre à Bangui ; j'espérais y être et repartir dès le

1ᵉʳ octobre vers El-Kouti. Ce sera bien beau maintenant si je puis partir le 1ᵉʳ novembre. Que de temps perdu !

Nous avions essayé de tout faire pour le mieux et, espérant gagner du temps, j'avais consenti à partir avec ce bateau, qu'un service, long déjà, avait mis dans un état déplorable, sans que l'on prît le temps de procéder à des réparations sérieuses qui, disait-on, exigeraient un mois entier. Dans ma hâte de partir, je n'avais pas voulu accepter ce délai; qui sait cependant si ce n'eût pas été encore du temps gagné? Ou, si du moins j'avais pu me douter de l'état d'avarie dans lequel se trouvait le bateau, j'aurais demandé à la Mission catholique ou à une des maisons de commerce, de me prêter un de ses bateaux.

On répare encore; nous essayons de repartir, mais après nous être échoués sur un banc de sable, car nous ne pouvons pas gouverner, nous nous en allons gagner la rive gauche, où se trouve le grand village de Moubendilou, où nous procéderons à de sérieuses réparations. Pas un indigène ne vient au-devant de nous, contrairement à ce qui a lieu d'ordinaire. J'envoie mes hommes sous bois, ils appellent. Peu à peu, les hommes seuls arrivent, mais timidement et armés tous de trois ou quatre sagaies. Nous les rassurons, et bientôt le chef lui-même vient m'apporter des noix de kola, des régimes de bananes, du tabac, des poules. Il fait des protestations d'amitié et veut faire avec moi l'échange du sang. Les indigènes viennent à nous rassurés, et consentent à vendre des provisions pour nos hommes. Ils donnent des poignées de mains et secouent longtemps la main à la façon de nos paysans; après quoi, chacun des deux individus qui se sont dit ainsi bonjour frappe fortement dans ses deux mains; ne pas faire ce geste est une grande impolitesse.

La population chez laquelle nous nous trouvons maintenant n'appartient plus à celle des Afourous. Elle constitue une race qu'avec quelque raison peut-être, on en a séparée et qui peut en être considérée, tout au moins, comme une subdivision. On les nomme les Balloïs.

Le village, comprenant plusieurs groupes d'habitations, occupe les rives, sur une longueur de plus de deux kilomètres. Tout autour, se trouvent d'importantes plantations : elles comprennent un peu de manioc et de patates, et surtout des bananes, qui constituent le fond de la nourriture; ces fruits sont de forte dimension. On les mange cuits, alors qu'ils ne sont pas encore complètement mûrs, et on les mélange, après les avoir réduits en une sorte de pâte, avec du poisson fumé, dont on a soigneusement retiré les arêtes.

Les femmes sont chargées de la culture. Les hommes se livrent plus spécialement à la pêche et à la chasse. Le poisson y est, comme dans tout l'Oubangui, très abondant; on le prend à l'aide de nasses, de filets et par le barrage des petites rivières. La chasse semble fournir d'importantes provisions, et sur une des places du village, des crânes d'hippopotames, de buffles, d'antilopes, sont amoncelés, formant une sorte de vaste trophée dont les indigènes se montrent fiers.

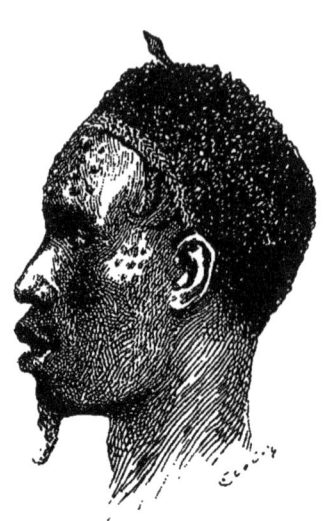

Fig. 47. — Le chef du village balloï de Moubendilou, d'après un dessin.

Les Balloïs se distinguent assez bien des Afourous. Il existe, en effet, chez eux un type, qui est assez généralement répandu et qui correspond à celui du chef du village de Moubendilou. Le nez est presque droit, les lèvres, relativement peu épaisses, ne se joignent pas et laissent voir des dents, dont les quatre incisives supérieures sont taillées en pointe, simulant des dents de carnassier. Les cheveux sont généralement troussés en une sorte de chignon formant casque et limités sur le front par une petite natte; ils ne sont pas serrés comme ceux des Afourous et se terminent seulement par de petits prolongements temporaux. Assez souvent, les hommes ont une petite barbe, tressée en une ou deux nattes. Le corps ne porte qu'un seul tatouage, qui se compose d'une ligne qui prend le milieu de la poitrine et s'étend jusqu'au nombril. Les hommes ont sur le front quatre lignes transversales de petits tatouages en bourrelet à la façon des Afourous. Par contre, les tatouages des tempes sont beaucoup plus atténués.

Il me semble que d'une façon générale on a beaucoup exagéré la valeur qu'il faut attacher aux tatouages que portent les indigènes de cette partie de l'Afrique. J'ai observé qu'en général les tatouages du corps sont plus ou moins quelconques; souvent, à la vérité, dans une même tribu, ils procèdent d'un même système de lignes, de points, de losanges ou de croissants, mais ils sont plus ou moins abondants, ou même n'existent pas chez certains individus ou bien prennent parfois les aspects les plus fantaisistes : c'est ainsi qu'il est fréquent de voir chez les femmes de tribus très différentes de vastes rosaces, couvrant le ventre et ayant le nombril comme point de départ.

On peut attacher une valeur plus grande aux tatouages de la face. Les incisions que portent les Batékés sur les joues sont absolument caractéristiques et constantes chez tous les individus de la race. Il en est de même du tatouage en bourrelet qui occupe les tempes des Afourous; de même encore des lignes frontales des Balloïs.

Le vêtement des hommes consiste simplement en un petit pagne d'étoffe, bordé de bourre rouge, qu'ils se passent entre les jambes et qu'ils retiennent autour du corps, à l'aide d'une étroite ceinture faite en peau d'antilope garnie de ses poils. Les femmes ont des pagnes qui sont faits en effilochage obtenu par des fibres diverses, parmi lesquelles celles de bananier et de raphia sont le plus généralement employées. Ces franges ont de 30 à 40 centimètres de long, elles sont toutes tressées à la partie supérieure et forment une sorte de ceinture; très abondantes, elles constituent une véritable petite jupe, très courte. Toute la partie antérieure, d'une cuisse à l'autre, est d'environ 10 centimètres plus courte que tout le reste. Les petites filles sont vêtues, de bonne heure, d'un pagne de ce genre, mais infiniment plus court. Ces fibres sont ou bien à l'état brut et prennent alors une teinte jaunâtre, ou bien roussies à la fumée ou enfin teintes en noir.

Le village, comme je l'ai dit, s'étend tout le long du rivage; trois petits ruisseaux qui se jettent dans la rivière forment de petits ports d'atterrissage pour les pirogues; l'entrée en est barricadée à l'aide de grands pieux, enfoncés dans le fond et reliés par une traverse. Quand on veut entrer, il faut écarter ces pieux, et se baisser pour passer sous la poutre. Le soir, toutes les pirogues sont remisées derrière la barricade. Les cases sont construites avec soin; elles sont longues de vingt à trente mètres et larges de quatre à

Fig. 48. — Coupe d'une case balloïe, d'après un dessin.

cinq. Le toit est à deux pentes, construit en chevrons reposant sur des bois en fourche; sur ces pièces est déposé un lattis en rachis de feuilles de palmier, sur lesquels on étend une natte à claire-voie, que l'on recouvre d'un chaume très soigneusement fait. Une grande case, telle que celle-ci, constitue l'habitation de toute une famille; elle est partagée en deux suivant sa longueur, toute une moitié est laissée libre et forme comme une sorte d'auvent ou cour couverte, où l'on se tient quand il fait mauvais et où on fait la cuisine. Dans l'autre partie, sont établies des petites cases, en vannerie tressée soigneusement, au nombre de deux ou de trois dans la longueur et qui constituent autant de chambres séparées. Le fond de ces petites cases est fait en un mur de pisé, qui les sépare du dehors. Elles servent de chambres à coucher; c'est là que les indigènes rangent leurs sagaies, leur ivoire et tous les objets précieux.

S'il pleut, ils s'assemblent par petits groupes, assis sur des blocs de bois soigneusement taillés, dans la cour couverte; s'il fait beau, ils s'installent dehors sur des sortes de bancs, dont le siège est fait à l'aide d'une planche provenant d'une vieille pirogue, et le dossier d'un bâton ou d'une pagaie hors d'usage, le tout soutenu par des petits bois en fourche.

Fig. 49. — Banc de repos des Balloïs, d'après un dessin.

Les Balloïs voyagent peu, ils sont en rapports constants avec les Afourous, qui viennent chez eux acheter du poisson sec.

J'ai dit que les Balloïs se livraient volontiers à la pêche : tout le poisson retiré de l'eau est vidé, puis séché sur une claie disposée au-dessus d'un feu fumeux. Si le poisson est gros, on passe un bâton dans sa longueur, et l'abdomen est rempli de feuilles sèches de bananier. Si, au contraire, il est de plus petite dimension, — et une espèce est tout particulièrement recherchée à cet usage, — on le reploie en deux suivant sa longueur, puis à l'aide de petits liens on en forme une sorte de disque, qui comporte de dix à quinze poissons, que l'on maintient en place à l'aide d'un lien passé alternativement dans la queue et dans les ouïes; un de ces pains vaut de deux à cinq barrettes.

Pendant que nous sommes au mouillage, de grandes pirogues afouroues passent sur l'Oubangui, venant se mettre en rapport avec les Balloïs et les Bonjos pour acheter du poisson et de l'ivoire. Chaque pirogue est armée de 30 à 40 pagayeurs, tous debout; au milieu, est le chef, étendu sur une natte, et ayant une ou deux femmes à côté de lui; deux ou trois musiciens frappent à tour de bras sur d'immenses tambours. Les pirogues se succèdent : il y en a dix, douze, l'une derrière l'autre.

Les Afourous, en effet, ne viennent dans ces régions que très nombreux, afin de se protéger contre les déprédations et quelquefois même afin d'imposer leur volonté, en obligeant les indigènes à accepter des conditions de transaction auxquelles ils ne consentiraient peut-être pas bénévolement. Les hommes qui pagaient sont des esclaves destinés à être vendus aux Bonjos anthropophages.

Tout ce grand train de pirogues s'est arrêté au village où nous sommes amarrés. Peu après être arrivés, un Afourou vient à bord sous le prétexte de nous vendre une poule. Je lui offre moitié prix de sa valeur, il accepte, ce qui me montre bien que cette vente n'était qu'un prétexte; en effet, notre présence les gêne, et ils veulent se rendre compte des forces dont nous disposons, car ils sont venus là évidemment dans l'intention de faire des provisions à bon compte; ils n'ont pas de marchandises d'échange avec eux, mais seulement des esclaves qu'ils échangeront plus haut chez les Bonjos; ces esclaves sont achetés dans les petits affluents du Congo, où les villages sont pauvres et où les hommes ne sont vendus que 30 ou 40 barrettes. Le chef du village balloï, ému de la venue de toutes ces pirogues, s'est enfui avec tout son peuple dans la brousse. Il m'a fait dire qu'il ne reviendrait que dans deux jours. Il a eu soin, avant de quitter sa demeure, d'étaler devant sa porte tous ses fétiches, qui la protègent et qui empêcheront les envahisseurs de voler dans sa case.

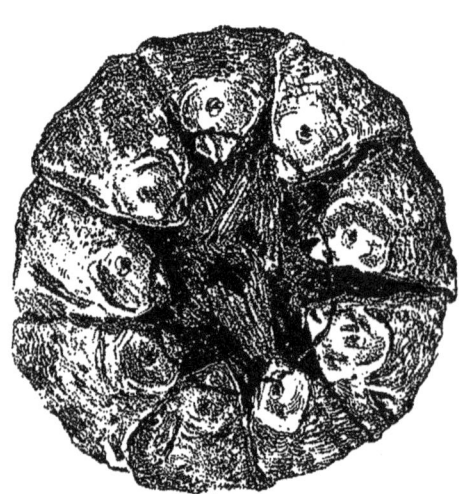

Fig. 50. — Disque fait de poissons fumés, d'après un dessin.

Avant de partir, la féticheuse, qui est une femme de plus de vingt ans et que les indigènes disent vierge, a pratiqué des exorcismes, puis elle s'en est allée la figure bizarrement peinte de rouge avec des raies blanches et le pagne recouvert de feuilles vertes.

Sont-ce ces sortilèges qui les ont protégés, ou plutôt notre présence, je ne sais, toujours est-il que les pirogues afouroues sont parties, non sans hésitation cependant, mais sans oser toucher au village.

Le chef revient et nous sommes encore là, réparant toujours. Nos provisions s'épuisent; de vivres européens, il ne nous reste plus que quelques boîtes de sardines.

Les perroquets, les pintades sont extrêmement abondants en

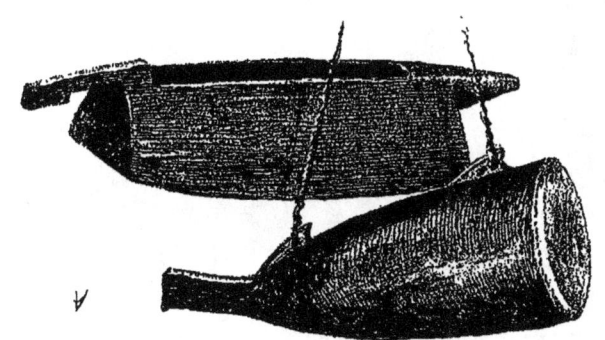

Fig. 51. — Tambour en bois des Balloïs, d'après un dessin.

ce point. Ces oiseaux forment le fond de notre nourriture. Chaque jour le cuisinier vient demander au capitaine ce que l'on cuira aujourd'hui, et j'admire avec quel sérieux, après avoir réfléchi, il dicte ce menu invariable : sardines et pintades rôties, et lorsque le lendemain le cuisinier se présente encore, c'est encore sardines et pintades rôties; comme pain, des bananes cuites à l'eau ou grillées sur la cendre, comme boisson de l'eau ou du vin de palme, dont il ne faut pas abuser, car il donne d'épouvantables aigreurs d'estomac.

Le 19, après avoir fait des essais, peu rassurants cependant, nous partons, mais le fonctionnement des pompes ne se faisant pas, il faut alimenter la chaudière à l'aide de seaux. Nous risquons de tout voir sauter et de couler à pic, mais qu'importe, nous avançons et il faut bien marcher. Une violente tornade survient, nous ne gouvernons pas, n'ayant pas de vitesse suffisante, et la prudence la plus élémentaire nous commanderait de stopper, mais le vent est arrière, il souffle avec violence, nous poussant; alors nous baissons tous les rideaux qui servent de voiles et nous gagnons du moins quelques kilomètres.

Notre machine semble devoir marcher, et chaque journée faite c'est environ trois journées de pirogue de gagnées, car nous n'espé-

Fig. 52. — Vue de l'Oubangui en pays Balloï, d'après une photographie.

rons toujours pas arriver jusqu'à Bangui avec le bateau. Chaque jour, nous disons : « Si nous échouons là, il n'y aura plus que tant de jours de pirogue à faire. » Je passe la moitié de mon temps à la machine, surveillant les pompes et le graissage. Le mécanicien est puissamment aidé par un Sénégalais. Très entendu, plein de bonne volonté, il se multiplie, va de la chambre de chauffe à la machine, qu'il ne quitte encore que pour surveiller le chauffage. Je lui promets une bonne récompense s'il arrive à nous amener jusqu'à Bangui.

La vitesse dépend beaucoup de la qualité et de la quantité de bois qu'il nous est possible de faire. Aussi lorsque nous stoppons le soir, chacun de nous s'en va-t-il, avec une équipe, choisir les arbres et surveiller les noirs pour que la besogne marche vite. Mes tirailleurs y mettent une bonne volonté extrême : c'est à qui, de chaque équipe, abattra le plus de bois ; ils ne sont jamais les derniers.

Depuis le village de Moyeka ou Boyaka, la population change ; ce ne sont plus les Balloïs, mais les Bonjos, la population le plus franchement anthropophage que l'on connaisse. Ils se différencient très nettement des Balloïs dont j'ai parlé, mais cette différence s'établit peu à peu et non brusquement.

J'ai observé que, d'une façon générale, cette atténuation de la race sur les confins de son aire d'habitat s'observe surtout chez les populations occupant le bord des grandes rivières. Les moyens faciles de communication et les rapports commerciaux qui en découlent établissent des contacts et des mélanges entre gens de race différente et produisent des amoindrissements des caractères propres à la race. C'est ainsi que la race des Balloïs emprunte certains de ses caractères aux Afourous et d'autres, au contraire, aux Bonjos. C'est ainsi encore que ces Bonjos ont moins de caractères propres, si on les étudie dans la région voisine des Baloïs que si on se transporte au centre de la région qu'ils occupent.

J'ai toujours été surpris de constater que ces races de transition, si je puis les appeler ainsi, au lieu de présenter une plus grande vigueur résultant du mélange du sang, sont, au contraire, amoindries, abâtardies : ce sont comme les déchets des tribus voisines. Par contre, les sujets de races nettement caractérisées, où cependant le mariage entre consanguins est pratiqué, restent plus robustes, plus vigoureux, plus puissants. La seule raison doit en être dans ce fait que les races de transition sont formées sans doute par les hommes de basse condition, esclaves et libérés, qui se sont établis en dehors du village de la race et en ont agrandi les territoires.

Les Bonjos constituent une race qui frappe dès la première vue par l'aspect d'excessive vigueur qu'elle présente. Les hommes, solidement musclés, sont robustes, et leur taille est au-dessus de la moyenne des populations noires. J'en ai mesuré plusieurs dont la hauteur variait entre 1ᵐ,70 et 1ᵐ,75.

Cette beauté du corps est compensée par la laideur répugnante de la face, laideur qu'accentuent encore des mutilations volontaires. Le prognathisme est très accentué, le maxillaire inférieur étant saillant, et la lèvre pendante.

Ce qui contribue à accentuer encore davantage cet aspect, c'est l'habitude qu'ont tous les hommes de cette race de s'arracher dès le jeune âge les quatre incisives supérieures. Cette ablation est opérée chez les enfants, dès que les dents définitives ont poussé. Ils n'ont d'autre explication à donner à ce fait que de dire que c'est pour être plus beau. L'absence des dents à la mâchoire supérieure, fait que les incisives du maxillaire inférieur, ne trouvant pas de dents correspondantes, deviennent plus longues que toutes les autres et on les voit parfois saillir le long de la lèvre. Le nez est déprimé dans sa partie médiane, le front aplati avec des arcades sourcilières très accentuées. L'œil petit est rendu plus laid encore par la coutume qui consiste à épiler soigneusement le bord des paupières. La tête est rasée, en conservant seulement, sur la partie postérieure, une bande ou deux de cheveux. La face est généralement glabre; cependant, on rencontre parfois quelques individus qui laissent croître une barbe extrêmement abondante et leur entourant complètement la figure; cela leur donne assez bien l'aspect de solides

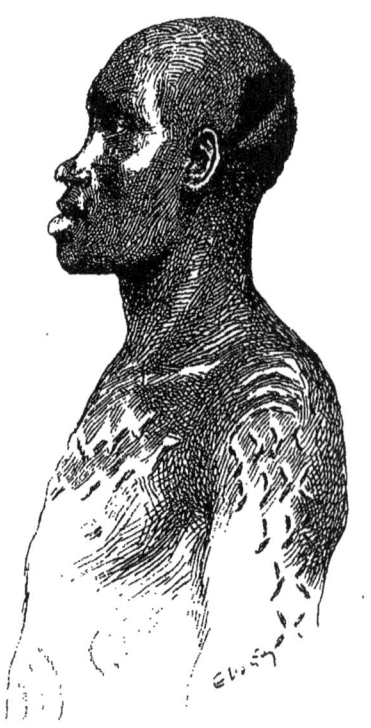

Fig. 53. — Type de Bonjo, d'après un dessin.

Auvergnats. Les enfants mâles ont sur la tête des dessins de cheveux plus ou moins compliqués, souvent des pointes ou des croissants. Les bras et le torse portent des tatouages en bourrelets très nets et dont le dessin procède presque toujours du losange, mais leur disposition est plus ou moins quelconque. Souvent, des cercles concentriques entourent le nombril. Les hommes portent comme costume un léger lambeau d'une sorte de feutrage, obtenu à l'aide d'écorce de figuier martelée, assouplie et teinte en rouge ; il est retenu autour des reins, au moyen d'une façon de cordelière soigneusement tressée. Très fréquemment leur torse est ceint d'une cuirasse faite en peau de buffle et se terminant par des brides, dans lesquelles on passe une sorte de couteau poignard, dont la gaine sert de fermeture à la cuirasse ; on trouve, beaucoup plus rarement, des cuirasses en peau d'éléphant : elles sont pesantes, massives et pour cette raison portent des ouvertures dans lesquelles on passe les bras. L'armement est complété par de grands boucliers faits de vannerie, ne mesurant pas moins de 1^m,20 de hauteur. Chaque Bonjo porte à la main une sagaie, dont le fer est allongé en forme d'amande, avec un manche long d'environ 1^m,50, souvent orné de quelques tours de spire de cuivre.

Les femmes ne sont guère plus belles que les hommes ; les incisives sont également arrachées et les paupières épilées ; la tête est rasée et l'on conserve seulement, sur la partie postérieure, un carré de la dimension de la paume de la main, dans lequel les cheveux sont laissés dans toute la longueur ; ils sont tressés, relevés en une sorte de petit chignon, et recouverts d'un ornement en forme de plaque fait d'une vannerie très fine, décoré de deux volutes en cuivre. Au cou, elles portent toujours des colliers de sortes différentes. Souvent, c'est une façon de hausse-col, large de trois à quatre centimètres et portant une lame saillante tout autour, si bien que sa section prend la forme d'un T. D'autres fois, ce sont de véritables colliers ou bien en perles de cuivre très élégamment martelées, ou bien en dents soit humaines, soit de buffles ou parfois de panthères. Ce sont alors les grandes incisives que l'on prend ; les indigènes y attachent un très grand prix et ne s'en dessaisissent pas volontiers. Il est très remarquable de voir que ces grandes incisives de panthères sont percées et portées au cou exactement de la même façon que les dents des ours des cavernes, que l'on retrouve parmi les documents préhistoriques.

Les femmes bonjos sont vêtues de pagnes de franges analogues à ceux des femmes balloïs, mais avec cette différence que ces pagnes ne sont pas coupés sur le devant et la jupe qu'ils forment est ronde ayant partout la même longueur. De plus, elles superposent toujours plusieurs pagnes les uns sur les autres, ce qui finit par constituer une véritable jupe de ballerine. Et lorsqu'on les voit, dans leurs petites pirogues, s'en aller sur la grande rivière, pagayant debout et remuant les hanches, la laideur de leur visage disparaît, elles prennent, dans leurs mouvements gracieux, une véritable élégance. Ces pagnes sont généralement peints à carreaux noirs et rouges; quand les femmes sont en deuil, elles portent des pagnes tout noirs.

Fig. 54. — Type de femme bonjo, d'après une photographie.

Les Bonjos se livrent fréquemment à la pêche. Ils s'en vont alors dans de toutes petites pirogues, creusées dans un tronc d'arbre à bois léger, ayant trois ou quatre mètres de long seulement, et qui portent généralement quatre voyageurs mâles ou femelles. Chacun est armé d'une très longue pagaie, qui ne mesure parfois pas moins de $2^m,60$, et dont la moitié de la longueur consiste en une sorte de pelle qui plonge dans l'eau. Il faut la vigueur de bras des Bonjos pour arriver à manœuvrer de tels instruments, et il n'est pas rare de constater que l'effort ainsi produit détermine des hernies souvent très volumineuses.

Notre machine consent à fonctionner, et nous remontons l'Oubangui, lentement, péniblement, mais enfin nous marchons. Nous profitons de chaque moment où l'hélice veut bien tourner pour gagner du temps et nous rapprocher, ne serait-ce qu'un peu, du terme du voyage. Cependant cette marche forcée a failli nous être funeste.

Le 22, dans l'après-midi, il nous restait encore un peu de bois de chauffage qui, nous l'espérions, serait suffisant pour nous faire gagner un endroit où nous pourrions abattre des arbres. Mais voilà que les grands villages d'Imfoundo se présentent à nous, occupant la berge sur des kilomètres de longueur. Il nous est impossible de songer à les dépasser. La population de ces villages est extrêmement nombreuse et peut être évaluée à quelques milliers de têtes ; les cases sont rangées en lignes régulières ; entre elles, des plantations et pas le moindre arbre mort que nous puissions abattre pour refaire notre provision. Mais là, sur la berge, tout près de l'eau, se trouvent de grands tas de bois coupés de longueur ; ce sont les indigènes qui ont ainsi fait des provisions de combustible. Nous abordons, nous demandons aux noirs, accourus en grand nombre, de nous vendre des provisions, ce à quoi ils consentent, puis de nous céder en échange de nos marchandises le tas de bois qui est déposé sur la rive. Le chef ne demande pas mieux, mais les femmes protestent énergiquement, car ce sont elles qui sont chargées de la corvée du bois, et c'est le chef qui touchera le bénéfice de leur travail. Cette combinaison ne leur va pas.

Des réclamations s'élèvent de toutes parts et il serait sage peut-être de ne pas insister, mais nous n'avons pas le choix de la solution, car les dernières bûches de bois que nous avons à bord sont déjà dans les fours. Cependant, le sorcier s'avance et, à l'aide de poudre de bois rouge, fait des raies sur les bûches et y dépose quelques feuilles spéciales, espérant nous empêcher ainsi de toucher au bois. Mais ces exorcismes n'ont pas prise sur nous, nous payons au chef son bois deux fois ce qu'il vaut, et descendant nous-mêmes à terre avec nos tirailleurs, nous protégeons les travailleurs du bord dans leurs manœuvres de chargement. Les femmes ont ameuté la population contre nous, et les hommes sont au sommet du talus qui surplombe d'une dizaine de mètres au-dessus de la surface de l'eau et nous menacent de leurs sagaies. Mais le bois est embarqué, la machine siffle et nous repartons, laissant les indigènes à leur injuste colère.

Déjà, par ces petites épreuves, je pouvais constater quelle est la valeur morale de mes excellents tirailleurs. La moindre émotion ne s'est jamais trahie chez eux au milieu de semblables difficultés; très calmes, sans armes, suivant la règle que je leur imposais, ils attendaient patiemment les événements, et c'est ce calme, ce sang-froid qui nous a valu bien des fois d'arriver à donner une solution pacifique aux questions les plus vives et les plus brûlantes.

Nous arrivons à gagner Modzaka le jour même. Quelques mois auparavant encore, existait un poste français; mais par raison d'économie, me dit-on, ce poste a été abandonné et il n'en reste presque plus rien; quelques cases sont encore debout çà et là, mais misérables et délabrées, car tous les matériaux de quelque valeur ont été transportés soit à Lyranga, soit à Bangui.

C'est en 1887 que M. A. Dolisie remonta pour la première fois l'Oubangui jusqu'à ce point. Il fut attaqué par les indigènes, mais grâce à son énergie, il parvint à s'échapper,

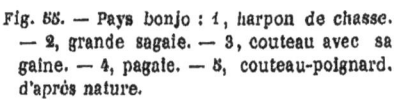

Fig. 55. — Pays bonjo : 1, harpon de chasse. — 2, grande sagaie. — 3, couteau avec sa gaine. — 4, pagaie. — 5, couteau-poignard. d'après nature.

en ne laissant pas un de ses hommes entre les mains de l'ennemi, malgré le chavirage de ses pirogues dans une eau de dix mètres de fond. Trois mois après, il revenait avec M. Uzac, brûler les villages qui l'avaient attaqué et fonder le poste. M. Uzac fut chargé de son installation; il y apporta tous ses soins et constitua ainsi un établissement, qui passait à juste titre, paraît-il, pour le mieux établi et le mieux tenu de toute la colonie. Avec les seules ressources qu'offrait le pays, il construisit de belles cases, sur pilotis, afin de mettre l'habitation à l'abri de l'humidité, et fit d'importantes plantations.

L'établissement de ce poste, à mi-chemin environ entre Lyranga et Bangui, en plein centre de ces populations Bonjos, aux mœurs barbares, si peu soumises à notre influence, avait pour la colonie une importance prépondérante par le fait qu'il donnait une plus grande sécurité au parcours de l'Oubangui et pouvait en cas de détresse venir en aide aux bateaux se rendant aux points extrêmes.

En 1891, M. Fondère fut chargé de la direction de ce poste. Atteint de dysenterie, il dut l'abandonner, en en confiant la garde à quatre tirailleurs sénégalais. Mais M. Gaillard, chargé quelques mois plus tard de remonter l'Oubangui et ayant besoin, paraît-il, de renforcer son escorte, emmena avec lui les quatre tirailleurs. Dès lors, le poste fut abandonné à lui-même et comme il n'y avait en ce moment ni agents européens ni de tirailleurs disponibles, tant d'efforts, tant de dangers courus, tant d'excellents effets obtenus, furent perdus en peu de temps.

Nous éprouvâmes tous un sentiment de sincère tristesse à la vue de cette ruine, et la situation critique dans laquelle nous nous trouvions en ce moment contribuait encore à nous faire regretter plus amèrement l'abandon du poste de Modzaka. Si nous avions trouvé là tout ce qu'il fallait pour procéder à de sérieuses réparations, nous aurions été sûrs de pouvoir gagner Bangui; or, cette assurance nous ne pouvions l'avoir.

Autour de ce qui avait été le poste, s'étendaient encore de grandes plantations. C'étaient des avenues, plantées de papayers tout chargés de fruits mûrs, et bordées de haies d'ananas; des patates, du manioc luttant contre l'envahissement des herbes, croissaient encore çà et là, et l'on retrouvait partout des traces de bananiers, détruits par des éléphants, qui sont très avides de la feuille de cette plante. Quelques citronniers couvraient le sol d'une jonchée de fruits mûrs, et des tomates, devenues à demi sauvages et rampant dans les herbes, nous fournirent d'abondantes provisions.

Après avoir pris tout ce qui pouvait nous être utile pour vivre, nous abandonnâmes ce poste, qui avait été si prospère et qui était si désolé maintenant. Les quelques fruits que nous emportions pouvaient nous servir, mais ne constituaient malheureusement pas la ration de nos hommes, ration que nous avions chaque jour plus de peine à nous procurer.

L'espoir que nous avions pu concevoir d'atteindre Bangui fut de nouveau détruit, le lendemain de notre départ de Modzaka. Nous étions partis à grande vitesse, lorsque soudain une grosse avarie se produisit : un des tubes de la chaudière de babord venait d'éclater. Péniblement, avec une seule hélice, nous nous sommes traînés jusqu'à une île, où nous croyions distinguer de loin quelques plantations

Fig. 56. — Antilope de l'Oubangui (*Tragelaphus gratus*), d'après une photographie.

et où nous espérions trouver des bananes pour nos hommes et du bois pour la machine. Mais notre espoir est vain, il n'y a ni bananes ni bois sec. Pour atteindre Bangui, il nous eût suffi de quatre à cinq jours de navigation, et voilà qu'une avarie grave, peut-être irréparable, nous met en face des difficultés les plus sérieuses. Nous allons essayer de marcher quand même avec une machine pour tâcher de gagner les villages de N'Gombé, car de là du moins, en dix jours de pirogues, que nous pourrons très probablement y recruter, nous atteindrons sûrement Bangui.

Sans cesse mes regards se tournent en aval, espérant découvrir le bateau libérateur *la France*, qui devait remonter vers Bangui, mais toujours rien à l'horizon. La surface de la vaste rivière reste calme, et pas le moindre bateau ne vient rider les eaux tranquilles de ce grand miroir. Rien ne vient troubler ces immenses solitudes, pas même une frêle pirogue ou le vol d'un oiseau; la crue s'est accentuée et à l'échelle de Modzaka, restée encore debout, j'ai pu constater qu'elle était déjà de 3^m,30; aussi les rives ont-elles disparu, l'eau s'est répandue sous bois et il est impossible de trouver d'endroit où l'on puisse commodément atterrir. Que faire? Nous essayons de marcher, mais le courant est d'environ trois nœuds et avec une seule machine nous n'en pouvons fournir plus de quatre à l'heure.

Bientôt le capitaine déclare que tous nos efforts deviennent inutiles, car nous n'avançons pas, et qu'il nous faut renoncer à marcher dans ces conditions. Suivant lui, il ne nous reste que deux solutions à prendre : aller nous poster à un endroit de l'Oubangui, d'où l'on puisse en même temps apercevoir les deux rives et où nous attendrons la venue du bateau la *France*. Mais rien ne nous garantissait que ce bateau n'était déjà dans le haut, puisqu'en maint endroit les îles sont si nombreuses et s'entrecroisent tellement qu'il devient impossible de se rencontrer sur la large rivière. L'autre solution consistait à aller atteindre le village de Dimésé qui était proche, et de tâcher d'obtenir des pirogues, mais, m'assurait-on, il était fort peu probable que les indigènes voulussent s'en dessaisir à quelque prix que ce fût. Dans ces conditions, il ne nous restait d'autre chose à faire que de nous en emparer de force.

Il m'était absolument impossible d'accepter cette dernière solution, car il ne pouvait me convenir d'aller faire la guerre à des indigènes qui ne nous avaient rien fait. J'insistai donc pour qu'une fois encore on essayât de faire des réparations; mais l'on m'objecta qu'il restait bien à bord des tubes de rechange, mais qu'il n'y avait pas de mandrins indispensables à leur placement, le mécanicien ayant omis de s'en munir. Malgré tout, après avoir jeté l'amarre près de la terre ferme, au voisinage des villages dont je viens de parler, nous nous mîmes à faire des réparations. Chacun mit la main à la besogne et au bout de deux jours, au prix d'efforts très réels, nous eûmes la grande satisfaction de remettre la machine en état. Nous conduirait-elle jusqu'au bout, nous ne le savions pas, car des avaries d'un autre genre pouvaient survenir, mais du moins nous pouvions essayer de marcher.

Les villages bonjos que nous venons de quitter sont disposés avec une grande régularité; toutes les cases sont rangées sur deux lignes, formant les grands côtés d'un trapèze dont la base serait l'Oubangui, et le petit côté, une troisième ligne de cases. Celles-ci se touchent et dans chacune d'elles vit une nombreuse famille.

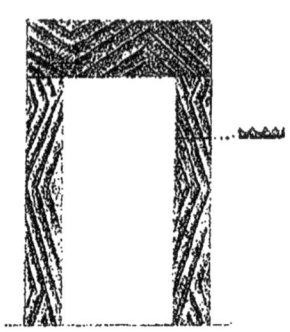

Fig. 57. — Entrée de case, en bois sculpté, d'après un dessin.

Il est très singulier de voir combien ces populations, qui présentent des signes indéniables de sauvagerie, tels que celui de l'anthropophagie la plus révoltante, montrent en même temps des indices d'une indubitable intelligence. Les Bonjos chez lesquels nous sommes maintenant sont d'habiles potiers. Dans certaines cases, il y a tout un étalage de plats, de pots, de bouteilles de toute sorte. Cette poterie est faite en tournant la terre entre les doigts, après quoi les pots sont séchés devant un grand feu, où ils ne subissent jamais qu'une demi-cuisson. La surface extérieure est parfois recouverte de dessins, faits de lignes concentriques, et enduite d'une couche de gomme copal, produit très abondant dans cette région.

L'entrée des cases est généralement décorée de planches qui proviennent des débris d'anciennes pirogues, sur la surface desquels on a creusé des lignes régulières de sculpture, formant des losanges à côtés allongés. Ce dessin est celui que l'on retrouve le plus souvent dans les tatouages qui ornent les bras et le buste des individus mâles.

Pour la première fois, je constate sur quelques cases, des dessins, très naïfs, simulant des tortues, des poissons ou des couteaux.

Notre marche s'effectue, sinon dans des conditions normales, du moins suffisamment bien pour que nous puissions espérer atteindre Bangui dans une semaine environ. C'est long encore, mais qu'importe, maintenant que nous avons l'espoir d'arriver, nous prenons notre mal en patience.

Les berges sont très élevées et au sommet, sur un sol qui a été débroussé et où seul, un fromager (*Eriodendron anfractuosum*) élance vers le ciel son tronc formidable, se massent d'interminables villages dont l'ensemble constitue le territoire de N'Gombé. Je ne cite pas les noms de ces villages, car, comme j'ai déjà eu l'occasion de le dire, ces noms n'ont pas grande importance puisqu'ils changent avec les chefs qui se succèdent. Il est donc impossible de donner à cet égard des indications absolument précises et définitives.

Fig. 58. — Rives de l'Oubangui en pays bonjo, villages de N'Gombé, d'après une photographie.

Dans les flancs des hautes berges, des escaliers sont creusés irrégulièrement et donnent accès aux villages. Ceux-ci sont protégés par une palissade légère, faite de pieux enfoncés en terre.

Le 28, nous avions atteint un de ces villages du nom de Mondoungo, lorsque soudain notre oreille fut frappée par un bruit insolite. Il n'y a pas de doute, c'est un vapeur; nous donnons un coup de sifflet, un autre sifflet nous répond et bientôt nous voyons *la France* s'avancer. Désormais nous sommes sauvés. Le capitaine nous explique qu'il n'a pu quitter Bonga pour l'Oubangui qu'avec un retard considérable, car le bateau avait dû porter secours à un des agents de sa maison, qui commandait une factorerie à Loulounga (État indépendant), et qui s'étant rendu dans un village du voisinage, avait été attaqué et blessé de deux coups de sagaie. Très-complaisamment, M. Chaussé met ses vivres à ma disposition et me propose de les partager avec nous, car depuis que nous sommes sur le territoire bonjo, il nous est bien difficile de nous procurer autre chose que du manioc et des bananes. M. Chaussé m'offre de m'emmener à Bangui, mais il y a bien peu de place à son bord et je devrais partir seul. Maintenant que notre bateau marche à nouveau, je juge préférable de ne pas l'abandonner et d'essayer de continuer jusqu'à Bangui. Je demande donc simplement à M. Chaussé de se charger d'une lettre avisant les membres de ma mission de ma prochaine arrivée, et leur disant que si, d'ici à huit jours, je ne suis pas à Bangui, ils aient à m'envoyer des pirogues qui effectueront le transport de mes marchandises jusqu'au poste.

Les indigènes sont très émus de voir deux bateaux amarrés près de leur rive. Jamais ils n'avaient vu un tel déploiement de force et le nombre des blancs, nous sommes sept en tout, leur donne une réelle inquiétude. Pour rassurer le chef, je consens pour une fois à subir l'opération de l'échange du sang, que dans chaque village on voulait nous faire pratiquer, mais à laquelle je me refusais généralement, car elle n'offre aucun avantage sérieux. Cet échange du sang est une sorte de traité d'amitié passé entre les deux parties contractantes, mais ces traités que rien ne sanctionne n'ont qu'une valeur bien minime, souvent nulle, car les chefs de cette région sont tout disposés à la moindre occasion à n'en tenir aucun compte. D'ailleurs, ne sommes-nous pas ici, et jusqu'à Bangui, sur le territoire français, en vertu de conventions passées en due forme en Europe, ce qui vaut mieux que tous les bons ou mauvais vouloirs de tous ces petits chefs sans importance?

Après nous être installés face à face, assis par terre, nous nous pratiquons chacun, le chef et moi, de petites incisions transversales sur l'avant-bras droit. Puis, lorsque le sang est apparu, nous nous frottons les bras l'un contre l'autre en répétant les mots *déko déko*, ce qui veut dire ami. Après quoi, le féticheur nous met sur nos blessures des cendres de feuilles de bananier et la cérémonie se termine par des libations de vin de palme. On apporte un hanap fait d'une grande corne d'antilope (*tragelaphus gratus*), polie et décorée d'anneaux de fer et de cuivre. On le remplit de vin de palme et il faut le vider.

L'état social dans lequel vivent toutes les populations de cette partie de l'Oubangui offre, au point de vue politique de la région, quelques inconvénients sans doute, mais qui sont compensés par de sérieux avantages. Les inconvénients proviennent de ce fait, qu'il n'y a pas de grand chef dont l'autorité s'étende sur tout le territoire et avec lequel on puisse traiter; mais par contre, ils sont compensés par cet avantage considérable, à savoir, que chaque série de villages étant indépendante, on peut être attaqué en un point, sans avoir rien à redouter des populations placées à quelques kilomètres plus loin.

Fig. 59. — Poterie bonjo. — Grande touque à vin de canne à sucre. — Pot pour la préparation des aliments. — Plat en terre; d'après un dessin.

Jamais tout ce peuple ne se liguera pour opposer en masse son action à celle d'une influence quelconque, et il est facile de régner dans un pays qui est ainsi tout naturellement divisé et dans lequel chaque village n'a qu'une action isolée.

Il est inutile, ce me semble, d'insister longuement sur ce fait dont la déduction apparaît clairement aux yeux de chacun. Malgré l'absence de postes, ce signe de l'occupation effective et de l'établissement de notre autorité, on peut, comme on vient de le voir, alors même que l'on est sur un bateau le plus gravement endommagé, cheminer sans coup férir au milieu de ces populations

Fig. 60. — Poterie bonjo : vase double. — Bouteille en terre, d'après nature.

anthropophages, qui passent à juste titre, cependant, comme les plus dangereuses de toute la région.

A mesure que nous avançons, plus près de Bangui, des modifications assez sensibles se produisent dans l'aspect général du pays et aussi dans la végétation. Ce qui frappe tout particulièrement le regard, c'est l'aspect singulier que prennent tous les arbres de la grande forêt qui bordent la rive d'un peuplement intense. Toutes les branches et jusqu'aux moindres ramilles sont couvertes d'une sorte de longs filaments d'un vert très clair, qui pendent en formant comme de longues stalactites. On dirait de loin de gros flocons dont les arbres tout entiers seraient recouverts. Ce sont des algues (*Usnées*) qui croissent sur toutes ces branches. Ces végétaux parasites seraient exploitables; ils forment l'orseille qui est employée en teinturerie. Il y en a des quantités indéfinies.

Au milieu de ces arbres, croissent de très nombreuses lianes à caoutchouc (*Landolfia*) qui ne sont absolument pas exploitées dans cette région.

Souvent, nous avons quelque peine à nous procurer le bois nécessaire au chauffage, car l'eau, franchissant les berges aplanies, s'est répandue en forêt, et il est difficile de courir au loin pour chercher des arbres morts. Fort heureusement, il croît dans toute cette région un arbre de très haute taille, appartenant à la famille des légumineuses et que les indigènes désignent sous le nom d'*Ogana*, dont le bois, quoique vert, brûle avec la plus grande facilité à la condition de l'avoir débarrassé de son écorce; or, celle-ci se décolle sans le moindre effort. Ce bois, qui a une couleur jaune clair, possède au plus haut point la faculté de se fendre, sa fibre étant très allongée. Lorsque l'arbre à moitié scié s'abat, la partie du tronc qui s'est brisée, s'est fendue, en une botte de petits brins semblables à des allumettes, qu'il suffit d'approcher du feu pour voir s'enflammer. En maintes occasions difficiles, cet arbre nous a rendu de grands services.

Fig. 61. — Branche des arbres de la rive couverts d'algues, d'après un dessin.

Les eaux sont tellement hautes que les villages placés sur les bords sont à peine surélevés au-dessus de leur surface et les indigènes, qui n'ont plus la ressource des procédés ordinaires de la pêche à l'aide de nasses et de barrage, la pratiquent d'une façon toute spéciale à cette région.

Dans une pirogue de quatre à cinq mètres de long, un filet, ayant pour côtés des dimensions analogues à celle de la pirogue, est maintenu dans une position verticale à l'aide d'un cadre formé de quatre gaules. Ce filet est construit de petits brins de rotin. Les deux perches verticales qui en soutiennent les deux côtés sont, par une des extrémités, fixées dans le fond de la pirogue, tandis qu'à l'extrémité supérieure est attachée une longue liane, se terminant par une sorte de ceinture en forme de cercle.

Deux hommes suffisent pour manœuvrer cet engin. Armés chacun d'une grande pagaie, les voilà qui montent l'un à l'avant, l'autre à l'arrière de la pirogue, et passant la ceinture de liane autour du corps, ils maintiennent le filet relevé hors de l'eau. A coups de pagaie, ils dirigent la frêle embarcation, qui n'a pas plus d'un pied de large, jusqu'au milieu du courant, et lorsque l'endroit leur semble propice, laissant glisser la ceinture à leurs pieds, ils abattent le filet dans l'eau; celui-ci est immergé à une profondeur d'environ un demi-mètre, et la pirogue *tout entière* est penchée jusqu'à venir raser par son bord la surface de l'eau. Lentement, par petits coups, ils descendent le courant, puis, soudain, lorsqu'ils voient les poissons s'engager au-dessus du filet, ils se baissent, saisissent la liane, relèvent le filet et tout le poisson vient

Fig. 62. — Pêche au grand filet, d'après une photographie.

tomber dans la pirogue. On le ramasse, on le met dans un panier placé à l'arrière et on recommence jusqu'à ce que le panier soit plein. Ce sont généralement de tout petits poissons que l'on prend ainsi; nous en faisions d'excellentes fritures; les indigènes les mangent frais, ou bien, lorsque la pêche est abondante, ils les font sécher au soleil.

A petites journées, nous avançons et ce n'est plus désormais qu'une question de temps, nous sommes sûrs d'arriver à Bangui.

Peu à peu, des modifications se présentent dans la population qui occupe la rive. Celles-ci caractérisent cette subdivision de la race bonjo, à laquelle on a donné le nom de Bouzérou.

CHAPITRE IX

Bangui. — Les Bouzérous. — Résultat des reconnaissances faites par mes seconds. — La rivière M'Pokou. — L'Ombella. — La Kémo.

Être pressé d'arriver au but et voir le temps s'écouler en d'inutiles lenteurs est un tourment de tous les instants, dont tous ceux qui l'ont éprouvé reconnaîtront la cruauté. Lorsque le résultat à obtenir est aussi important que celui que je poursuivais, lorsque je savais que chaque journée perdue donnait le temps aux assassins de Crampel de fuir plus loin, ou de s'organiser mieux, et qu'il me deviendrait impossible peut-être d'obtenir le succès à cause des retards multipliés qui se présentaient devant moi, ce tourment prenait une acuité telle que ma santé en était ébranlée; j'éprouvais de violents accès de fièvre.

Enfin, le dimanche 4 octobre, après une traversée de quarante-sept jours, le brave capitaine Pouplier, qui, lui du moins, avait fait tout ce qui était en son pouvoir pour me faire arriver, m'annonça que, dans quelques heures, nous serions à Bangui. J'allais être à terre, et si la promptitude de mon départ pour le Nord ne dépendait que de moi seul, assurément je ne serais pas longtemps avant de reprendre la vie active.

Le sifflet de la machine annonce notre venue, et dès qu'au tournant de la rive boisée j'aperçois le poste de Bangui, je vois sur la berge tous les blancs assemblés, se détachant sur la masse sombre de mes tirailleurs noirs.

Ce fut avec une joie sincère que je sautai à terre, mais je fus désappointé de ne trouver là ni M. Brunache, ni M. Briquez.

Fig. 63. — Village bouzérou, près Bangui, d'après une photographie.

Le recrutement des pirogues pour la reconnaissance des rivières Ombella et Kémo avait présenté les plus grandes difficultés.

M. Brunache était arrivé le 17 août à Bangui; or, ce n'est que le 9 septembre, qu'enfin avec quatre pirogues venues du haut, il put partir chez les Banziris et envoyer huit autres pirogues pour aller prendre, au poste de la colonie, M. Briquez et le personnel noir, ainsi que les marchandises qui devaient leur faciliter le parcours des rivières. J'étais donc une fois encore arrêté, et il me fallait attendre, pour arriver à réunir tout mon personnel et partir ensemble.

Cette fois encore, je trouvai une consolation, relative du moins, à tant de déboires, en donnant tous mes soins aux collections que j'avais pu réunir pendant le cours de mon long voyage sur la rivière Oubangui. Je fis enfermer, en des caisses soudées, herbier et collections zoologiques; j'y joignis mes clichés, mes croquis et j'expédiai le tout, aux soins du capitaine de la canonnière qui m'avait amené et qui repartait de suite pour Brazzaville. Chaque jour accumulées, ces collections avaient fini par constituer un tout fort important, en ce sens qu'il me permettait d'avoir une notion exacte de la flore et de la faune des bords de la rivière que je venais de remonter si péniblement, et de fournir un ensemble de documents, permettant d'étudier les modifications successives qui se produisent dans celles-ci à mesure que l'on s'éloigne de l'équateur.

Le poste de Bangui, s'il est établi dans un emplacement peu favorable, tant au point de vue sanitaire que sous le rapport du terrain qui ne se prête pas aux cultures, auxquelles il semble que l'on attache trop peu d'importance peut-être, malgré l'intérêt capital qu'elles présenteraient si elles étaient bien conduites, est placé dans une situation exceptionnellement pittoresque.

Les bords de l'Oubangui, jusque-là désespérément bas et uniformes, laissant aux eaux le loisir de s'étendre librement sur ses rives aplanies, s'élèvent bientôt en un chaos de montagnes, pointant de tous côtés leurs sommets, limitant la vue. L'Oubangui même, dont le cours, calme à l'excès, prend souvent l'aspect d'un vaste lac, mugit ici en déversant brusquement ses eaux au-dessus d'un seuil resserré. L'ensemble de ces montagnes forme un cirque à si bref rayon qu'on se demande si cette rivière, immense cependant, ne prend pas là sa source, car de prime abord pas une vallée ne semble assez large pour la laisser passer. C'est que, brusquement resserrée, la rivière se dirige subitement vers

Fig. 64. — Seuil et îlot de Bangui, d'après une photographie.

l'Est, faisant à cet endroit un coude accentué. Et toutes ces montagnes couvertes d'arbres superbes que les lianes enlacent, et la grande rivière, mugissant comme furieuse et écumante de rage de voir son courant déchiré par les dents acérées des roches qui la barrent, donnent à l'ensemble un aspect saisissant, dont l'œil émerveillé n'est jamais lassé, et qui contraste puissamment avec le paysage si calme, avec les rives si aplanies, trop calmes et trop aplanies peut-être, de toute la région en aval.

Tout près des roches du seuil qui barre la rivière, formé de gros blocs de quartz laiteux, que les dépôts ferrugineux des eaux ont rougi à la surface, le courant dans un immense remous a déposé un large banc d'un sable fin, où brillent des paillettes de mica et qui recouvrent le fond argileux du sol. C'est sur ce banc que le poste a été établi. Il a eu, d'ailleurs, un sort mouvementé, ce poste de Bangui. C'est, en deux ans, le troisième emplacement qu'il occupe et, disait-on, il était encore sur le point d'être transporté. Autrefois situé plus bas, on parlait maintenant de l'établir au-dessus des rapides. Cependant, un poste d'occupation est indispensable en aval de ces rapides, car les bateaux ne peuvent normalement aller plus loin. Il faut de bonnes machines pour franchir le courant aux hautes eaux, et lors de la baisse, une pirogue a de la peine à trouver les passes. Toute la navigation du haut de la rivière est donc fermée aux bateaux, et s'il n'existait pas un poste près du seuil, toute la partie en amont ne serait reliée au bas Oubangui et au Congo que par des courriers aléatoires et forcément irréguliers.

La situation du poste de Bangui serait donc bonne si malheureusement ce banc, au sol infertile et trop limité pour permettre d'y établir des plantations, n'était encore rendu peu salubre par la présence d'une sorte de marais aux eaux croupissantes, qui entoure le poste, le séparant complètement de la montagne qui s'élève derrière. Il en résulte que le séjour en est extrêmement malsain, et pour mon compte je ne l'ai jamais supporté sans payer un large et dur tribu à l'impaludation. Encore ai-je toujours eu la bonne chance de n'avoir que des accès sans gravité, tandis que j'ai eu l'occasion de constater, dans l'espace d'un mois, trois accès de fièvre bilieuse hématurique grave, alors que le total des Européens s'élevait à sept.

A ces modifications aussi profondes de configuration et d'aspect du pays, je devais m'attendre à voir s'associer des changements brusques dans la flore et la faune. Je ne tardai pas à les constater. C'est là comme l'entrée de la partie centrale de l'Afrique, toute différente des régions basses. Plus d'une espèce zoologique ou botanique trouve là, dans un sens comme dans l'autre, sa limite naturelle. A partir de ce point, je constatai chaque jour la présence d'espèces que je n'avais pas encore rencontrées, comme la disparition de celles qui, plus bas, se présentaient sans cesse à ma vue.

Depuis le Gabon jusqu'au Congo et du Congo jusqu'au haut Nil, le buffle semble communément répandu; mais malgré l'énorme espace qu'occupe son aire géographique, cette espèce est partout uniforme. C'est le même buffle qui, au Cap, est domestiqué. Sa chasse est une des plus dangereuses, sinon même la plus dangereuse, de toutes celles que l'on peut faire dans le centre africain, où les grands animaux ne manquent pas cependant.

Fig. 65. — Buffle et bœuf sauvages, d'après nature.

Lorsqu'il est attaqué, presque toujours il charge le chasseur et, si un coup mortel ne l'arrête dans son élan, il s'acharne après son agresseur. Bien souvent, ces chasses sont suivies de mort d'homme. Un de mes noirs, ayant blessé un de ces buffles, fut chargé par lui et reçut un coup de corne, qui lui traversa la cuisse; il aurait certainement eu à subir d'autres blessures s'il n'avait réussi à foudroyer la bête d'un nouveau coup de feu, tiré à bout portant.

Dans tous les amoncellements de crânes que les Boubanguis et les Bonjos dressent dans leurs villages, je n'ai jamais vu de crânes d'autres bovidés. Cependant, je devais bientôt acquérir la preuve tangible qu'il en existait d'autres. Des chasseurs, que j'avais envoyés en pirogue au-dessus des rapides, me rapportèrent la dépouille d'un véritable bœuf. Sa robe est d'un jaune foncé passant au brun sur le cou et la tête, les oreilles sont grandes et ce qui, à première vue, le distingue du buffle, c'est que les cornes, au lieu de s'insérer largement sur le front, sont implantées sur le sommet de la tête. La chair de ce bœuf est douée d'une forte odeur de musc, au point de la rendre immangeable, même lorsque l'individu abattu est une femelle.

Les singes sont abondants dans cette région, mais ils se rapportent tous aux espèces rencontrées plus bas sur l'Oubangui. Celui qui, à beaucoup près, est le plus commun est un cercopithèque gris à queue rouge (*Cercopithecus ascanias*).

J'avais donné l'ordre de rechercher les singes avec grand soin et cela dans l'espoir de me voir apporter un jour un spécimen d'une grosse espèce, un anthropomorphe sans doute, dont j'avais trouvé un crâne aux environs du poste. Mais toutes les chasses que je fis, ou que je fis faire ne me donnèrent pas les résultats que j'espérais obtenir. J'arrivai à avoir, en l'espace de trois semaines, une cinquantaine de singes, mais à peu près tous, se rapportant soit à l'espèce que je viens de nommer, soit à des espèces voisines. Un jour cependant, je ne fus pas peu surpris de rencontrer et de tuer un gros cynocéphale papion; c'était la première fois qu'il m'était donné de constater la présence de cette espèce qui, comme on le sait, est commune dans la partie occidentale de l'Afrique, et notamment en Gambie.

Une petite espèce d'antilope, ne dépassant pas $0^m,50$ de haut au garrot, au poil d'un gris souris, est commune près de Bangui; j'en fis préparer quelques peaux.

J'eus deux phalangers, et ce fut une bonne chance qui me les fit rencontrer, car, de l'aveu même des indigènes, ils sont très rares dans le Congo. Mes Balalis et des Loangos, à qui je les montrai, ne les connaissaient pas.

D'ailleurs les mœurs de ce mammifère font qu'il reste partout peu connu. Bien que tenant l'intermédiaire entre les écureuils et les chauves-souris, il est loin d'avoir la vivacité d'allures des uns ou des autres de ces animaux. Le jour, il dort suspendu par les quatre membres au-dessous d'une branche, avec laquelle son pelage gris l'identifie et le rend, par suite, fort difficile à découvrir. Il ne se met en mouvement qu'au crépuscule et, alors encore, ses allures sont lentes; il pousse, par intervalles, de petits cris aigus, se promène lentement le long des branches, puis subitement prend son vol et s'élance parfois à plus de cent cinquante mètres au sommet de quelque grand arbre.

Fig. 66. — Petite antilope (*Cephalophus melanorheus*), d'après nature.

Je n'entreprendrai de donner ici ni la description ni même la liste des nombreuses espèces de petits rongeurs, dont plusieurs étaient d'espèce nouvelle, que je pus me procurer; qu'il me suffise de dire que mes récoltes furent bientôt très complètes. Il en fut de même pour les oiseaux: j'en recueillis un nombre très grand et beaucoup d'entre eux présentaient un haut intérêt, soit parce qu'ils appartenaient à des espèces encore complètement ignorées, ou dont la présence en ces lieux me donnait des indications précieuses sur leur distribution géographique.

Trop souvent, on est porté à n'accorder toute son attention à une espèce qu'en tant qu'elle semble être ou nouvelle ou du moins rare et peu connue; cependant, il y a parfois un intérêt plus grand encore à constater la présence, en tel ou tel point du globe, d'espèces habitant d'autres régions connues; on en déduit des considérations générales de la plus grande utilité, au point de vue de l'histoire naturelle étudiée dans son ensemble. Trop souvent, notre esprit est porté à particulariser, pour qu'il ne puisse y avoir intérêt à lui fournir des éléments de généralisation.

Fig. 67. — Phalanger des environs de Bangui (*Anomalurus erythonotus*), d'après nature.

De toutes les espèces zoologiques, celle appartenant au genre homme présente certainement le moins d'intérêt. Abâtardis, sans caractère propre, je ne puis mieux définir ces hommes qu'en disant que ce sont des Bonjos dégénérés, dont ils n'auraient conservé que la laideur, que les défectuosités, sans les compenser même par la force et l'aspect viril. Depuis le Loango, je n'avais rencontré de race aussi avilie.

Cette population de Bouzérous ou Bouzrous est chétive, sale et laide. Les hommes comme les femmes sont à peine vêtus. Ces dernières ne portent plus ces pagnes élégants des femmes bonjos, lesquels, faits de longues franges multicolores, leur donnent cet aspect de ballerines dont j'ai parlé. Ce ne sont plus que deux petites

Fig. 68. — Pirogue bouzéroue, d'après une photographie.

toùffes de filasse, suspendues l'une devant, l'autre derrière, au moyen d'une cordelette quelconque, et laissant les flancs et les cuisses à découvert. Elles sont généralement maigres, chétives, vieilles de bonne heure et flétries dès le jeune âge. Aux femmes bonjos elles n'ont pris que ce que celles-ci avaient de plus laid : la détestable habitude de s'arracher les incisives supérieures et de s'épiler complètement les paupières. Est-il utile d'ajouter qu'elles sont franchement laides? — C'est une déduction que chacun aura faite, surtout quand j'aurai dit encore que, le plus souvent, leur tête est rasée presque totalement, en ne réservant que quelques dessins en forme de croissant sur les côtés ou un petit carré sur la partie postérieure.

Les hommes sont petits, assez chétifs; comme les femmes, ils s'épilent les paupières et s'arrachent les incisives supérieures. Les jeunes gens se rasent la tête en y réservant des dessins divers. Plus tard, la chevelure est conservée courte. J'ai remarqué bon nombre d'individus portant une moustache longue de plusieurs centimètres. Leur brachycéphalie, la forme globuleuse de leur tête, les rapproche beaucoup des vrais Bonjos. On s'est plu à multiplier presque à l'infini les soi-disantes races en leur conservant les noms que portent les diverses tribus, lesquels leur viennent de celui de leur chef; c'est ainsi que, rien que pour la région qui environne Bangui, on aurait les N'Gombé, les Bouzérous, les Boboya, les Bouakas, etc., mais c'est là chercher bien inutilement à compliquer les choses au lieu de les simplifier, et cela pour la seule satisfaction, si toutefois satisfaction il y a, de citer des noms nouveaux. Tout au plus peut-on admettre ces diverses tribus comme étant des subdivisions, parfois même peu distinctes, de la race bonjo et, dans tous les cas, ces subdivisions ne trouvent leur caractéristique que dans leurs coutumes ou leur façon de s'orner et nullement dans des différences crâniologiques. Sont-ce là des caractères dont il faille tenir compte? Peut-être, mais dans tous les cas en ne leur accordant que la valeur relative qu'ils méritent.

Quoi qu'il en puisse être de ces considérations générales, l'analogie qui relie les Bouzérous aux Bonjos se poursuit jusque dans maint détail de moindre importance. C'est ainsi que leur seul vêtement consiste en un pagne fait d'écorce, martelée à l'aide de ces pilons en ivoire massif, que l'on trouve un peu partout sur les rives de l'Oubangui. Leur figure est exempte de tatouages. Les ornements consistent surtout en colliers de perles de cuivre de forme allongée, que l'on trouve plus bas. Souvent aussi, ce sont des dents de chiens, de singes, de buffles et plus rarement des dents humaines. Cependant, les Bouzérous sont anthropophages, nul doute ne peut exister à cet égard. Les crânes qui ornent leurs cases sortent de la marmite et, d'ailleurs, il n'est pas besoin d'insister beaucoup pour leur faire avouer leur goût pour la chair humaine.

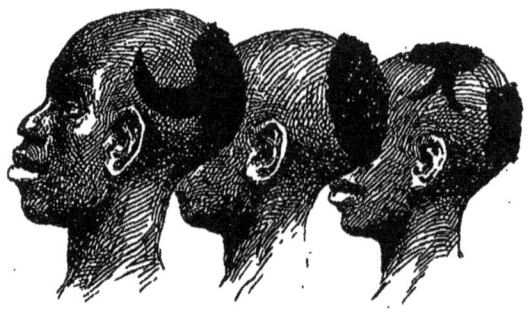

Fig. 69. — Coiffures des jeunes Bouzérous, d'après un dessin.

Tout le monde a encore présente à la mémoire la fin tragique de l'infortuné chef de poste Musy qui, s'étant imprudemment aventuré avec une escorte insuffisante, fut tué et mangé dans le village de Salanga, peu éloigné du poste de Bangui.

Les armes des Bouzérous n'ont pas de caractères qui leur soient propres : ce sont sensiblement les mêmes que celles des Bonjos, mais d'un choix inférieur.

Ici, comme chez tant d'autres peuplades, ce sont les femmes qui sont chargées de la culture du sol. Les principales plantations consistent en bananes et en maïs; elles couvrent souvent des surfaces considérables. Chaque jour, il vient au poste un nombre important de petites pirogues, montées par quatre pagayeurs, hommes ou femmes, qui rament debout et amènent quantité de bananes et de maïs; mais à cela se bornent presque les produits vendus par les indigènes; ce n'est qu'exceptionnellement que l'on peut obtenir des patates, des ignames, des poules, des œufs. Pour ce qui est des chèvres, elles ont une grande valeur et ce n'est que bien rarement qu'ils consentent à s'en dessaisir.

Les perles et les cauris leur servent de monnaie pour leurs transactions avec les peuplades voisines, aussi les recherchent-ils ; ils demandent aussi des étoffes, du fil de laiton servant à faire des ornements, des glaces, des clochettes, etc.

Cependant, tous les retards que nous subissions ne se traduisaient pas en une perte absolue de temps : pendant qu'aidé de mon préparateur, M. Chalot, j'étudiais le plus complètement possible l'histoire naturelle de cette intéressante région, en réunissant un grand nombre de documents, que MM. Brunache et Briquez visitaient les rivières Ombella et Kémo, M. Nebout parcourait la rivière M' Pokou. L'étude qu'il m'en présenta me renseigna complètement sur la direction de son cours et sur son importance.

Parti de Bangui, le 18 septembre, M. Nebout ne put remonter la rivière que jusqu'au 24 au soir : un rapide d'une violence extraordinaire limita sa marche. Sur tout le parcours de la rivière, le courant a une rapidité telle que ce trajet, qui avait exigé sept journées complètes à la montée, fut effectué en une course vertigineuse d'une seule journée à la descente.

Ce voyage, tout court qu'il était, n'en présentait pas moins un intérêt réel, et cela pour la double raison que, d'une part, cherchant a me renseigner sur le cours de toutes les petites rivières avoisinant Bangui, afin d'arriver le plus haut possible et me rapprocher directement de la ligne de partage des eaux du bassin de l'Oubangui et du versant nord, j'acquis la certitude qu'il n'était pas utile de pousser de reconnaissance plus importante de ce côté ; que, d'autre part, j'obtins de la sorte des renseignements circonstanciés sur les habitants de cette région, ce qui dans une étude générale ne pouvait manquer d'avoir sa valeur.

Dans toutes les parties basses ou moyennes, les deux rives sont habitées par la même peuplade qui avoisine Bangui : ce sont encore des Bouzérous. Ceux-ci ne se cantonnent donc pas seulement sur les berges de la grande rivière, mais pénètrent encore dans l'intérieur, c'est partout cette même race amoindrie dont j'ai parlé. Comme je le disais, l'anthropophagie est tellement dans les mœurs de ces sauvages que lorsqu'au retour, M. Nebout congédia les quatre guides que lui avait donnés le chef d'un village situé près de l'embouchure, ceux-ci lui reprochèrent de n'avoir pas tué quelques hommes quand ils étaient en haut de la rivière pour les manger dans leur village au retour et faire la fête. Ce

Fig. 70. — Population bouzéroue : Vase en terre. — Plaque en cuivre servant à orner les casques. — Casque en peau de chèvre, d'après nature.

manque d'égard de la part de M. Nebout leur semblait une marque de mécontentement, qu'ils n'avaient cependant pas méritée, disaient-ils. Ils ne comprenaient pas davantage pourquoi, alors qu'à la vue du blanc les habitants fuyaient et abandonnaient tout dans leurs villages, on ne les avait pas laissés prendre un peu de butin. Tous ces hommes primitifs ne comprennent les voyages et les déplacements qu'à la condition d'en pouvoir tirer un profit immédiat, et chez eux l'idée de pillage s'attache forcément à la pénétration dans un village qui n'appartient pas à des hommes de leur tribu. Il n'est donc pas étonnant de voir des craintes si vives se manifester à notre arrivée au milieu de nouvelles peuplades. Pour eux, à coup sûr, du moment que l'on vient de si loin et avec des forces importantes, ce doit être pour tirer quelque profit de tant de fatigues, et le seul profit qu'ils connaissent, c'est le pillage.

Comme je le disais, chez eux l'anthropophagie ne semble pas d'ailleurs constituer un acte répréhensible. Ils ne voient dans le fait de manger de l'homme que celui de manger de la viande, ce qui est l'acte le plus désirable. Tout ce qui a vie est consommé par les Bouzérous; c'est ainsi qu'un jour M. Nebout ayant prêté à ses guides la casserole dans laquelle il faisait cuire ses aliments, s'aperçut qu'elle servait à faire bouillir d'horribles vers blancs, dont ici, comme presque partout au Congo, les indigènes sont très avides. Il vit un jour au début de son voyage un affreux petit chien galeux, pelé, auquel une femme donnait le sein.

Mais quelle était la raison de cette preuve si irrécusable de tendresse et d'attachement? Elle n'est pas du tout difficile à trouver. La tendresse des Bouzérous pour les chiens est si grande, que dès que ceux-ci arrivent à peu près à leur complet développement, après les avoir soignés et cajolés, ils les étranglent et, tout entiers, sans même les vider, ils les grillent au-dessus d'un bon feu pour s'en régaler ensuite.

Dans la partie haute de la rivière, sans changer beaucoup d'aspect, les indigènes montrent cependant quelques modifications, qui semblent indiquer comme une transition graduelle, conduisant vers les peuples de l'intérieur que les Bouzérous nomment M' Bris. C'est ainsi qu'aux cases rectangulaires et aux toits à deux pentes succèdent des huttes, assez mal faites d'ailleurs, de forme circulaire, avec un toit conique. Mais si les habitations changent d'aspect, les habitants restent cependant sensiblement les mêmes. C'est à tort que l'on a le plus souvent considéré chaque peuplade comme formant un tout homogène, exempt de mélange. Ces délimitations nettes n'existent que lorsqu'un peuple émigre et vient s'implanter au milieu de populations avec lesquelles il ne prend pas de contact amical. C'est ainsi que l'on voit dans le haut Oubangui les Banziris se détacher d'une façon marquée, au point que nulle confusion n'est possible, des Langouassis, peuplade qui les limite du côté de l'intérieur. Si, au contraire, les relations restent amicales,

les mélanges ne tardent pas à se produire. Il est singulier, pourrait-on dire, qu'il en puisse être autrement dans certains cas. En effet, la femme est considérée partout comme marchandise d'échange, marchandise de choix, de valeur, assurément, mais marchandise néanmoins. Elle vaut plus ou moins qu'un fusil, qu'un porc, qu'une pointe d'ivoire, que deux chèvres. Or, la femme n'est jamais consommée; ce rôle inférieur est réservé à l'homme, si bien que l'on peut dire que la guerre elle-même ne crée pas une barrière au mélange des peuplades, car les femmes prises en butin n'ont jamais à se plaindre de leur sort : elles sont données en mariage à tel ou tel esclave du chef.

Mais, dira-t-on, ce n'est donc là qu'un mélange qui s'opère entre esclaves. Oui, le plus souvent, à moins encore que la femme prise ou achetée ne soit conservée par quelque homme libre. Mais, dans l'un comme dans l'autre cas, le résultat est bien le même parce que, comme j'aurai bien des fois l'occasion de le démontrer, l'esclave tel qu'on se le figure en Europe, tel qu'était réellement le noir transporté chez les planteurs des Iles ou de l'Amérique, n'existe pas en Afrique. Que de fois j'ai eu par la suite à traiter avec d'anciens esclaves devenus des chefs influents, et cela non par quelque coup imprévu de la fortune, mais régulièrement et par la légalité la plus absolue!

Un esclave de chef reçoit de celui-ci, dans la généralité des cas, une femme, une case et un coin de terre. Si la femme travaille bien la terre, si l'homme est soigneux, intelligent ou habile pêcheur ou chasseur, il amasse et, s'il est économe, il a bientôt de quoi acheter à son tour des esclaves, auxquels il donne des femmes et qui travaillent pour lui. Et, en peu de temps, le chef du village est obligé de compter avec cet esclave travailleur; il lui demande bien encore de lui prêter de ses sujets pour tel ou tel travail, mais que le chef vienne à mourir et l'esclave riche s'affranchit tout à fait. Bien mieux, parfois, s'il est très riche et s'il a su prendre de l'influence, il arrive à succéder au chef. Et ce n'est pas là un cas isolé dans tel ou tel village, c'est, au contraire, bien souvent ainsi que les choses se passent normalement.

Les rapides qui barrent la rivière M'Pokou, son courant de foudre, la rendent peu propre à la navigation; sa direction insuffisamment nord à mon sens, tout contribuait à me montrer cette voie comme ne pouvant être suivie pour atteindre le but proposé. J'attendais donc avec d'autant plus d'impatience le retour des membres de ma mission, qui visitaient les rivières situées au-dessus des rapides.

Le 15 octobre, je vis enfin revenir M. Brunache. Il avait poussé une reconnaissance dans l'Ombella et la Kémo et les résultats qu'il m'apportait semblaient favorables. Au retour, il avait, conformément à mes indications, laissé les porteurs et une partie de l'escorte sur les bords de l'Oubangui entre l'embouchure des deux rivières, et là M. Briquez s'occupait de créer un petit poste de transition, où je pourrai provisoirement accumuler mes marchandises et concentrer mes hommes.

La rivière Ombella, qui à son embouchure ne mesure pas plus d'une soixantaine de mètres, est cependant navigable sur un parcours d'environ 70 kilomètres aux eaux hautes, ce qui doit réduire son cours navigable à bien peu de chose à la saison sèche, d'autant que cette année la crue de l'Oubangui et de ses affluents avait pris une importance tout à fait inaccoutumée. A l'embouchure, et pendant les deux premiers jours de parcours en pirogue, les rives sont habitées par une population d'assez faible importance, qui prend le nom de Sabangas. Leurs voisins, les Ouaddas, leur font une guerre continuelle, pour s'emparer de l'ivoire qui y semble abondant, et prélever des esclaves.

A mesure que les berges s'aplanissent, que les escarpements, mettant les cases à l'abri de l'envahissement des hautes eaux, disparaissent, les villages deviennent plus rares et s'éteignent bientôt sur ces rives; si bien, que peu à peu, elles deviennent complètement désertes. Et les eaux gagnent, s'étendant en des plaines immenses qu'elles recouvrent, les transformant en une sorte de marécage, où s'ébat un nombre considérable de palmipèdes et de grands échassiers.

Est-ce la présence de ces immenses marais, dans lesquels les

Fig. 71. — Le paysage prend un aspect désolé.

pirogues peuvent naviguer, qui a fait croire qu'il existait en ce point un lac désigné sur toutes les cartes sous le nom de lac Liba? Je ne sais, mais dans tous les cas il ne semble pas exister dans toute la région une étendue d'eau suffisamment considérable pour qu'elle soit digne de prendre ce nom de lac. A l'Ouest comme au Nord, le terrain s'élève bientôt et, pour ce qui est de toute la partie comprise entre l'Ombella et la Kémo, je l'ai parcourue plus tard dans tous les sens et je puis affirmer qu'il n'en existe pas; bien au contraire, le terrain s'exhausse en un soulèvement de collines. J'ai souvent demandé aux indigènes s'ils connaissaient la présence de ce lac, mais nul ne l'a vu.

Puis les plaines, devenant plus hautes, sont remplies de palmiers éventails (*Borassus*); mais soit que le feu, que les chasseurs d'éléphants ne manquent pas d'allumer deux fois l'an pour le moins, les ait cruellement atteints, soit que, comme dans les îles du Stanley Pool, les indigènes soient venus les inciser de leurs serpettes pour les saigner à mort et en tirer le vin de palme dont ils sont si friands, tous ces palmiers ne sont plus que des cadavres qui élèvent lamentablement leur tronc dénudé que nulle feuille ne couronne plus. Le paysage prend là un aspect triste et désolé. La main des indigènes a semé la mort et la dévastation là où la nature avait enrichi son tableau de larges et splendides frondaisons. Les rives sont désertes. Plus de villages, et partant plus de nourriture, si bien, qu'à moins d'emporter une très grande quantité de vivres, une colonne de quelque importance ne peut s'engager dans cette voie. Cependant, ce n'est pas sans regret que j'y renonçai; c'est qu'en effet la direction de la rivière était précisément celle que je recherchais, c'est-à-dire Nord-Nord-Ouest.

Les renseignements que j'obtins sur le compte de la rivière Kémo devaient me déterminer plus tard à accepter ce cours d'eau pour m'avancer vers le Nord, malgré l'obliquité de son cours dont la direction générale était Nord-Nord-Est; mais du moins étant plus large et plus profonde que l'Ombella, ayant, sur ses rives une population dense, je devais trouver là le moyen de nourrir toute ma colonne pendant un temps prolongé et obtenir même des vivres pour m'avancer plus avant lorsque je serais forcé d'abandonner la voie d'eau pour prendre une ligne de terre.

Fixé désormais sur le chemin à suivre plus tard, je hâtai le plus possible les préparatifs de départ. Il me tardait de prendre la voie suivie par Crampel et d'obtenir sur son compte des renseignements précis.

Mes forces étaient faibles et il pouvait se faire que je rencontrasse des ennemis nombreux et armés, peut-être même de fusils à répétition ayant appartenu à la mission. Je ne me le dissimulai pas, c'était là tenter une aventure dont nous ne pouvions sortir victorieux que si le sort nous favorisait. Cependant d'hésitation je n'en pouvais avoir. J'étais parti de France avec le programme d'aller secourir Crampel. Son personnel était massacré, disait-on. Il me fallait en acquérir la certitude et s'il était possible, chercher à en rapporter des preuves matérielles; à ce compte seulement, j'étais en droit de considérer ma tâche comme terminée. Mais si tout me poussait à marcher de l'avant, je ne devais pas oublier qu'à tout prix il me fallait le succès et si par mon imprudence je subissais un échec, je devais en supporter la lourde responsabilité. Une nouvelle défaite atteindrait gravement en France l'idée qui présidait à ces explorations. Peut-être alors se lasserait-on; peut-être, comme on a eu le tort de le faire après le massacre de la mission Flatters, si j'échouais, l'opinion publique réclamerait-elle impérieusement la fin de toutes ces explorations.

Préoccupé des conséquences graves que pouvait amener l'insuccès, je souhaitais ardemment d'avoir une réponse à la dépêche que j'avais envoyée de Brazzaville à M. le sous-secrétaire d'État aux colonies. J'eus la joie de voir arriver un vapeur belge avant mon départ de Bangui; il m'apportait un courrier, contenant une lettre de M. de Brazza, dont voici le texte:

« Loango, 11 août 1891.

Le commissaire général du Gouvernement à Monsieur Jean Dybowski, chef de mission.

« Monsieur,

« J'ai l'honneur de vous informer que, conformément à votre demande, j'ai expédié, à la date du 4 août, votre télégramme, ainsi conçu, au Ministère : « Désastre Crampel certain, vais continuer sauf instructions contraires ».

« A ce télégramme j'ai ajouté que je demandais la réponse pour le 6 août au plus tard.

« Or, lorsque, le 7, j'ai quitté Libreville, aucune réponse n'était arrivée, et dans l'intervalle, j'ai reçu réponse à des télégrammes ordinaires de service, du département.

« Vous allez donc continuer la marche de M. Crampel. Je vous envoie mes souhaits de succès.

« Je regrette que l'annonce des pertes subies par M. Fourneau et la nouvelle du désastre de M. Crampel soient venues augmenter encore les difficultés que je vous avais signalées, à votre passage à Libreville, au sujet des moyens de transport au delà de Bangui.

« Recevez, etc.

« P. S. DE BRAZZA. »

Je pouvais donc désormais marcher en avant, comme j'en avais le vif désir, et cela sans qu'on puisse plus tard me blâmer de m'être ainsi lancé dans une aventure, dont les conséquences étaient hasardeuses et le succès problématique, puisque j'obtenais, par le silence que l'on gardait, une sorte d'approbation tacite, bien faite pour m'enlever toute hésitation.

Le vapeur *l'Alima*, qui avait conduit la mission Crampel jusqu'au village de Bembé au coude nord de l'Oubangui et que j'aurais désiré garder, n'avait pu être mis à ma disposition par l'administration, lors de son voyage à Bangui. Le capitaine avait reçu l'ordre formel de ne pas dépasser le poste et d'avoir à revenir immédiatement à Brazzaville.

Je dus donc envoyer un des membres de ma mission recruter des pirogues au-dessus des rapides, chez les Banziris. Toute une petite flottille fut bientôt à ma disposition et le 25 octobre, de grand matin, après avoir fait procéder au chargement, nous partîmes enfin. Chaque pirogue ne portait, en plus des pagayeurs banziris, que dix de mes hommes et quelques charges.

CHAPITRE X

Départ de Bangui. — La marche en pirogues. — Les villages bouzérous. — Les rapides de Mokouangué. — Le poste des Ouaddas. — Population ouadda. — Les Banziris.

On ne peut embarquer devant le poste, car en amont, à une centaine de mètres, se trouve le premier rapide formé par cette sorte de seuil rocheux par-dessus lequel les eaux se déversent. Les pagayeurs banziris, qui sont venus jusqu'au poste pour y camper, attendant notre départ, vont faire repasser les brisants à leurs pirogues. Une liane longue et forte est amarrée en avant, et tous unissent leurs efforts pour forcer la passe difficile. Une à une, les embarcations sont poussées jusque dans le torrent, puis toute cette foule, d'une cinquantaine de pagayeurs, se jetant à l'eau et saisissant la liane, moitié nageant, moitié s'arc-boutant aux pointes des roches qui font mugir les eaux écumantes, finit par forcer le passage. La pirogue est pleine d'eau, et faite d'un bois pesant, elle coulerait, si, rapidement l'eau n'était rejetée au dehors. L'opération renouvelée amène bientôt toutes les pirogues le long de la rive de cette sorte de grand lac aux eaux calmes que l'on a appelé la baie des Crocodiles. Les colis ont été transportés par terre jusque sur le rivage. Des hommes partis sous bois ont été couper des brassées de rondins, que l'on dispose sur le fond des pirogues pour éviter que nos colis ne viennent à se mouiller, si par accident l'eau embarque encore. Dans chaque pirogue, on place 30 à 40 charges au milieu, et, entre tout cet amoncellement, on réserve une petite place, où, sur une caisse, le plus bas possible, pour ne pas donner de ballant à la pirogue, un Européen va s'installer. Un seul par pirogue, c'est tout ce qu'il en peut tenir avec quelques-uns de nos noirs.

Tout est prêt, et soudain tous ensemble, abattant les perches dans l'eau, ébranlent les frêles esquifs, qui se mettent en route. C'est un spectacle saisissant que celui de voir toutes ces pirogues chargées d'indigènes, pagayant d'un mouvement rapide et cadencé sur cette rivière immense, bordée de montagnes aux flancs noirs tout couverts qu'ils sont des arbres de la grande forêt, et par un vif contraste, se détachant sur ce paysage grandiose et d'une sauvagerie étrange, les gaies couleurs de notre pavillon, flottant au-dessus de chaque pirogue, jettent leur note claire. Ah! comme il fait bien ici encore, le cher drapeau!

Les Banziris, qui sont venus avec leurs pirogues me chercher à Bangui, et en compagnie desquels je vais vivre pendant quelque temps, constituent une race véritablement remarquable : leur aspect robuste et sain, leur physionomie ouverte, le regard franc et clair de leurs beaux yeux, séduisent dès le prime abord. Quand je les vis pour la première fois au poste que je venais de quitter, ils contrastaient si violemment avec cette détestable population locale des Bouzérous, que je me sentis tout de suite pris d'enthousiasme pour eux. Je puis dire que maintenant, les connaissant mieux, ayant eu avec eux de nombreuses et longues relations, je leur ai conservé mes sympathies du premier moment.

Habitués, dès le plus jeune âge, à l'exercice violent de la manœuvre de la pagaie et de la perche, leur corps se développe sain, vigoureux et bien musclé. Rien n'est amusant comme de voir des bambins ayant tout au plus cinq ans, assis dans une toute petite pirogue et armés d'une minuscule pagaie, s'en aller promener à l'aventure sur la grande rivière, manœuvrant de droite et de gauche, écartant les obstacles, remontant même le courant comme si c'était chose la plus simple. Et dès le jeune âge entraîné à ces exercices sains, leur corps acquiert une souplesse et une vigueur extraordinaire. Les Banziris, presque tous au-dessus de la moyenne, ont les muscles bien accusés, saillants, sans l'exubé-

Fig. 72. — Pagayeurs banziris au poste de Bangui, d'après une photographie.

rance athlétique des Bonjos, cependant. La taille est souple, bien prise et cambrée. Le seul reproche que l'on puisse faire à l'ensemble de ce corps est l'état un peu grêle des membres inférieurs. La raison en est peut-être dans ce que c'est un peuple exclusivement de pagayeurs qui travaillent plus des bras que des jambes.

L'harmonie de la figure est telle que, s'ils étaient blancs, chacun dirait de ces adolescents : Ah! les beaux garçons! Mais l'on s'habitue vite à la couleur noire; et autant au début, tous ceux qui apparaissent semblent uniformes, autant peu à peu on reconnaît la physionomie et le caractère propre de chacun d'eux. Cette sensation est réciproque, d'ailleurs, et les noirs qui sont peu habitués à voir les blancs, les distinguent difficilement les uns des autres, à moins que ceux-ci ne présentent des caractères très saillants, qui leur permettent de les reconnaître à première vue, tels que par exemple une taille exceptionnellement élevée ou réduite, l'absence ou la présence de la barbe, la calvitie, etc.

Les Banziris n'ont nullement ces caractères que l'on est habitué à trouver chez les nègres. Leur nez est droit et les ailes seules en sont un peu élargies. Les lèvres, moyennement épaisses, légèrement relevées aux coins, laissent, dans le rire qui les anime souvent, découvrir de belles dents qui, malheureusement chez certains individus, sont taillées en pivots, prenant l'aspect de dents de carnassiers.

Fig. 72. — Objets banziris. — 1, couteau. — 2 à 6, sagaies. — 7, couteau avec gaine. — 8, marteau-pilon en ivoire. — 9, pagaie. D'après nature.

Le profil est droit sans prognatisme.

Ce qui surprend, sans choquer cependant, c'est la coiffure toujours très compliquée qui orne leur tête, et dans laquelle les perles de couleurs diverses rentrent en combinaisons habiles. Et ce sont alors des boucles ou des plaques en damier, aux couleurs symétriquement répétées et toujours disposées avec une régularité géométrique absolue. Tantôt ces plaques occupent les deux côtés de la tête, tantôt, au contraire, ce sont des lignes longitudinales, formant des sortes de crêtes sur le sommet. Lorsque les cheveux sont réunis en boucles perlées, la tête entière en est couverte.

Cette coiffure est en même temps leur plus bel ornement et leur richesse. Aussi lorsque l'épouse, travaillant à belles journées, a terminé un de ces chefs-d'œuvre de patience, l'heureux possesseur de cet ornement, tant envié et admiré, recouvre-t-il, pour les heures de travail, ce petit édifice d'une sorte de bonnet fait d'écorce martelée, que ceux, qui sont épris de modernité, remplacent par des étoffes européennes. Il y a dans cette coiffure un véritable trésor pour un Banziri, qui, à un moment

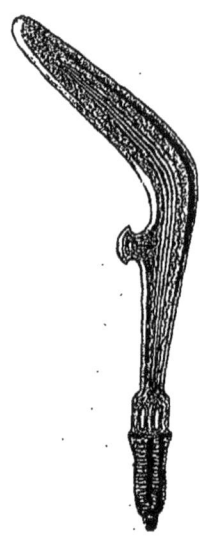

Fig. 74. — Couteau-serpe des Banziris, d'après nature.

donné, le retranche pour servir à quelque achat ou au paiement d'une dette de jeu; car, ici, en quelques heures d'entraînement, les fils de famille perdent leur fortune. J'ai pu acheter quelques-unes de ces plaques et les rapporter tout entières, avec les cheveux qui y étaient adhérents. Le jeu favori auquel se livrent les Banziris, pendant des heures, sans jamais se lasser, consiste à prendre en main un certain nombre de coquilles ou de cailloux et à les jeter en l'air, en faisant claquer les doigts. Les fragments tombent pile ou face, et l'enjeu passe à l'un ou à l'autre des joueurs. Autour de ces petits Monaco, il y toujours galerie nombreuse, pariant pour tel ou tel partenaire.

Les perles qui ornent les cheveux constituent la principale pièce du costume; le reste n'est que l'accessoire. C'est un pagne, souvent en écorce martelée, parfois aussi en étoffe, guinée ou coton blanc, passé entre les jambes et retenu à l'aide d'une ceinture, faite

Fig. 75. — Bracelet banziri en fer forgé, d'après nature.

de peau de buffle corroyée, et ornée de bagues de fer ou de cuivre. La mode veut que les élégants portent un pagne très grand, flottant entre les jambes et descendant parfois jusqu'au dessous des genoux. Les avant-bras sont presque toujours ornés de bracelets ; ceux-ci sont parfois en ivoire tourné, mais le plus souvent ils sont en métal, fer indigène forgé avec de petits grelots ; mais le bracelet le plus caractéristique est celui qui consiste en une petite bande de fer plat, large seulement de quelques millimètres, et s'enroulant en un nombre variable de tours, vingt ou trente parfois, pour former comme une sorte de ressort qui entoure tout l'avant-bras. Assez généralement, les Banziris portent, suspendu au côté, à l'aide d'une lanière en baudrier, un couteau, passé dans une gaine de cuir, ajourée et artistement façonnée.

Toujours gais, les Banziris s'abordent le matin, le sourire aux lèvres, le regard droit, la main tendue, et répétant *Biti, kama?* (Ça va bien, ami ?). Entre eux, jamais de querelles. On les entend rire, plaisanter, jamais se fâcher. Et lorsqu'ils se revoient après une absence, c'est une joie vive, qui se manifeste par des éclats de voix et des serrements de mains. Ils ne s'embrassent jamais.

Très aimables et de relations faciles, ils sont d'une fierté qui leur inspire parfois des boutades qui surprennent. Ils comprennent très bien la plaisanterie et rient de bon cœur, même si elle s'exerce à leurs dépens ; mais si par curiosité on vient à toucher à leur coiffure, ou à soulever leur bonnet, par exemple, ils ne se gêneront nullement pour user de réciprocité et soulever notre casque, moins pour se rendre compte de l'arrangement de nos cheveux, que pour nous montrer qu'ils peuvent bien faire ce qu'on leur fait.

Les femmes, qui accompagnent souvent d'ailleurs leurs époux dans leurs voyages nautiques, sont généralement belles. Le regard de leurs grands yeux, que bordent de longs cils retroussés, a une expression d'infinie douceur ; elles sont aimables, avenantes et viennent, elles aussi, nous tendre la main.

Pour tout costume, elles portent une opulente chevelure, parfois laissée pendante derrière la tête, mais le plus souvent réunie en une natte, dont la grosseur peut atteindre ou dépasser même celle du bras, et dont l'extrémité traînerait par terre, si elle n'était relevée soit sur le sommet de la tête, soit sur l'épaule, pour faciliter à sa propriétaire le port d'un poids souvent considérable. Mais ces cheveux n'appartiennent à celles qui les portent que parce qu'elles les ont payés, même fort cher. Par une coutume singulière, qui surprendra, j'en suis sûr, car elle n'a, je pense, de précédent nulle part, les jeunes femmes achètent des cheveux pour les ajouter aux leurs. C'est qu'en effet, les femmes âgées portent les cheveux courts, et il est donc facile aux jeunes coquettes de faire l'acquisition de plusieurs de ces nattes et de les tresser ensuite en une seule.

Jeunes filles, leur cou est orné d'abondants colliers de perles; souvent aussi, ces perles sont réunies en tresses qui leur ceignent les reins. Elles restent libres de leur

Fig. 76. — Jeunes gens et jeunes filles banziris, d'après des photographies.

temps, ne travaillent pas et leur seule occupation est de se parer. Mais, chose singulière, malgré cette nudité et cette coquetterie, les jeunes filles banziris restent pudiques et chastes. Leur démarche, leur position assise ou couchée sont toujours pleines de décence. Elles ne sont pas ignorantes cependant. Quoique, comme toute femme noire, les jeunes filles banziris soient nubiles de bonne heure, elles ne se marient parfois qu'assez tard.

La polygamie existe, mais successive, si je puis dire; un homme prend une femme en mariage, la maternité renouvelée, l'allaitement qui se poursuit jusqu'à ce que l'enfant soit complètement élevé, flétrissent bientôt ses chairs. Dès lors la femme abdique, elle renonce à toute espèce de coquetterie : ces cheveux dont elle était si fière, elle les coupe; ces perles dont elle se parait, elle en encombre maintenant le cou, les bras et les même jambes de ses enfants qui sont toujours aimés, choyés par tout le monde, et auxquels on donne tout ce que l'on a de meilleur. Désormais aussi, la femme portera un petit pagne, et toute son activité se tournera vers les soins à donner au ménage et à la culture de quelques petits coins de terre, qui environnent les cases. L'homme alors reprend une nouvelle femme, jeune et vierge, qui sera pour le moment sa seule et véritable épouse.

Dès le plus jeune âge, habitué à la pirogue, le Banziri est le plus habile pagayeur que l'on puisse trouver. Dans une pirogue conduite par lui, il n'y a qu'à s'abandonner avec confiance. C'est ce que je fis, passant mon temps à admirer la souplesse des mouvements de mes hommes et l'habileté de leur manœuvre.

Les pirogues des Banziris sont spéciales à toute la navigation du haut Oubangui. Les Yakomas, les Bourakas, les Sangos, peuplades qui toutes occupent les bords de l'Oubangui et ont une très grande analogie avec les Banziris, les emploient également. Elles ont depuis dix, jusqu'à quinze et dix-huit mètres de long, sur une largeur variant de $0^m,50$ à $0^m,90$ et une profondeur à peu près égale. Elles sont faites d'un seul tronc de bois, creusé à l'aide d'instruments tranchants; les parois sont solides, les arbres choisis étant de bois très dur, et leur épaisseur, ordinairement de cinq centimètres au moins. L'avant se prolonge en une plate-forme, que surmonte, vers son extrémité, une sorte de tabouret sculpté à plein bois, souvent orné de dessins divers. Puis, lui faisant suite, est un plan incliné en pente douce, sur une longueur de deux à trois mètres jusqu'au fond de la pirogue. Cette première partie, limitée dans le fond par un seuil en bois, est réservée à trois ou quatre solides gaillards, qui, armés de longues perches, qu'ils enfoncent dans l'eau pour aller chercher le fond de la rivière, forcent les passages même les plus difficiles. A l'arrière, assis sur deux rangs, sont les pagayeurs, au nombre de huit à douze, armés de toutes petites pagaies, élégamment sculptées et ornées de bagues en métal. Quand à l'entredeux, il est entièrement réservé aux charges et aux passagers.

Partis de cette sorte de lac, aux eaux calmes, qui règne au-dessus du premier rapide, après quelques minutes de marche, nous abor-

Fig. 77. — Objets banziris : 1. Arc et flèches. — 2. Pilon en ivoire. — 3. Plat en bois. — 4. Grand tambour des pagayeurs. — 5. Grandes cloches en fer forgé des pagayeurs. D'après nature.

dons la seconde série de brisants, qui mugissent si fort que l'on entend à peine la voix des pagayeurs, qui s'appellent d'une pirogue à l'autre, se consultant sur la passe à prendre. Le choix est fait et les mains se sont tendues, indiquant le point où le courant semble le plus aisé à vaincre. Cependant, nous prenons une direction qui ne paraît pas être la bonne, mais soudain, un contre-courant, sur l'action duquel les pagayeurs avaient compté, nous a saisi. La pirogue tournoie, nous semblons perdre toute notre avance, car nous reculons avec une vitesse vertigineuse, mais nous sommes dans la bonne passe. Les perches, abattues toutes ensemble, solidement arcboutées contre les roches, vibrent, frappant les flancs de la pirogue de coups secs et cadencés. Les hommes d'arrière penchés sur leurs pagaies les enfoncent jusqu'au manche et frappent les flots de coups redoublés. L'eau a envahi tout l'avant de la pirogue, vite on écope. C'est un spectacle véritablement admirable que celui de toute cette manœuvre, conduite avec tant d'énergie et de force, tant d'habileté et de précision aussi.

Bientôt, les efforts combinés des pagayeurs et des hommes de l'avant qui manient le *tombo* (perche) ont fait franchir le pas difficile. Ce sont alors des cris d'allégresse, par chaque pirogue répétés, à mesure qu'elles franchissent l'obstacle. Et dans leur joie, les hommes de l'avant laissent tomber leurs perches à plat sur l'eau, qui rejaillit en gerbe. Nous voilà de nouveau dans des eaux calmes.

Alors, pour se distraire et d'un commun accord, les pirogues commencent une course, luttant de vitesse. C'est à qui prendra la tête du convoi. Des cris de défi sont poussés. Les hommes du tombo laissent glisser rapidement, les unes après les autres, leurs perches, longues de 10 et 12 mètres et qui souvent trop courtes cependant, tant les eaux sont hautes, les obligent à se pencher et à enfoncer le bras dans l'eau, pour aller chercher le fond.

Rapidement, méthodiquement, le mouvement se continue et les perches s'abattent, puis vibrent, battant les flancs de la pirogue, et l'embarcation file, puissamment poussée par les pagayeurs, qui s'exaltent par des cris : *Kama kaï! Kama kaï!* (ami, pagaie!) ou par des chants harmonieux :

Enfin, la pirogue que je monte, barrant par un mouvement habile le chemin aux autres, les a dépassées et a pris la tête. Ce sont alors des cris de joie. Tous les pagayeurs de l'arrière se lèvent et debout, se penchant tous ensemble, par un mouvement régulier, ils jettent en l'air, à l'aide de leurs petites rames, des gerbes d'eau, qui empanachent tout l'arrière de la pirogue.

Pendant longtemps encore, la pirogue qui a remporté la victoire tiendra la tête, sans que nul songe à la dépasser. Et tous ensemble, les pagayeurs entonnent, en tierce, un refrain mélodieux et doux, que les échos répètent :

Nous gagnons la rive, que nous suivrons sans cesse maintenant, évitant ainsi, d'une part le trop fort courant, de l'autre, les grandes profondeurs qui empêchent de se servir de la perche. Mais la crue est considérable et les rives sont partout inondées, si bien que les pirogues passent sans cesse entre les arbres, souvent même entre les branches des gros arbres et là encore il y a cinq ou six mètres d'eau. Les hommes se servent alors de perches terminées par une fourche, à l'aide de laquelle ils s'appuient contre les arbres et poussent la pirogue. Souvent nous passons sous des branches tellement basses que tout le monde est obligé de se coucher dans la pirogue. Soudain un cri se fait entendre, c'est un homme qui ne s'étant pas baissé à temps a été précipité à l'eau, mais nous ne nous arrêtons pas pour si peu et l'homme a bientôt fait de nous rattraper à la nage. Que de fois un des hommes de l'avant, ayant coincé sa perche entre deux roches, plutôt que de la perdre, saute à l'eau, plonge, la dégage et regagne sa place à la nage, ramenant l'outil !

De gros arbres penchent leur solide ramure au-dessus de l'eau ; ce sont surtout des copaliers. Les branches sont couvertes d'énormes fougères à la frondaison bizarre et d'orchidées qui laissent pendre leurs capricieux rameaux, ou tapissent étroitement les écorces. Chacun de ces arbres, surtout au voisinage des rapides, où l'eau, sans cesse agitée, sature l'air de vapeurs, est une véritable colonie végétale.

Il est assez fréquent de voir, accrochés à l'écorce de quelques gros troncs d'arbres des figuiers, dont les racines enlaçant étroitement la tige, cheminent peu à peu tout de son long, gagnent le sol et s'y enfoncent. Parfois ces arbres, analogues aux figuiers sycomores ou aux figuiers caoutchoucs, ont une telle vigueur que leurs branches s'emmêlent complètement dans la ramure de l'arbre qui leur a servi de soutien, et il advient que ce dernier meurt, laissant le parasite soutenu bizarrement par ses colonnes de racines aériennes.

Fig. 78. — Figuier enlaçant le tronc d'un arbre. D'après nature.

Marchant à pleines journées, nous abordons, le troisième jour, les rapides de Belly, puis ceux de Mokouangay. Un courant de foudre, que l'on entend déjà à quelques kilomètres avant d'arriver aux brisants, rend inutile les efforts des pagaies. Tout repose sur l'énergie des hommes qui manient les perches. Ils luttent avec le courant, qu'il faut vaincre pied à pied. Si la main manque, si la perche casse, la pirogue part à la dérive, butte sur quelque roche et sombre en un clin d'œil.

Au voisinage de ces rapides, sur la rive droite, en dessous comme en dessus d'eux, se trouvent de nombreux villages de peuplades très semblables aux Bouzérous, et que l'on peut comme ces derniers rattacher aux Bonjos. On leur donne parfois les noms de Baboyas, Bouakas, etc.

Tout ce que j'ai dit des Bouzérous, configuration crânienne, mœurs, parures, peut se rapporter à ces populations qui, cependant, se caractérisent par le fait d'être encore plus barbares que toutes celles situées plus bas. Crampel, lors de son passage dans ces rapides, fut attaqué par ces indigènes.

L'aspect seul de ces villages est bien peu fait pour éveiller la confiance. Palissadés de pieux solides, de trois mètres de haut, ils ne présentent, du côté de la rive, qu'une seule ouverture. C'est une sorte de couloir, long de plusieurs mètres, et fermé au dehors par trois grosses poutres, traversées dans le milieu de leur hauteur, double de celle de la palissade, par une solide cheville, autour de laquelle elles se meuvent à la façon d'une bascule de souricière. Derrière ces barricades, les indigènes, à l'œil farouche, guettent, et profitant des chavirages, décochent parfois quelques flèches en fer barbelé, qui font des blessures dangereuses, comme j'ai pu le constater sur deux de mes hommes, blessés dans ces passes.

Fig. 79. — Les indigènes, à l'œil farouche, guettent...
(D'après un dessin.)

Tout est méfiance chez eux. Leurs pirogues, petites et mal faites, qui ne leur servent qu'à aller à la pêche, filant entre les branches et se dérobant toujours aux regards, sont amarrées près de la porte en souricière. Par un trou percé à l'avant, une longue perche passe et se fixe dans le sol; et là-haut, à son extrémité flexible, sont suspendus de gros grelots de fer, qui avertiront les habitants du village, dès que l'on touchera à la pirogue.

Ayant pénétré dans un de ces villages, je constatai qu'il était formé de cases rectangulaires, aux toits à deux pentes, tout à fait semblables à celles des Bouzérous. Les plantations, consistant surtout en bananiers et en maïs, sont faites en dehors de la palissade, sur des déboisements, où un rideau d'arbres est toujours ménagé, pour les cacher aux regards de ceux qui passent sur l'eau.

Un seuil encore se présente : c'est le dernier, disent les Banziris, mais le plus difficile. Une première pirogue tente le passage, mais recule bientôt, à demi remplie d'eau. A ce moment, la mienne vient donner dans le courant. En un clin d'œil, tous les hommes sautent à l'eau, peu profonde en cet endroit, et la tête seule émergeant au-dessus des flots qui bouillonnent et se creusent en tourbillons furieux, ils soulèvent au-dessus de l'eau la pirogue sur les épaules. A un moment, portant sur la roche par son milieu, son avant émerge de plus d'un mètre, puis bascule et se trouve dans le courant supérieur. Bien vite, l'eau embarquée est rejetée au dehors, les hommes reprennent qui leur perche, qui leur pagaie, et nous voguons de nouveau.

Les berges, que surmontaient jusque-là des collines, parfois élevées, s'aplanissent peu à peu. Les eaux et la nature entière rentrent dans un calme que rien ne vient troubler. Ce n'est de temps à autre qu'un héron effrayé, qui traverse la rivière de son vol silencieux et lourd, ou une bande de perroquets gris, qui fuit en poussant des cris stridents. A perte de vue, la plaine, envahie par la crue, s'étend le long de notre rive.

Après trois jours entiers de cette navigation, j'arrivai enfin à mon poste des Ouaddas, où une partie de mes hommes et de mon matériel m'avait précédé. Une douzaine de grandes cases, soigneusement construites, servaient de magasin et de casernement.

Situé entre l'embouchure des deux rivières Ombella et Kémo, l'emplacement choisi était en tous points excellent, et je me félicitai d'avoir confié cette tâche à M. Briquez, qui s'en était si bien acquitté. Le terrain, surélevé au-dessus du cours de l'Oubangui, est à l'abri, même des plus hautes crues.

Sur la rive, pas de villages, si ce n'est quelques abris provisoires, servant aux pêcheurs banziris qui viennent s'y établir pendant les quelques mois des eaux hautes. Mais à un kilomètre dans l'intérieur commencent les Ouaddas, population qui occupe une bonne partie du territoire compris entre l'Ombella et la Kémo.

Mon établissement en ce point constitua un événement, tant pour les Ouaddas que pour les Banziris. Les uns et les autres, voyant notre attitude très pacifique, voulurent tirer parti de la circonstance : les premiers, en se rapprochant de la rive et venant chaque jour vendre au poste des denrées de toute nature; les seconds, en établissant un village à demeure à quelque cent mètres de celui-ci. Les Banziris, en effet, se disent les seuls maîtres de la rivière, et leur tendance est de gagner chaque jour davantage, à droite et à gauche, afin de conserver le monopole de la navigation et, par suite, du commerce et de la pêche. En cet endroit, ils trouvaient une résistance effective de la part des Ouaddas qui, peu nombreux en somme, mais très guerriers, les repoussaient sans cesse, voulant conserver un contact avec la grande rivière. Ce fut pour les uns et les autres une déception cruelle, lorsqu'ils nous virent lever le camp et abandonner ce poste, pour une période qu'ils craignaient devoir se prolonger indéfiniment. Ajoutons que les Ouaddas ne tardèrent pas à venir faire la guerre aux Banziris, qui furent contraints d'abandonner, jusqu'à mon retour, leur village naissant.

A tous égards, j'avais lieu de me féliciter du choix de l'emplacement de ce poste, qui devait être la tête d'étape entre Bangui et l'installation que j'avais le projet de faire plus tard, lors de ma pénétration vers le Nord. Pour le moment, j'y trouvais un abri utile et, grâce à la richesse du pays, il m'était facile de m'approvisionner abondamment. Chaque matin, les Ouaddas, hommes et femmes, venaient m'offrir les produits divers de leurs cultures et de leur élevage.

En moins d'un mois, onze cases avaient été construites, et les habitants, rassurés par notre attitude pacifique, avaient pris l'habitude de venir vendre; si bien que c'était, le matin, un véritable marché très animé. Un Ouadda ne marche jamais sans ses lances; mais lorsqu'il veut faire montre de son attitude pacifique et de sa confiance, il prend le soin de les déposer avant d'entrer dans les cases, ou d'aborder le lieu où se tient le marché. C'est ainsi qu'un gros arbre recevait chaque matin, appuyées contre son tronc majestueux, une centaine de javelines, qui, bien que faites toutes sur le même modèle, étaient ensuite reconnues, chacune par son propriétaire respectif. Légères, munies d'un fer allongé et mince et d'un manche très flexible, ayant ordinairement plus de deux mètres de long, ces lances sont maniées par les indigènes avec une extrême habileté. A cinquante mètres, un but présentant la surface d'un homme est rarement manqué, et s'il est atteint la blessure est cruelle.

Mais la plus grande marque de confiance, le signe le plus indubitable des intentions pacifiques de tous ces peuples de l'intérieur de l'Afrique, est la présence des femmes et des enfants dans les villages et sur les marchés. Étant, en effet, considérée comme l'objet ayant le plus de valeur, à la moindre alarme la femme est cachée dans la forêt ou dans les grandes herbes, et là une ample provision d'aliments et d'eau lui permet d'attendre et de laisser passer les événements. D'ailleurs, l'ivoire est traité avec tout autant d'égards et, au moindre indice inquiétant il est également caché dans l'herbe. L'action du soleil étant très nuisible à l'ivoire qu'il fendille, ce qui lui enlève beaucoup de sa valeur, les indigènes l'enfouissent ordinaire dans la boue d'un marais d'où il ne s'altère point. Malheureusement, un gros rongeur au poil rude (*Eulacaudus swinderianus*), ayant la dimension d'un lièvre de France, lui fait souvent subir de sérieux dommages : il l'entaille avec ses solides incisives, et en fait sa pâture. Aussi le chasse-t-on avec d'autant plus d'ardeur que sa chair est de fort bonne qualité.

L'aliment le plus important est ici encore le manioc. Il appartient à la variété douce. Malgré cela, ce n'est que très exceptionnellement qu'on le consomme cru, soit simplement cuit. D'ordinaire, on le met à pourrir pendant trois jours, puis après cette fermentation, les femmes le retirent de l'eau, lui enlèvent son écorce, qui se détache aisément, et le séparent en fragments ; au centre se trouve un axe ligneux, que l'on rejette. Cette première opération est généralement menée avec une grande méthode. Le lit du ruisseau dont les eaux sont utilisées est divisé, au moyen de fascines, en casiers, dans lesquels se trouve le manioc, pour aujourd'hui, demain ou après-demain. L'eau qui s'écoule de ces petits parcs est blanchâtre, chargée qu'elle est des sucs du manioc, et bien loin encore elle conserve cette teinte opaline.

Les opérations de l'épluchage, puis du délitage, qui consiste à briser les racines suivant des lignes rayonnantes, se font entièrement dans l'eau; il en résulte que le manioc, malgré la propreté souvent douteuse des mains qui le préparent, reste d'une blancheur immaculée. Retiré de l'eau dans de grandes corbeilles en vannerie très habilement tressées, il est transporté sur un emplacement où il sera soumis à la dessication : c'est le plus souvent un de ces grands affleurements de la roche ferrugineuse qui constitue le sous-sol du pays presque entier, ou simplement l'aire formée par de l'argile battue et soigneusement balayée. Deux ou trois jours de l'ardent soleil de la saison sèche suffisent pour amener tous les fragments à une dessiccation complète.

Dès lors, le manioc prend le nom de *garanga*. On le conserve en morceaux pour le réduire en farine, au fur et à mesure des besoins de la consommation.

Ce dernier travail, le plus pénible, est encore réservé aux femmes cependant. La réduction se fait dans de grands mortiers, taillés dans des troncs de bois dur. Le creux de ce mortier est conique et le fond se prolonge en une cavité cylindrique. Quant au pilon, de bois également, il est surmonté d'une masse qui l'alourdit et augmente par suite son effet. Grâce à cette conformation spéciale du mortier, les morceaux de garanga sont rapidement réduits en une farine fine, uniforme et très blanche. Un tamisage, fait dans des paniers à mailles serrées, augmente encore sa pureté.

Ainsi préparée, cette farine perd presque totalement cette détestable odeur butyrique, à laquelle nos palais européens avaient tant de peine à se faire; mais n'ayant pas emporté de farine de froment pour ne pas augmenter le nombre de mes charges, déjà considérable, nous étions bien obligés de nous habituer à l'alimentation indigène; et les espèces de galettes, cuites à l'eau d'abord, puis grillées légèrement sur une cendre ardente que l'on en constituait, étaient trouvées par chacun infiniment supérieures au manioc vendu tout cuit par les indigènes du bas et moyen Oubangui, et dont il nous avait fallu se contenter cependant.

Chaque matin, des femmes, portant sur la tête des paniers ou des sortes de jarres, faites de la moitié d'une immense calebasse, pleins de farine de manioc ou de garanga, venaient vendre ces produits au poste. Elles s'agenouillaient, s'installant patiemment devant leur denrée, attendant que vînt l'heure de la vente. Je faisais acheter la plus grande quantité possible de cette farine, qui constituait la ration quotidienne de mes hommes, et dont j'avais besoin de faire des réserves pour la marche en avant. Nous la payions très bon marché. Cependant, les perles blanches que je donnais en échange avaient une telle vogue dans la région, qu'on nous apportait des quantités énormes de cette farine. En quelques jours, un petit magasin, que j'avais fait construire, en renferma près de 1,200 kilos.

Le sorgho ou mil du Sénégal, sans avoir une importance aussi grande que le manioc, est cependant fort employé dans l'alimentation courante des indigènes. Légèrement pilé, ayant subi une façon de mondage dans un mortier, il formait une grosse semoule que nous consommions avec plaisir. Réduit en farine, il servait, mélangé au manioc, à faire des petits pains, dont la pâte était d'un gris foncé.

Les patates, les ignames, les arachides, les choux caraïbes (*caladium*), rares dans le bas Oubangui, deviennent ici, au contraire, d'un usage courant et apportent une variation utile à l'alimentation quotidienne, si uniforme, si monotone et si peu hygiénique par suite, dont nous avions dû nous contenter précédemment.

Le soin plus ou moins grand qu'une population apporte à son alimentation est comme la pierre de touche à l'aide de laquelle on peut reconnaître son degré plus ou moins avancé de civilisation. Les êtres brutaux du moyen Oubangui n'ont qu'une nourriture uniforme uniquement composée d'un ou de deux aliments. Ici, par contre, où un degré d'intelligence plus élevé se montre par tant de manifestations, on constate une recherche plus grande dans la nourriture de chaque jour.

Le lendemain de mon arrivée à mon poste, le 28 octobre, M'Paka, le chef des Ouaddas, vint me rendre visite. C'est un vieillard aux cheveux et à la barbe entièrement blancs, à l'air intelligent. Il est accompagné de son fils, qui doit à l'habitude qu'il a de s'enivrer d'avoir une physionomie où se lit l'abrutissement le plus complet. Il est suivi de quelques serviteurs, qui sont armés de fusils à piston (d'où peuvent venir ces fusils alors qu'il n'y en a nulle part plus bas dans l'Oubangui?) et vêtus d'une sorte de blouse brodée, ressemblant aux boubous que portent les Sénégalais. Leur tête est rasée, et ils ne conservent au sommet qu'une sorte de toupet. Ce sont, paraît-il, des esclaves, qui viennent de l'intérieur, des N'Dris, peuplades qui sont en rapport avec les musulmans. M'Paka me donne deux chèvres et des poules, dont il arrache les plumes, par poignées, pour me les jeter sur la tête, ce qui est signe de paix et d'amitié. Je lui offre des cadeaux, consistant surtout en étoffes et perles blanches, lesquelles sont très en faveur ici.

Je dus rester trois jours à mon poste, attendant le retour de M. Briquez, que j'avais envoyé demander au chef Bembé, quelques pirogues supplémentaires, afin de nous permettre d'emporter les charges qui étaient au poste, et le 31, dès le matin, nous pûmes repartir.

Dès qu'il avait appris par la bouche de M. Briquez ma venue prochaine, le chef banziri Bembé avait envoyé au devant de moi la plus grande pirogue qu'il avait pu trouver dans le village, et que son fils Gogo conduisait lui-même. Je m'y installai confortablement, car elle ne mesurait pas moins de $0^m,90$ de large. C'est la plus grande que j'aie jamais vue dans ces régions.

A partir des Ouaddas, les eaux de l'Oubangui sont calmes et la marche se fait régulièrement. Partis dès six heures du matin du poste, nous passons à trois heures devant l'embouchure de la rivière Kémo. La berge est boisée, mais la grande forêt qui s'étendait indéfiniment sur les rives, alternant, parfois seulement, avec quelques plaines limitées par les massifs d'arbres, sorte de vastes clairières, s'atténue peu à peu. Seuls, quelques arbres s'échelonnent sur la rive, inclinant leurs branches au-dessus de l'eau, et au travers de leurs ramures on voit de grandes plaines herbeuses qui s'étendent à l'infini à l'horizon. Tout le long du bord, dans tous les bosquets qui, aux hautes eaux, sont complètement inondés, se trouvent des pieds de café en quantité énorme. Ils sont en ce moment chargés de fruits rouges. Lorsque nous arrivons, le soir, au campement, j'en fais récolter le plus possible, au grand étonnement des indigènes, qui n'en font pas usage. Le grain est petit, fermé et rond, ressemblant beaucoup à celui de la variété Moka. Nous en avons fréquemment fait usage, et bien qu'il fût frais, ce qui est une condition mauvaise pour le déguster, il n'en était pas moins de bonne qualité. Il est certain que, moyennant une faible rémunération, les indigènes pourraient en récolter des quantités suffisamment importantes pour qu'il puisse y avoir intérêt à en faire commerce.

Les eaux de l'Oubangui, dont la crue est terminée, sont tellement calmes, que l'on voit çà et là de grandes plaques faites d'écume et de débris de toutes sortes qui semblent stagner sur la rivière, et au milieu de ces amas croissent abondamment de petites plantes (*Pistia*) qui ressemblent à des laitues et qui flottent sur l'eau. Ces amas se composent encore de graminées et de polygonées.

A mon grand étonnement, je vois de petites pirogues, portant seulement un homme ou deux, s'en aller vers ces masses herbeuses et, armés d'une perche, ces hommes les récolter pour en charger leur frêle embarcation. Ils les amoncellent de telle sorte que bientôt la pirogue entière disparaît, et l'on dirait d'une petite meule de foin qui flotte. Je me renseignai sur ce que l'on pouvait bien faire de ces herbes. On me dit qu'elles étaient destinées à la fabrication du sel. En effet, j'eus l'occasion de contrôler la véracité de ce dire. Près de l'endroit où nous avions établi, le soir, notre campement, existait une de ces petites fabriques. Toutes les herbes récoltées étaient là, étendues sur le sol pour sécher un peu. D'autres, plus ressuyées, formaient des sortes de meules auxquelles on avait mis le feu avec quelques fagots. La cendre qui résulte de ce

brûlage est jetée dans des marmites remplies d'eau. Cette eau est ensuite passée à travers un linge et évaporée à sec. On obtient ainsi une substance cristallisée, dont les indigènes se servent pour saler leurs aliments. J'ai rapporté de ce sel, et l'analyse a démontré qu'on n'y trouvait pas un atome de chlorure de sodium, mais qu'il était fait presque exclusivement de chlorure et de sulfate de potasse. On était habitué à considérer ces substances comme peu utiles, si non même nuisibles, cependant, c'est le seul sel dont les indigènes se servent, pour la raison que le sel marin ne leur provient de nulle part, car ils ne sont jusque-là en contact régulier ni avec les Européens, qui pourraient l'importer de la mer, ni avec les Musulmans, qui le font venir du Sahara (1).

Les îles, qui étaient si abondantes dans la partie basse de l'Oubangui, disparaissent bientôt totalement et laissent à découvert le cours entier de la large rivière, qui mesure partout encore plus d'un kilomètre et demi de large.

Les palmiers à huile, nombreux dans la région de l'Équateur et qui allaient en diminuant à mesure que nous avancions, ne se montrent plus qu'à l'état d'exception. Par contre, le dattier a fait son apparition. Il forme, sur les bords de l'Oubangui, des sortes de touffes rameuses, d'une espèce buissonnante et peu élevée (*Phœnix campestris*); mais j'eus la bonne chance aussi de dé-

(1) Voici l'analyse de ce sel :

```
Chlorure de potassium..................... 67,08
Sulfate de potasse......................... 28,73
Carbonate de potasse....................... 1,17
Matières insolubles........................ 1,65
```

Il est très surprenant de voir quelle est la quantité extrêmement faible de carbonate de potasse que l'on rencontre dans ces sels. On sait, en effet, que presque toutes les plantes en contiennent des proportions beaucoup plus grandes. L'absence de ce sel qui, par ses propriétés caustiques, rendrait l'usage de la matière absolument impossible, provient du choix que les indigènes savent faire des herbes qu'ils brûlent. En effet, ils savent par contre choisir certaines plantes, et le bananier est du nombre, qui renferment des quantités telles de carbonate de potasse, que ces cendres saponifient l'huile de palme, et qu'on en obtient un véritable savon, au moyen duquel nous pouvions opérer le blanchissage de notre linge.

couvrir dans les plaines marécageuses qui s'étendent derrière mon poste des Ouaddas, un dattier sensiblement différent de celui-ci, en ce sens que son stipe est érigé, ayant parfois dix à douze mètres de haut et prenant absolument l'aspect d'une de ces touffes du dattier à dattes, que j'ai vu sous tous ses aspects dans mes précédents voyages sahariens. Les fruits en ce moment ne sont pas mûrs, mais les indigènes me disent qu'ils atteignent la grosseur du bout du doigt et que, sans être très bons, ils sont cependant comestibles. Le port, l'aspect, les caractères végétatifs rattachent ce palmier au véritable dattier (*Phœnix daclyfera*), dont on ne connaissait pas jusque-là la véritable origine, puisque, comme on le sait, il n'y a pas, dans tout le Sahara, un seul pied de dattier qui n'ait été planté de main d'homme.

Au lendemain du départ de mon poste, nous longions la rive française et j'examinais le ciel tout embruni depuis quelque temps, lorsque soudain, je distinguai, dans le lointain, deux pirogues descendant le cours et qui me semblaient ornées d'un pavillon tricolore. Je pris ma jumelle et je constatai que je ne me trompais pas. Elles se dirigeaient vers moi; bientôt nous voilà en contact, un tirailleur sénégalais se trouve dans l'une d'elles. Il me remet un courrier, dont il est porteur et qui me vient de M. Léon de Poumeyrac.

Lors de mon séjour à Bangui, M. de Poumeyrac y était arrivé, venant du haut, où il avait été envoyé par l'administration locale, pour se rétablir des atteintes d'une fièvre bilieuse hématurique, Il était reparti de Bangui avant moi. C'était un homme aimable, à la physionomie franche, et chez lequel on devinait l'énergie et la décision. J'avais entretenu avec lui les relations les plus cordiales.

La lettre qu'il m'écrivait me disait que deux de ses pirogues avaient chaviré, et qu'il avait perdu toutes les marchandises d'échange qu'il possédait, en même temps que tout son matériel, son linge et ses médicaments. Il me demandait de lui venir en aide, en lui donnant six caisses de perles et quelques médicaments. Je ne demandais pas mieux; mais il était nécessaire pour cela que les deux pirogues descendissent jusqu'à Bangui, où la plupart de nos marchandises étaient restées. J'écrivis donc un pli que je remis au tirailleur, en lui prescrivant de se hâter; il repartit aussitôt.

Je venais à peine de clore cette lettre que, levant la tête, je m'aperçus que les nuages, qui s'amoncelaient peu à peu, étaient devenus plus menaçants et qu'une tornade étant imminente; il était indispensable de gagner immédiatement la terre pour y abriter les bagages. Malheureusement, trois de mes pirogues avaient déjà pris l'avance, et il m'était difficile de les rattraper. Je tirai deux coups de fusil en signal d'arrêt; deux autres me répondirent bientôt, me montrant qu'on avait compris. Toutes les pirogues rallièrent la terre.

Brusquement, le vent s'élève et se met à souffler en tempête. Les eaux de l'Oubangui sont soulevées en flots, qui paraissent tout noirs maintenant. D'énormes branches feuillues, arrachées aux arbres, volent de toutes parts; encore un moment, et il sera impossible d'aborder, car le vent vient de terre et nous pousse au large. Sans plus tarder, je fais pousser à terre et je saute à l'eau, tenant en mains mon appareil photographique et mes carnets, que je veux sauver avant toute chose. Je dis à mes hommes de pousser les pirogues dans les branches et de retirer mes bagages de l'eau, qui envahit l'embarcation. Je suis à terre, mais j'ai toutes les peines à me tenir debout, tant le vent est violent. Deux pirogues m'ont rejoint; on se hâte de porter les colis et de les recouvrir d'une bâche. Mais il est trop tard, le tonnerre éclate, brisant tout autour de nous des arbres énormes qui tombent en un chaos indescriptible; le vent souffle furieusement, enlevant tout, et la pluie nous inonde. Des hommes couchés par terre se cramponnent après la bâche qui couvre quelques-uns de mes colis et qu'ils ont toutes les peines du monde à maintenir. A ce moment, les dernières pirogues arrivent et s'engagent dans les branches pour gagner la terre ferme, mais les vagues soulevées embarquent et emplissent les pirogues, qui coulent; quelques caisses surnagent. Malgré tous ces éléments déchaînés, le repêchage commence au milieu de cris d'épouvante.

Il y avait des femmes et des enfants banziris dans une des

pirogues. Un des enfants est perdu; mon sergent plonge et le retrouve; mes tirailleurs sont superbes de dévouement. Ils sauvent tout ce qui nage, plongent pour chercher ce qui est au fond, au risque de se faire contusionner par les pirogues, que le vent jette toutes les unes contre les autres. Mais en deux minutes toutes sont submergées et ont disparu. Ce sont alors des cris et des lamentations chez les Banziris; et la foudre qui tombe tout autour de nous en maint endroit, couvre tous ces gémissements de ses terribles éclats. Je vois deux Banziris dont la tête seule passe hors de l'eau; je leur tends la main, mais ils ne veulent pas la prendre; ils sont cramponnés à leur pirogue qui a coulé bas et qu'ils ne veulent pas lâcher, car le courant l'emporterait. Amat vient à leur secours, plonge et fixe une corde après la pirogue.

Toute cette épouvantable mêlée n'a duré qu'un quart d'heure; le vent tombe, le temps se calme, nous allons pouvoir compter nos pertes. Elles sont relativement faibles, grâce au dévouement de nos tirailleurs. Il faut avoir vu une semblable tornade pour arriver à s'en faire une idée, car tout ce que l'on peut dire est faible et sans couleur à côté de la réalité.

Dans l'après-midi de la troisième journée de marche, le chef des pagayeurs de ma pirogue me dit que, vers quatre heures, nous serons au village de Bembé, son père. Les Banziris ont un procédé aussi simple qu'ingénieux pour indiquer l'heure. Dans toute la région qu'ils habitent, en toute saison, les jours sont égaux aux nuits, ce qui simplifie beaucoup la façon de compter. Pour indiquer six heures du matin, ils montrent l'horizon du côté de l'Est; six heures du soir, l'Occident; midi, la main en l'air; et les autres heures sont indiquées en inclinant plus ou moins le bras vers l'horizon. Passé le coucher du soleil, on n'indique plus d'heures; on dit : *na lolo coui* (mot à mot : quand le jour est mort).

Bien que l'on m'ait dit que nous approchions du village, je ne découvrais rien cependant. C'est que, comme la plupart des villages banziris, celui du chef se trouve, non au bord immédiat de la rivière, mais derrière ce rideau d'arbres qui s'étend sur les rives et masque ainsi complètement la vue des cases. Seul, un petit sentier souvent peu apparent, indique à qui le connaît le chemin du village. Parfois une ou deux pirogues amarrées donne une indication plus précise; la plupart du temps, dès que celles-ci sont déchargées, on les amarre solidement au moyen d'une liane, et on les coule bas, manœuvre des plus faciles, car elles sont construites en bois très dense.

CHAPITRE XI

Le chef Bembé. — Villages banziris. — L'emplacement du camp de Crampel. — Préparatifs de départ. — Organisation de la caravane. — Départ pour l'intérieur. — Les Langouassis. — Accueil peu favorable. — Maladie. — Tout s'arrange. — Marche rapide.

Le chef Bembé avait demandé à M. Briquez, lorsque celui-ci était venu chercher les pirogues destinées à nous transporter, de lui signaler notre venue en faisant tirer deux coups de fusil. Je m'étais conformé à son désir. Aussi, comme je remontais l'escarpement boisé qui protège la vue du village du côté de l'eau, je le vis se présenter à moi, vêtu d'un pantalon de coutil et d'une chemise blanche, présents que lui avait faits Crampel lors de son passage. Bembé est un homme grand et fort, d'un type un peu moins élégant peut-être que la généralité des Banziris, mais son regard vif et clair indique l'intelligence.

Il me fit l'accueil le plus empressé et me dit, que sachant ma venue, il avait fait préparer un emplacement, pour que nous puissions y dresser notre campement.

J'avais eu le soin de faire envoyer préalablement, chez le chef Bembé, deux de mes tirailleurs, afin qu'ils pussent apprendre la langue et nous servir d'interprètes. Il y avait un mois à peine qu'ils habitaient le village banziri, et déjà ils s'expliquaient aisément dans cette langue simple et facile.

Conduit par le chef, je me rendis à l'emplacement qu'il destinait à notre camp. C'était celui qui avait déjà servi à Crampel, lors de son départ pour l'intérieur, au 1ᵉʳ janvier de cette même année. Crampel, ayant résidé là quelque temps, avait fait construire des cases provisoires. Moins d'une année s'était écoulée et déjà l'abondante végétation de cette région avait repris ses droits : une herbe

Fig. 81. — Village banziri du chef Bembé, d'après une photographie.

haute, abattue par les soins du chef, couvre le sol d'une couche épaisse, et au milieu d'elle se dégagent les restes des cases maintenant effondrées et dont elle cache les débris.

Ce n'est pas sans un serrement de cœur que je constatai toute cette ruine de ce qui avait été, il y a si peu de temps encore, le camp si animé où Crampel avait écrit ses dernières lettres pour la France, et d'où, si plein de confiance, il était parti pour l'intérieur. Et de tout cela, il ne restait plus rien que le triste et poignant souvenir!

Bembé m'avait reçu de son mieux, et sa sollicitude à mon égard allait jusqu'à me donner le conseil de ne pas pénétrer dans l'intérieur. Il craignait pour nous, me disait-il, car les informations qui lui étaient venues des régions voisines lui faisaient croire que les musulmans, enhardis par le succès, s'étaient beaucoup rapprochés des bords de l'Oubangui. Il ne me cacha même pas l'inquiétude très réelle qu'il avait au sujet de la sécurité de son peuple. Il craignait que les musulmans ne vinssent jusque chez lui exercer leurs déprédations et désoler ses villages. Son intérêt était donc plutôt de nous voir marcher, mais il redoutait pour nous la rencontre avec ces *Tourgous*, et son amitié lui faisait nous conseiller vivement de ne pas aller plus loin. Je le rassurai, lui disant de ne pas avoir à notre égard de semblables inquiétudes, car nous étions en nombre suffisant pour pouvoir résister.

Je lui demandai de m'aider plutôt dans l'accomplissement de ma tâche, en me donnant un guide qui pourrait me conduire dans l'intérieur. J'avais bien, en effet, comme je l'ai indiqué en son temps, pu réengager six hommes, qui avaient déjà fait partie de l'expédition de Crampel. Mais, bien que tout noir ait au suprême degré l'instinct de l'orientation, il pourrait se faire qu'ils ne retrouvassent pas aisément les traces de leur marche précédente. C'est qu'à vrai dire l'aspect du pays change d'une façon surprenante, suivant qu'on se présente à un moment ou à un autre de l'année. Ici encore, les indigènes ont pour coutume de brûler, tout au moins une fois l'an, les hautes herbes qui couvrent les plaines et suivant qu'on passe, alors que celles-ci venant d'être détruites, laissent découvrir de vastes horizons, ou qu'en pleine croissance, elles obstruent les chemins et limitent la vue, il est presque impossible de s'y reconnaître. Or, précisément Crampel était parti en janvier, c'est-à-dire alors que les herbes venaient d'être brûlées. Actuellement elles étaient hautes; dans un mois, on commencerait à allumer les incendies, mais pour le moment la marche serait terriblement difficile, et nous aurions bien de la peine à retrouver les sentiers une première fois parcourus. Bembé, voyant que toutes ses insistances pour nous retenir étaient vaines, me promit de me donner un guide : c'était un homme venant de l'intérieur et connaissant par conséquent les chemins qui conduisaient chez les peuplades voisines. Un Banziri, en effet, n'aurait pu me servir de guide, car les hommes de cette tribu se cantonnent sur les bords de la rivière et ne pénètrent jamais dans l'intérieur.

Je poussai activement mes préparatifs, refaisant les charges, les réduisant au minimun et les distribuant à chaque porteur; car je désirais ne pas perdre de temps et partir dès que tout serait prêt.

Comme, le lendemain de mon arrivée, je passais la visite médicale du matin, je constatai que deux de mes porteurs présentaient les symptômes, non douteux, de la variole. Dans la journée, je constate chez un troisième porteur les mêmes prodromes. J'étais véritablement attéré. — Toutes mes charges avaient été calculées par rapport au nombre exact de mes porteurs, et ces trois hommes qui allaient me manquer jetaient une perturbation dans mes prévisions; puis, j'avais la crainte que la contagion ne gagnât et qu'une partie de mon personnel de portage ne fût réduit à l'impuissance. Immédiatement, je fis isoler les malades dans une case spécialement construite et les sentinelles, postées en garde, en interdirent l'approche aux autres porteurs. Je n'avais, en effet, rien à craindre pour mes tirailleurs, car, comme on s'en souvient, ils avaient été vaccinés à bord. Grâce à cet isolement, de nouveaux cas ne se produisirent pas, mais je dus, lors de mon départ, laisser ces malades à la garde du chef.

J'allai reconnaître le chemin que nous devions suivre. Les herbes étaient immenses et l'on n'y voyait pas de sentiers, les Banziris n'ayant que fort peu de rapports avec les Langouassis, population qui les limite du côté du nord. Quelques bouquets d'arbres, au milieu desquels croissaient de superbes palmiers borassus, alternaient avec les steppes herbeuses. La route serait bien difficile à suivre. Dans un de ces bosquets, grimpant après les palmiers, et s'élançant jusque sur les arbres, je découvris une vigne couverte de fruits mûrs; ses tiges, un peu succulentes, portaient de grandes feuilles d'un vert foncé, profondément incisées, et des grappes nombreuses pendaient de toute part. Sur le même sarment, il y en avait

Fig. 82. — Vigne croissant à l'état sauvage, d'après une aquarelle.

de passées, d'autres mûres à point; d'autres enfin, encore toutes vertes. Je goûtai de ces grains mûrs; ils étaient de la grosseur de notre chasselas, d'un roux violacé, et d'une saveur assez agréable. Certes ils ne valaient pas notre raisin, mais tels qu'ils étaient, ils constituaient un fruit que nous étions heureux de trouver. J'estime que cette vigne, la plus belle des quelques espèces que j'ai rencontrées chemin faisant, peut présenter un intérêt réel. Il ne faut pas songer à l'importer chez nous, la différence de climat s'oppose à semblable tentative; mais elle pourrait, dans un avenir plus ou moins prochain, alors que l'on voudra s'occuper sérieusement de culture dans notre colonie du Congo, servir de point de départ à la production de variétés locales, qui remplaceraient ici nos vignes d'Europe, lesquelles ne peuvent s'accommoder d'un climat uniformément chaud, où elles ne subissent pas une période de repos de végétation. Je pris des graines de cette vigne, ainsi que des échantillons d'herbier, et j'en fis un croquis en couleur.

La bonne opinion que j'avais prise des Banziris, par les relations que j'avais eues avec eux depuis Bangui, ne fit que se confirmer, maintenant que j'habitais au milieu de leurs villages. Ceux qui m'avaient servi de pagayeurs venaient sans cesse à notre campement s'entretenir avec nos tirailleurs, les aider à construire de petites huttes provisoires et leur porter des provisions d'eau. Les femmes étaient émerveillées de voir que ces fameuses perles, objet de toute leur convoitise, car elles constituent à leurs yeux la plus belle des parures, se trouvaient en si grande quantité entre nos mains. Aussi venaient-elles, gracieuses et aimables, causer avec nous, puis enhardies nous demander un peu de *krisi* (perles blanches). Parfois c'étaient des mères qui nous amenaient leurs bambins, ornés déjà de tout ce que l'on possédait de plus joli, et qui nous disaient : « Donne-moi un peu de perles pour le petit, » — et un nouveau collier venait surcharger le cou, déjà encombré, du jeune enfant.

Bembé veut me faire assister à un grand tam-tam, auquel doivent prendre part toutes les femmes de son village. Bientôt, quelques coups donnés sur de grands tambours de bois creux m'annoncent que la danse va commencer. Après avoir eu le soin de bourrer mes poches de perles blanches, je me rends au village. Les tambours battent plus fort. Ce sont de ces grandes caisses en bois analogues à celles des Balloïs, sur lesquelles on frappe à l'aide de rondins, ou des cônes en bois creux, et dont l'ouverture est recouverte d'une peau de chèvre tendue à l'aide de lanières, sur laquelle on frappe avec les doigts. Les coups deviennent plus rapprochés et le mouvement, plus accéléré, suit un rythme bizarre, dans lequel la grosse voix des tambours en bois est couverte par les sons plus aigus du tambour tendu de peau.

Les femmes sont rangées en cercle; et les petites filles, n'ayant pas plus de cinq à six ans, se mêlent à elles. Elles dansent à la façon des Ouled-Naïl, en ne remuant que le haut du corps, puis une jeune fille s'attache aux chevilles quelques grelots en fer et commence un pas cadencé plein d'élégance; elle termine en venant frapper violemment le ventre d'une autre danseuse avec le sien, et c'est le tour de celle-ci de commencer son solo. Toutes ces ballerines, bien que complètement nues, n'en restent pas moins décentes par la sobriété de leurs gestes.

Les villages banziris sont tenus avec une extrême propreté. Chaque matin, la place est balayée et les débris ménagers sont jetés à la rivière. Les Banziris sont d'ailleurs très propres. Ils se baignent tous les jours et, tous les matins, les mères descendent à la rivière avec les enfants même en très bas âge et à plusieurs reprises les immergent complètement dans l'eau.

Les cases des Banziris sont construites sur un modèle tout différent de celui qui est adopté par les populations du moyen Oubangui. L'emplacement qu'elles occupent est circulaire; on creuse le sol d'environ 0^m,60 à 0^m,80, puis on construit tout autour un petit mur en mortier de terre, émergeant d'une hauteur à peu près égale. Par-dessus ce mur, on dispose une coupole dont la carcasse est faite de longs brins flexibles, tous rattachés les uns aux autres. Puis on recouvre le tout d'un chaume très égal, fait d'une herbe spéciale (*Imperata cylindrica*), que l'on relie par la base pour en former des sortes de paillassons. Le chaume ainsi établi est donc absolument solide, chaque brin étant attaché. Cette toiture recouvre complètement le petit mur et descend jusqu'à terre. On pénètre dans la case par une très petite porte, seule ouverture donnant de l'air à l'intérieur. Là, sur des morceaux de bois en fourches, enfoncés dans le sol et à plus d'un mètre au-dessus de sa surface, est une sorte de claie, faite de brins flexibles qui sert de lit. Ce lit, avec quelques sièges très bien faits, soit d'un bloc de bois, soit d'une sorte de cannage obtenu avec des pétioles de feuilles de palmier, constituent le seul ameublement. Ces cases sont presque toujours grandes, et leur diamètre a ordinairement de 4 à 6 mètres.

Peu de culture autour des villages, quelques touffes de bananiers seulement et quelques pieds de tabac, dont on récolte les feuilles pour les fumer. Comme je l'ai dit, en effet, les Banziris se livrent surtout à la pêche, et en vendent les produits aux populations voisines, en échange de denrées diverses. L'occupation de chaque jour est la pêche, qui se fait souvent à l'aide de grands filets, sorte de seine avec laquelle on prend beaucoup de poisson. Parfois on se sert aussi du harpon pour attaquer les poissons de grande taille. Ce sont des espèces de poissons-chats (siluriens) qui atteignent les plus fortes proportions. Un d'eux, que j'ai vu retirer de l'eau, était assez grand pour que, porté à l'aide d'un bâton qu'on avait passé dans les ouïes, et que les pêcheurs tenaient au-dessus de leur tête, il touchât encore le sol. Ces grands poissons sont aussitôt consommés. Tous ceux, au contraire, de plus petite taille sont fumés sur des claies en bois, au-dessous desquelles on entretient constamment du feu.

La veille de mon départ, le 6 novembre, le chef Bembé vint

Fig. 83. — Grand poisson harponné par les Banziris, d'après une photographie.

encore me voir et insister derechef auprès de moi sur les dangers que présentait la marche en avant. Si j'en jugeais par ses paroles, je pouvais aisément deviner que les Banziris, eux, ne sauraient jamais opposer de résistance à l'envahissement de ces musulmans qu'ils redoutaient si fort. Il s'installa près de ma tente, assistant aux préparatifs et, en guise de passe-temps, il façonnait, à l'aide d'un couteau, un morceau de bois, qu'il avait apporté avec lui et dont il confectionnait une pagaie. Je m'étais souvent demandé, où, tous ces objets divers, si ouvragés et exigeant un véritable talent, pouvaient être fabriqués; où étaient les ouvriers qui sculptaient ces pirogues, forgeaient ces lames et les ciselaient, tressaient ces nattes et ces paniers. Ces ouvriers, ce sont eux tous, aussi bien le chef que le dernier des hommes de son village. Mais tout cela, ils le font à leur temps, par petites journées, sans fatigue et lorsque cela leur plaît.

Il y a chez eux une grande nonchalance, un grand laisser-aller dont on a toutes les peines du monde à triompher, car ils ont un sentiment très net de liberté et d'indépendance. Ainsi pour la marche en pirogues, il faut se laisser conduire; ils iront vite si la pirogue est bien montée et s'ils se croient assez nombreux pour pouvoir lutter et être en tête du convoi; sans quoi, tout effort leur semble inutile et, sans s'émouvoir le moins du monde, ils resteront à une journée en arrière.

Dès mon arrivée, Bembé m'avait apporté deux belles chèvres noires, et avant que j'aie pu me douter de ce qu'il allait faire, rapidement, il avait tranché le cou à chacune d'elles, laissant couler le sang à mes pieds. Puis il s'en était allé, pour bien me faire voir qu'il n'attendait pas de cadeau en retour.

Maintenant que j'allais me séparer de lui, je tenais à lui montrer combien j'étais satisfait des bons rapports qui s'étaient établis entre nous, et je lui donnai en cadeau une foule d'objets de toutes sortes, parmi lesquels de vieux costumes européens et des perles blanches, qui ont un si haut cours chez les Banziris, le charmèrent tout particulièrement. Mais il est de la dignité d'un chef de ne manifester ni sa joie ni son étonnement; aussi est-ce sur les figures de toute sa suite, hommes et femmes, qu'il faut regarder l'effet qu'a produit le cadeau : ils étaient étonnés et éblouis par tant de richesses.

Je prends mes dispositions pour partir le lendemain matin. Chaque homme aura dans cette marche une place assignée, qu'il devra conserver sans cesse. Il y aura une avant-garde, composée de douze hommes et d'un sergent : je la confiai à M. Nebout. L'arrière-garde, composée de dix hommes et du deuxième sergent, sera commandée par M. Briquez. Au centre, marcheront les porteurs, escortés par ce qu'il reste de tirailleurs, et accompagnés par MM. Brunache et Bobichon. Je me réserve ainsi toute liberté d'allures, de façon à pouvoir marcher avec mes guides et mes tirailleurs en pointe d'avant-garde. Mon personnel noir se composait exactement de 38 tirailleurs (un d'eux avait été congédié dès Loango et trois

Fig. 84. — Ils fument le poisson sur des claies en bois. D'après un dessin.

étaient morts de maladie), de 6 hommes qui avaient fait partie de la mission Crampel, que j'avais réengagés et assimilés à mes tirailleurs, de 33 hommes engagés à Brazzaville et qui servaient de porteurs, et de 18 Pahouins ayant fait partie de la mission Fourneau et que l'administration de la colonie avait bien voulu me céder. La colonne, qui devrait forcément, à cause des difficultés du chemin, s'avancer à la file indienne, devrait cependant rester compacte, sans que ni l'avant-garde ni l'arrière-garde en soient sensiblement séparées.

Étant donné le nombre, extrêmement faible de porteurs dont je disposais, j'avais dû simplifier mes charges au maximum. J'avais laissé à Bangui même ma tente et jusqu'à mes pliants ; une seule bâche devait nous donner abri à tous en même temps. Chaque blanc n'avait été autorisé à emporter qu'une malle, contenant les effets indispensables de rechange. Je tenais à emporter, avant toute chose, des marchandises qui pussent nous assurer l'achat de nourriture indigène, pendant tout le cours de notre marche.

Le lendemain matin, avant le jour, on sonne le réveil et dès six heures et demie, nous partons. Mais je me sens pris d'accès de fièvre violents, qui s'accompagnent de vives douleurs au foie. J'ai toutes les peines du monde à marcher. Je ne veux cependant pas consentir à écouter les exhortations de mes compagnons et revenir chez Bembé. Les grandes herbes, non frayées, trempées par la pluie qui n'a cessé de tomber, rendent le chemin affreusement difficile. A tous moments, je suis obligé de m'étendre dans cette herbe mouillée, pris de vomissements bilieux. Onze heures venues, nous faisons halte pour que mes compagnons puissent déjeuner. Je prends, pendant ce temps, une heure d'un sommeil lourd, mais réparateur cependant, qui succède aux forts accès. Après quoi, je donne l'ordre du départ, et nous nous remettons en route, car il ne faut pas que la journée soit perdue. Nous sommes à moitié chemin de Makobou, l'endroit où Crampel avait établi son premier camp. J'espère y arriver ce soir.

Nous avons à peine quitté les villages des Banziris que nous passons, sans transition, sur le territoire des Langouassis. Leurs villages ne se composent que de deux ou trois cases, qu'environnent de grands champs de culture. Dans le premier de ces villages, j'avais essayé de recruter des guides, pour nous conduire jusqu'à Makobou, mais aucun d'eux ne voulut consentir à nous montrer le chemin. C'est qu'en effet, la population de tous ces villages langouassis est peu bienveillante à notre égard. L'année précédente, lorsque Biscarrat avait établi son camp, il y avait été attaqué, et il avait dû exercer des représailles, dont les indigènes se souvenaient encore.

Je suis donc réduit à écouter les avis de ceux qui ont déjà fait ce chemin, et du guide que m'a donné Bembé, mais ils ne sont pas bien sûrs que nous soyons dans la bonne voie, et les grandes herbes sont si hautes qu'on ne voit rien à l'horizon. Enfin, nous distinguons dans l'herbe une sorte de petit sentier, nous le suivons et nous arrivons ainsi à un village, composé d'une douzaine de cases. Nous nous informons; il paraît que nous ne sommes pas du tout dans la bonne voie, et que nous avons laissé le vrai chemin complètement à l'est. Mais, nous avons déjà fourni une longue marche et le jour va baisser bientôt. Nous camperons donc près de ce village, où j'espère trouver quelque nourriture pour mes hommes.

Je fais établir le camp sur l'emplacement d'un champ autrefois occupé par des cultures. Ceux de mes hommes qui sont armés de haches s'en vont, dans la brousse, couper deux morceaux de bois terminés en fourche, hauts de trois mètres, et une longue perche de six mètres. Les deux montants étant fixés dans le sol, et la longue perche posée dans les fourches de leur extrémité supérieure, une bâche est passée sur ce faîte et les côtés en sont écartés à l'aide de cordes et de piquets. Cela constitue ainsi une sorte de tente, ouverte des deux bouts, sous laquelle on pourra établir les petits lits en X dont chaque Européen est muni.

A peine arrivé, brisé par la fièvre qui ne me quitte pas, je me couche; mais bientôt une pluie torrentielle se met à tomber, ravinant le sol et formant de longs ruisseaux qui coulent sous notre tente. Les piquets ne tiennent plus dans le sol détrempé. Il faut essayer de consolider le tout et nous passons une nuit déplorable. Enfin le jour vient et nous montre tous nos effets et toutes nos malles mouillés, souillés de boue. Vite nous partons, mais les herbes sont tout imprégnées d'eau et achèvent de tremper sur nous, tout ce que nous avions pu conserver encore de sec.

Il faut me raidir pour marcher quand même, souffrant d'une congestion au foie, et claquant des dents sous les accès de fièvre.

Les hommes que j'ai réengagés cherchent dans les hautes herbes et nous finissons par trouver enfin l'emplacement qui avait été occupé par la mission Crampel. Il n'y a plus là que quelques piquets encore debout et par terre des débris de marmites brisées. C'est là l'emplacement du camp de Makobou. A quelques centaines de mètres plus loin, coule un torrent, qui avait été guéable au moment du passage de Crampel, mais qui, par suite de la grande quantité d'eau, tombée tous ces jours derniers, devient impossible à franchir, même à la nage.

Il faut donc établir notre campement sur les bords de ce torrent, et les quelques heures de jour qui restent encore vont être utilisées à abattre deux gros arbres, qui se trouvent sur la rive et dont les troncs nous serviront de ponceau. Le soir venu, malgré l'énorme quantité de quinine que j'ai absorbée, la fièvre me reprend plus violente encore et ne me quitte plus, si bien que, le lendemain matin, je suis dans l'impossibilité absolue de me lever. Malgré une médication très énergique, mon état devient tellement alarmant que mes compagnons, alors que j'ai repris mes sens, viennent me supplier de revenir en arrière, pour me reposer dans les villages banziris. Mais je ne veux pas céder à leurs exhortations, car je comprends trop bien que les réduire ainsi à l'inaction, alors que tout est prêt pour la marche, pourrait éveiller des sentiments de découragement que je tiens à tout prix à éviter.

Tous mes porteurs sont pris, et il est impossible de songer à former seulement un hamac pour me porter. Nous partirons donc le lendemain matin et je marcherai.

Nous partîmes en effet; mais au prix de quelles fatigues j'arrivai à fournir une journée de marche!

L'accueil que nous recevions dans les villages était peu bienveillant. Les femmes et les enfants avaient fui, et, seuls, les hommes, étaient réunis en armes, sur la place formée par la réunion des cases. Ils portaient à la main un bouclier de vannerie et quelques longues javelines, dont les fers, parfois très élégants, étaient ornés souvent de longues barbelures.

J'avais quelque peine à me procurer des vivres, les indigènes ne consentaient pas à nous en vendre. Cependant, nous traversions des plantations de mil, dont les grains étaient à peu près formés. Les indigènes avaient placé, à l'entrée de ces champs, une petite botte d'épis maintenue en l'air sur un piquet, afin d'être plus visible, dans laquelle étaient fichées quelques flèches et suspendu à côté un morceau de l'euphorbe qui sert à les empoisonner, ce qui voulait dire clairement :

— Si tu touches à nos champs, tu auras la guerre.

Enfin, après six heures d'une marche épuisante, nous arrivons à une accumulation de petits villages placés sous l'autorité du chef Madungo, et située au milieu d'une grande steppe herbeuse, toute

Fig. 85. — Campement sous les palmiers. D'après une photographie.

semée de superbes palmiers borassus. C'est au milieu de leur large feuillage en éventail, qui nous abrite contre les ardeurs d'un soleil de plomb, que je fais établir notre campement, formé de nos bâches, soutenues par des perches que l'on est aller couper dans quelque bosquet.

Ici, les indigènes semblent animés de meilleures intentions. Notre attitude pacifique les rassure et ils comprennent qu'ils ont tout intérêt à nous fournir les provisions que je réclame en échange des marchandises qui éveillent leurs convoitises.

Le chef m'apporte cinq poules. Je lui donne en perles blanches, l'équivalent de leur prix et j'y ajoute des brasses d'étoffe, de petits miroirs et autres menus objets. Il prend tous ces présents sans manifester, ainsi qu'il convient, ni la joie, ni l'admiration que tout son entourage ne cherche pas à cacher. Après avoir enveloppé le tout dans un morceau d'étoffe et l'avoir remis à un des hommes de sa suite, il me dit que ces poules qu'il vient de m'offrir, il les a prises à ses hommes et qu'il faut les payer.

— Mais, mon ami, lui dis-je, paye-les avec les perles que je viens de te donner.

Voyant qu'il est inutile d'insister, il les paye, mais en marchandant si bien qu'il lui reste encore un très honnête bénéfice. Mais les hommes du village sont mis en goût par la vue de ces perles tant recherchées, et ils viennent maintenant me vendre quelques poules, du manioc et des patates.

Profitant de ces bonnes intentions, je demande au chef de me fournir des guides, que je promets de payer cher, en perles, la monnaie la plus estimée. Il y consent, mais il me dit qu'il ne pourra me les donner que dans un jour ou deux, espérant ainsi me forcer à rester plus longtemps et obtenir un peu plus de perles; — finalement, tout s'arrange et j'aurai des guides pour le lendemain.

La confiance en nous est complète maintenant et j'en ai la preuve par la présence des femmes, qui viennent, elles-mêmes, vendre au camp des produits de la culture. Hommes et femmes forment un attroupement nombreux autour du camp.

Les Langouassis sont des hommes grands, élancés, bien faits. Quand, debout, croisant les jambes, ils s'appuient d'un bras aux quelques sagaies qu'ils ne quittent pas et qui allongent encore leur silhouette élancée, ils présentent un aspect élégant, gracieux même, n'était la tête. Mais quelle tête hideuse! que l'on en juge plutôt :

La lèvre inférieure est percée d'un, trois ou cinq trous, dans lesquels on enfonce d'abord des fétus de paille, puis, plus tard, quand ils se sont élargis, on y place des baguettes de bois ou plus rarement d'ivoire, ayant une dizaine de centimètres de long. Ce sont les femmes surtout qui portent ces ornements. Le bijou le plus recherché est une baguette, faite d'une aiguille de cristal de roche, arrondie et usée sur une pierre dure. J'ai vu des femmes porter jusqu'à trois de ces baguettes, qui s'entrechoquaient quand elles parlaient et dont le poids rendait la lèvre hideusement pendante.

Dans la lèvre supérieure, un seul trou est fait dès le jeune âge; on l'agrandit peu à peu pour arriver à y placer un bloc de bois, d'ivoire ou d'étain, qui n'a parfois pas moins de 2 centimètres à 2 centimètres et demi de diamètre. Le nez n'est pas plus épargné. La partie libre de la cloison est perforée et l'on arrive à y passer un petit bâton de la grosseur du doigt. Les femmes portent plus généralement de petits anneaux en étain passés dans chacune des ailes du nez. Il est assez rare de voir tous ces ornements accumulés sur une seule face. C'est là une élégance, un luxe, que bien peu peuvent s'offrir.

Et toute cette hideur est complétée encore par les arrangements disgracieux de la coiffure.

Les cheveux sont laissés longs, et cette laine est imprégnée de graisse et de suie. Les gens simples réunissent les mèches en une sorte de catogan très allongé, que prolonge encore une longue plume dont les barbes sont taillées à crans.

Fig. 86. — Couteau de parade et javelines des Langouassis. D'après nature.

D'autres fois, elles forment deux masses, terminées par un manche et emprisonnées dans une résille.

D'autre fois encore, elles sont réunies en un chignon, dont la surface est entièrement recouverte de cauris ou coquilles marines qui servent de monnaie dans la région.

Si l'on arrive, et ce n'est pas chose facile, à faire abstraction, par la pensée, de tout cet accoutrement ridicule, que les élégants exagèrent encore le plus qu'ils peuvent, on est surpris de découvrir un ensemble de traits qui n'a rien de désagréable. Le front est déprimé, il est vrai, et l'angle facial assez fermé, mais l'œil est intelligent, vif et très expressif; le nez serait peu épaté si on n'en étirait la cloison et les ailes, et la bouche resterait moyenne si on ne surchargeait les lèvres de poids qui les rendent pendantes. L'oreille est petite, bien modelée; le plus souvent elle est ornée de pendants faits de minuscules cornes d'antilope (*cephalophe*).

Le costume est réduit a un pagne, fait d'écorce martelée, et retenu autour de la taille à l'aide d'une ceinture, qui est une liane, ornée de lames de fer, ou une lanière de cuir d'éléphant. Les femmes ne portent, pendues à la ceinture, que deux petites touffes de feuilles placées l'une devant, l'autre derrière. Ces feuilles sont renouvelées plusieurs fois par jour; elles sont souvent prises aux jeunes pousses de manioc.

Lorsque, le lendemain (13 novembre), je me disposai à partir, malgré la pluie qui n'avait cessé de tomber toute la nuit et avait trempé les hautes herbes au milieu desquelles il fallait nous frayer un passage, le chef vint m'engager vivement à ne pas dépasser le territoire des Langouassis, car, me disait-il, les Dakouas, ses voisins, seraient devenus les alliés des Tourgous (musulmans) et auraient partagé avec eux le butin provenant de la mission Crampel. Mais je n'attache que peu de crédit à ces paroles, qui doivent être dictées par l'inimitié qui règne entre les deux peuplades, et qui ne peuvent avoir d'autre but que de me pousser à attaquer les Dakouas.

Escortés de guides, nous avançons avec une assurance plus grande d'être dans la bonne voie, et il ne faut pas moins que leurs affirmations réitérées pour me faire croire que nous sommes dans le vrai chemin, car c'est maintenant une suite ininterrompue de marais, dans la vase noire et putride desquels nous pataugeons toute la matinée.

Et ces jeunes noirs, avec lesquels je marchais en tête de ma petite colonne, s'arrêtaient parfois, pour se laisser rejoindre par ceux qui venaient à l'arrière et échanger avec eux quelques paroles, puis tenant leurs sagaies, la main haute, tendue au-dessus de la tête, ils couraient, enjambant les hautes herbes qui couvraient la plaine faisant suite au marais. Et ces javelines minces et grêles, élégantes, profilaient, plus mince et plus élégante encore, leur apollonienne silhouette. Je me plaisais à admirer la souplesse de leurs mouvements agiles qui faisaient leur attitude toute pleine de galbe, parfois d'une réelle et esthétique beauté.

Les Langouassis sont grands marcheurs, et, s'ils ne franchissent

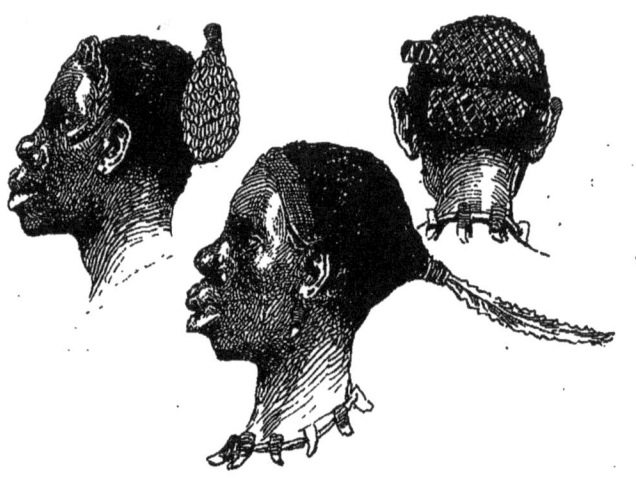

Fig. 87. — Coiffures des Langouassis. D'après des dessins.

pas ordinairement les limites de leur territoire, du moins n'hésitent-ils pas à faire dans l'intérieur de grands parcours. Au camp de Makobou, un Langouassi était venu d'un village éloigné (il était situé à 14 kilomètres comme j'ai pu m'en convaincre, car nous le traversâmes) nous apporter une jeune chèvre. Nous manquions de viande, aussi je n'hésitai pas à la payer relativement un bon prix, dix petites cuillerées de perles blanches. Ravi d'avoir fait une si bonne affaire, il revint dans la journée nous apporter un nouveau cabri.

A mesure que nous avançons, les cultures deviennent plus abondantes; elles couvrent maintenant des surfaces considérables. Des champs, ayant quelques hectares, sont ensemencés de mil ou de sésame, dont les indigènes récoltent les graines oléagineuses pour les piler et en assaisonner les aliments. Puis ce sont des carrés de manioc et, près des cases des plantations de tabac, dont on a soin de retrancher les sommités fleuries pour voir les feuilles prendre un plus grand développement. Les patates et les ignames sont abondantes. Souvent des plantations de ricin couvrent de grandes étendues ; l'huile que l'on retire de ses graines ne sert cependant qu'à oindre le corps et à graisser la chevelure.

Les cases sont disposées par petits groupes. Il y en a deux, trois ou quatre, laissant, au milieu d'elles, une place toujours très proprement balayée, surélevée en une sorte de monticule, fait de la terre provenant du creusement des cases. Sur le sommet de cette petite élévation, qui mesure au plus deux ou trois mètres de haut, se trouve parfois un léger toit de chaume, supporté sur quatre gaulettes. C'est sous cet abri que se tiennent habituellement les indigènes et cette hutte constitue comme une sorte de poste d'observation, d'où la vue s'étend sur la plaine.

Un de ces assemblages de cases forme une véritable ferme, ayant ses champs et son exploitation propre. Dans les chemins qui parcourent les plantations, un bâton mis en travers, et retenu à l'aide de deux petites fourches, indique où cesse le domaine de la ferme que l'on vient de quitter et où commence celle que l'on va rencontrer tout à l'heure.

Le 14 novembre, j'arrivai aux villages dépendant du chef Balao. Nous avions franchi 40 kilomètres depuis Makobou. Les Langouassis portent ici une coiffure différente : les cheveux sont simplement réunis en chignon derrière la tête, et tous portent, au-dessus du front, une sorte de bande, faite en vannerie très fine, teinte en noire. Les indigènes fument de grandes pipes, d'une forme bien spéciale. C'est un large tuyau en fer ou en cuivre, parfois aussi en bois orné d'incrustations très fines de cuivre et d'étain, s'emmanchant sur une graine de ces palmiers borassus qui abondent dans la région. On l'a évidé, parfois recouvert d'une peau de serpent ou d'iguane, et c'est par un trou pratiqué sur le côté que se fera l'aspiration, le tabac étant bourré dans l'extrémité élargie du tuyau. Un foin très fin, mis dans la noix, tamise la fumée, avant de la laisser arriver à la bouche.

Les feuilles de tabac sont préparées d'une façon toute spéciale : on les fait tremper dans l'eau, puis on les met en masse pour qu'elles fermentent, et enfin, réduites en pâte, on en moule la masse dans un vase en terre. Lorsque celle-ci est sèche, elle ressemble assez à une bouse d'éléphant. On casse cela par petits morceaux, pour en bourrer la pipe et la fumée qui en provient est âcre et nauséabonde. Nous arrivions bien difficilement à nous y faire; — nous n'avions pas d'autre tabac cependant. Les Langouassis connaissent également l'usage du tabac à priser. Ils pilent les feuilles fermentées, dans de petits mortiers, puis enferment cette poudre dans des tabatières en bois ou en ivoire, lesquelles ont la forme de nos poires à poudre. Tout fumeur porte encore une petite sacoche, contenant une pierre à feu, un morceau de fer servant de briquet et un peu de bourre de palmier en guise d'amadou.

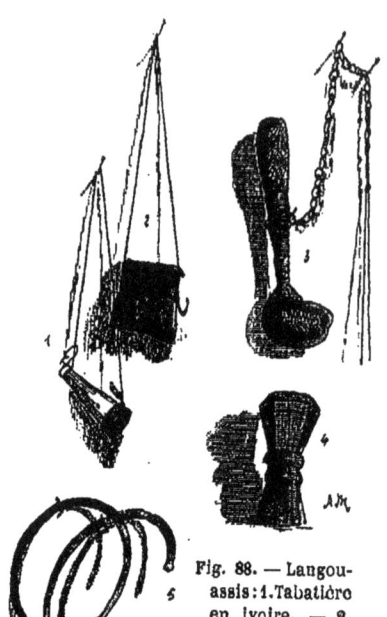

Fig. 88. — Langouassis : 1. Tabatière en ivoire. — 2. Sacoche de fumeur. — 3. Pipe avec pincette à feu. — 4. Mortier à piler le tabac. — 5. Ceintures en liane. D'après nature.

Dans les grandes herbes, croissent, en abondance, des touffes d'une plante (*ammomum citratum*) dont les fruits, de la grosseur d'une petite banane et d'un beau rouge brillant, ont une pulpe d'une saveur acidule et parfumée, fort agréable. En courant sur les flancs de la colonne, mes guides en récoltent et viennent me les présenter.

Les plaines cultivées cessent bientôt et nous parcourons maintenant une région coupée de petites rivières aux eaux vives, mais plus souvent rougeâtres, à cause du sol ferrugineux que les pluies ont entraîné. Et, alternant avec ces cours d'eau, s'étendent de grands marais où la marche est extrêmement pénible. Nous sommes dans une boue, d'un brun noirâtre, jusqu'aux genoux. Un troupeau d'éléphants, qui vient de passer par là, a défoncé le sol. Chacun des pas a ouvert une fondrière profonde, qui disparaît, couverte qu'elle est par les eaux et la boue, et où l'on tombe, plongeant jusqu'à la ceinture. Et lorsque l'on sort de cette boue, trempé et souillé, il est inutile de songer à changer de vêtements, car, tout à l'heure, d'autres marais se présenteront encore à nous. Quand on arrive à un ruisseau, on y entre volontiers, afin de se laver un peu de toute cette vase.

Fig. 89. — Langouassi fumant la pipe. D'après un dessin.

Le terrain s'est surélevé et asséché aussi. De grands blocs de roches ferrugineuses dallent le sol de leur plaques larges et unies.

Près des villages, sur ces dalles, soigneusement balayées, sont étalés, du manioc ou bien encore des grains de mil, que les indigènes ont fait germer puis qu'ils dessèchent pour en faire un malt dont ils fabriquent une bière spéciale. Cette bière que, suivant les localités, on nomme *toko* ou *pipi*, est obtenue en faisant fermenter de la farine de malt. On la consomme un jour ou deux après sa fabrication, ce qui fait qu'elle est très peu alcoolique. Comme toute la farine est laissée dans le liquide, celui-ci est épais et jaunâtre. Cependant, cela constitue une boisson, que nous préférions à l'eau, souvent trouble et pleine d'impuretés, qui constituait notre breuvage ordinaire.

Nous venons de traverser les derniers villages Langouassis, et j'espère arriver demain au bord de la Zanvouza, chez les Dakouas, où une partie du personnel de la mission Crampel avait longtemps séjourné.

CHAPITRE XII

La rivière débordée. — Arrivée chez le chef Dakoua. — Cultures. — Bruits alarmants. — Villages déserts. — Chez les N'Gapous. — Un tirailleur de la mission Crampel. — Défaite des Musulmans. — La mort de Crampel vengée. — Le jeune Ali. — Musulmans et fétichistes.

A la limite des territoires laugouassis et dakouas, les chemins s'effacent peu à peu, indiquant ainsi, d'eux-mêmes, combien les relations entre les deux tribus sont peu suivies. Les Langouassis vont parfois chez les Dakouas ; ceux-ci ne s'aventurent jamais sur le territoire de leurs belliqueux voisins et, bien que la distance des limites de leur état, à l'Oubangui, soit faible, ils n'ont jamais vu la grande rivière, comme j'ai pu m'en convaincre plus tard ; aussi, en résulte-t-il, que ces populations n'ont encore reçu aucune influence de la civilisation européenne. Chez les Banziris, et plus rarement chez les Langouassis, on trouve parfois divers menus objets, tels que des perles par exemple, de provenance européenne, lesquels leur sont parvenus par les courants de trafic qui suivent les grandes rivières. Rien de semblable ne se voit chez les Dakouas.

En quittant, le 16 novembre, le territoire langouassi, nous nous engageâmes dans les hautes herbes et bientôt nos guides s'égarèrent. Il fallut revenir, chercher quelque piste qui nous conduisît vers le nord. Nous finîmes par retrouver la bonne direction. Un troupeau d'éléphants, qui avait passé par-là, avait causé notre erreur, en battant, sous ses immenses foulées, un sentier que nous avions pris pour la vraie voie. Il n'existait pas de chemin et nous dûmes lutter, contre les feuilles coupantes des roseaux, pour avancer péniblement.

Partis, comme chaque jour, à six heures du matin, nous atteignîmes, vers onze heures, les premiers villages dakouas. Nous avions fait 13 kilomètres.

Nous fîmes halte, très fatigués par tant d'efforts. Nous avions pour coutume de déjeuner avec quelques provisions, préparées dès la veille au soir. Afin de perdre moins de temps, nous évitions de faire de la cuisine. Nos repas, d'ailleurs, étaient sommaires, par la simple raison que les aliments fournis par les habitants se réduisaient à peu de chose et, marchant à journées pleines, il nous était impossible de nous livrer à la chasse. En tête de la colonne, avec deux de mes tirailleurs, il m'arrivait parfois de surprendre quelques bêtes, mais c'était chose rare, car notre marche faisait trop de bruit pour que le gibier ne prît pas la fuite avant notre venue.

Nous trouvions assez facilement à acheter des poules, lesquelles sont petites, coriaces et de mauvaise qualité. C'était, avec des chèvres naines, que parfois les indigènes consentaient à nous vendre, la seule viande que nous puissions nous procurer. Les œufs étaient rares, car d'abord les poules vivent en liberté et pondent où bon leur semble, et ensuite les indigènes ne veulent pas s'en dessaisir, y attachant une valeur aussi grande qu'au poulet qui en proviendra. Eux-mêmes ne consomment que les œufs qui n'ont pas éclos après la couvée. Ces poules sont toutes uniformes : les plumes du corps sont d'un gris jaunâtre passant au jaune clair sur le camail et le cou ; la tête est petite, très allongée, le bec robuste. Elles vivent à l'état demi-sauvage et, le soir, s'envolent, pour se percher sur les grosses branches d'un arbre qui généralement abrite les cases du village.

A peine avions-nous pris une heure de repos, que nous nous remîmes en route. Des marécages se présentaient devant nous, occupant une vaste région qu'il était impossible d'éviter. Nous avancions péniblement, mais du moins j'apercevais de l'autre côté les grandes herbes qui m'indiquaient, à bref délai, la fin des marais.

Combien grande fut ma surprise, lorsqu'en y arrivant, je vis que la couche liquide qui couvrait le sol ne diminuait pas d'épaisseur. Au contraire, l'eau devenait, à tout moment, plus haute et nous en avions maintenant par dessus la ceinture. C'était une petite rivière, dont nous devinions le cours au loin, car il était bordé de grands arbres, qui, grossie par les pluies, était sortie de son lit. Mes guides disaient qu'il y avait un petit pont de branches sur ce cours d'eau ; aucune trace de passage n'était visible dans les hautes herbes qui pût nous indiquer que nous nous dirigions vers ce pont. Les hommes avançaient péniblement, et moi-même, malgré ma haute taille, j'avais de l'eau parfois jusque sous les bras.

Enfin, nous voilà parvenus au bord de la rivière, mais comment la franchir? Les branches encombrent ses rives, il n'est même pas possible de nager; on s'accroche aux rameaux, on se débat contre des roseaux épineux et, au prix d'une lutte épuisante, nous parvenons enfin à gagner l'autre rive; mais toute la caravane est débandée : quelques hommes de l'avant-garde seulement ont pu passer avec M. Nebout et moi, qui marchons en tête.

Que faire des charges? Il n'est même pas possible, à ceux qui sont déjà passés, de se débarrasser de leurs bagages pour aller aider les autres, car il n'y a pas d'endroit où les déposer. En essayant de passer sur les branches, trois porteurs laissent tomber leurs charges, qu'on ne peut plus retrouver; un des tirailleurs tombe au milieu des roseaux, on arrive à le repêcher, mais son fusil est perdu. De l'autre côté, les grandes herbes, sans piste apparente, et que l'eau a envahies sur plus d'un mètre de hauteur.

Accompagné des hommes d'avant-garde, je prends la tête avec M. Nebout, espérant bientôt sortir de l'eau, déposer les bagages et revenir en aide à ceux qui n'ont pu traverser, mais nous marchons et nous sommes toujours dans l'eau. Le jour baisse et la nuit vient d'un seul coup; dans quelques instants, nous ne pourrons plus nous diriger. Nous pressons le pas, bien qu'épuisés et grelottants; nous sommes transis et toujours de l'eau devant nous. Enfin, le terrain semble se rehausser un peu, nous n'avons plus de l'eau que jusqu'à la ceinture, puis jusqu'aux genoux, et notre supplice va prendre fin. Mes guides m'affirment qu'il s'y reconnaissent main-

Fig. 90. — La case du chef Zouli. D'après une photographie.

tenant et qu'un village est proche. Il est temps, car il est presque nuit. Nous atteignons enfin des plantations, au milieu desquelles il y a trois cases. Mes hommes d'avant-garde, ainsi que le sergent, déposent leurs bagages et vont au secours des porteurs. Il est nuit close lorsque ceux-ci commencent à arriver.

Vite nous avions allumé un feu pour nous réchauffer et nous sécher un peu, car nous n'avions pas de vêtements de rechange, et lorsqu'enfin M. Briquez, avec l'arrière-garde, arriva, ramenant les derniers porteurs, nous pouvons retirer des malles étanches quelques vêtements pour nous changer. Préventivement je fais prendre à chaque Européen une forte dose de quinine.

Nous nous informons du fait de savoir si le village du chef Zouli est encore éloigné. Les Dakouas nous disent que non seulement ses villages sont proches, mais que Zouli lui-même se trouve dans un endroit situé à côté de celui où nous établissons le campement, et qu'on va le prévenir.

Bientôt, je vois venir à nous un homme de moyenne taille, svelte, élancé, très vif d'allures, qui s'avance rapidement : c'est Zouli. Il a reconnu M. Nebout et les quelques hommes de la mission Crampel que j'ai réengagés. Il est tout en joie, nous presse les mains, et nous prend les épaules. Il est heureux de revoir les Européens et il me dit qu'il espère bien que nous resterons quelque temps dans son village.

Les Dakouas ont une grande analogie avec les Langouassis. Cependant, d'une façon générale, ils sont plus forts, moins élevés de taille, plus trapus. On les distingue sans peine parce qu'ils sont infiniment plus sobres d'ornements de la face. La plupart ne portent qu'un petit bloc passé dans la lèvre supérieure, lequel est quelquefois remplacé par un ornement en métal ayant la forme d'un U, et dont une des branches passe dans le trou de la lèvre, tandis que l'autre reste libre. Ils parlent sensiblement la même langue que les Langouassis, mais il est bien plus facile de s'entendre avec eux, car, la profusion d'objets que les Langouassis portent dans les lèvres donne un tel bredouillement à leur langage qu'il est impossible de distinguer un seul son articulé.

Les Dakouas parlent en chantant et en appuyant longuement sur la première et la dernière syllabe de chaque phrase, mais la langue est en somme assez simple et on arrive rapidement à en former un petit vocabulaire de deux à trois cents mots, suffisant pour se débrouiller dans les conditions ordinaires.

Les Dakouas sont de mœurs infiniment plus aimables que les Langouassis. Ces derniers, en effet, parlent fort et ont toujours l'air d'être en fureur. De fait, ils sont d'un commerce peu agréable. Tous sont voleurs, et il fallait véritablement que j'eusse la résolution bien prise, de conserver avec eux des relations pacifiques, pour ne pas châtier l'hostilité marquée qu'ils ne cessaient de manifester par mille tracasseries.

Les Dakouas, au contraire, sont de relations faciles. Ils s'abordent toujours avec une grande cordialité; quand un homme arrive dans le village, il va vers ses amis et leur tend le bras droit; chacun, à tour de rôle, croise avec lui le bras gauche, de façon à se serrer réciproquement le coude.

Zouli, avec force démonstrations, ne cesse de nous témoigner son amitié. Il me dit que, le lendemain matin, il me servira lui-même de guide pour me conduire à son village.

Dès l'aube, nous partons, traversant de grands champs de culture. M. Nebout et les réengagés ne reconnaissent pas le chemin. C'est qu'en effet, Zouli nous déclare que son village a changé d'emplacement. Il est d'usage chez toutes ces peuplades, lorsqu'un des membres de la famille du chef vient à mourir de l'enterrer au milieu de la case principale et d'abandonner le village et ses cultures. On va s'installer tout près et on viendra chercher encore les récoltes des champs abandonnés, mais les nouvelles plantations se font sur de nouveaux débroussements (1).

Dans les villages du chef Zouli, les indigènes savent notre venue, dont ils ont été informés par quelques noirs, partis, dès hier soir, pour leur annoncer la grande nouvelle : l'arrivée des blancs ! Ils sont

---

(1) Schweinfurt avait signalé le fait de ces abandons de villages chez les Mombouttous et les Niam-Niams, avec lesquels les populations langouassis et dakouas semblent avoir plus d'un point d'analogie. Il y voyait une sorte d'assolement apporté aux cultures. Les indigènes, pensait-il, abandonnaient les terres épuisées pour aller en cultiver de nouvelles. Les Dakouas m'ont affirmé qu'ils ne quittaient les villages que lorsqu'une des personnes de qualité y était morte.

groupés sur les places des petits villages, hommes, femmes, enfants, autour de feux qui brûlent lentement. C'est le matin, il fait 26°, ils ont froid. Ils prennent alors une attitude assez singulière : accroupis par terre, les cuisses accolées contre le corps et les genoux à la hauteur du menton, ils croisent les bras, posant les mains sur les épaules et rentrant la tête.

Les enfants ont le corps tout gris : c'est qu'ils n'ont pas encore été faire leurs ablutions et qu'ils ont couché sur l'aire de la case, dans les cendres produites par le feu entretenu toute la nuit.

Les cultures qui entourent les cases sont remarquablement tenues ; tout a été sarclé et nettoyé, à l'aide d'une petite binette en fer. Le mil est déjà en épis, ici, et à mesure que nous avançons vers le nord, je constate que les récoltes sont plus près de leur moment de maturité. La fin de la saison des pluies a lieu plutôt et les semis sont faits plus hâtivement. Les champs sont ensemencés en même temps de maïs et de mil. La première de ces deux céréales, dont le développement est plus rapide, est déjà récoltée. On en arrache les tiges maintenant et on bine le sol pour laisser toute la place au mil, qui va achever de croître et de mûrir.

Outre les plantes déjà signalées : patates, ignames, courges, etc., de gros pieds d'énormes mauves, dont les belles fleurs, d'un jaune clair, marquées d'une tache pourpre à la gorge, étalant au soleil du matin leurs larges corolles, croissent autour des cases. Trois espèces de ces mauves sont utilisées. Une d'elles porte des feuilles légèrement acidulées que l'on consomme ; une autre a les pièces du calice charnues et tellement acides que l'on peut s'en servir à la façon d'oseille. Une troisième enfin est le gombo (*Hibiscus esculentus*), dont les jeunes fruits, bien connus des créoles de la Réunion, sont, ici aussi, mis dans cette sorte de rata que l'on cuit chaque jour, et qui se compose de tous les légumes et toutes les viandes que l'on peut se procurer.

Zouli m'explique que la rivière débordée que nous avons traversée hier est la Zanvouza, qui fait en cet endroit un crochet très accentué et qu'il me faudra tout à l'heure la traverser à nouveau si, comme je lui en manifeste l'intention, je veux établir mon camp sur l'emplacement de celui qu'avait occupé l'expédition de Crampel. Mais là où nous aurons à franchir la rivière, elle n'est pas débordée, car son cours est encaissé.

Nous arrivons bientôt, guidés par lui, sur le bord de la Zanvouza. C'est un superbe torrent, qui roule des eaux impétueuses entre de gros blocs sombres de gneiss, que l'écume des flots qu'ils brisent vient empanacher de blanc.

Le courant est tellement violent qu'il est impossible aux porteurs de le franchir avec leurs charges. Je fais déshabiller mes tirailleurs, et, se tenant par la main, ils forment une longue chaîne contre laquelle les porteurs peuvent se retenir, sans risquer de se laisser entraîner par le courant.

Nous voici enfin de l'autre côté et, sur les bords du torrent, existe un emplacement, sous les grands arbres qui ombragent les rives, où fut installé le camp d'où M. Biscarat, inquiet de ne pas recevoir de nouvelles de Crampel, partit résolument en avant. Là, pendant près de trois mois, les bagages de la mission furent déposés à la garde de M. Nebout et des tirailleurs formant l'arrière-garde. L'herbe y avait poussé, et au milieu d'elle quelques graines de mil, de maïs et de piment, s'étaient semées ; les plantes montraient déjà leurs fruits.

Je donnai à mes hommes une journée de repos, car ils étaient tous fatigués par les marches pénibles des jours précédents ; et puis ils profiteraient de cette halte pour laver leurs bourgerons et leurs pantalons, tout souillés par la vase des marais.

La maladie continuait à exercer ses ravages parmi mes porteurs. Les cas de dysenterie étaient nombreux : je les soignai et arrivai généralement à enrayer la maladie. Cependant deux hommes en étaient si cruellement atteints, qu'il me fallut renoncer à les mener plus loin. Un nouveau cas de variole s'était produit également et puis mon excellent sergent noir Samuel, celui que j'avais soigné à Loudima, se trouvait maintenant dans l'impossibilité de marcher : un flegmon s'était déclaré à la cuisse et il n'avait pu se traîner jusque-là qu'au prix des plus cruelles souffrances. Zouli voulut bien consentir à garder tous mes malades. Je lui donnai pour eux des perles et des étoffes, représentant deux mois de vivres, et je lui confiai deux charges que je ne pouvais plus faire porter, faute d'hommes. Je le récompensai largement de sa bienveillance à notre égard en lui faisant d'importants cadeaux.

Au moment de se séparer de nous, Samuel pleurait; il me disait : « Vous allez vous battre, vous aurez besoin de moi et je ne serai pas là. Je suis bien malheureux, voilà deux fois que je vous manque au moment où j'aurais pu être utile ». Je lui remis un pli que je le chargeai de garder jusqu'à mon retour, ajoutant que si, d'ici à deux mois, il était sans nouvelles de nous, qu'il s'en aille regagner Bangui et fasse parvenir ma lettre en France.

Le lendemain matin (19 novembre), Zouli nous accompagne. Suivant la promesse qu'il nous a faite, il va nous conduire jusqu'à un groupe de villages voisins, placés sous sa dépendance, où il désignera les guides qui devront nous montrer le chemin. Nous trouvons maintenant l'emplacement qui était autrefois occupé par les villages du chef et qu'il a abandonné pour construire ses nouvelles cases. Les cultures de patates, d'ignames et de manioc sont encore sur pied, mais tout envahies par les herbes. Quant aux bananiers, qui sont d'ailleurs très rares dans cette région et dont il n'existe jamais que quelques pieds plantés autour des cases, il n'y en a plus que des traces informes : les éléphants ont passé par là et les ont détruits.

De chez Zouli jusqu'au groupe de villages vers lesquels nous nous dirigeons, le chemin est large ouvert. Le débroussement a été opéré sur plusieurs mètres en travers, de façon à permettre la libre circulation, et sur le milieu de cette route l'herbe a été enlevée à la binette. Au premier village que nous atteignons et où nous nous arrêtons, parce que Zouli va désigner les guides, le chef de ce groupe de cases, lequel dépend de l'autorité de Zouli, est un homme de très haute taille. Il offre un caractère tout à fait distinct et qui est fait pour surprendre. Sa peau est rouge cuivrée; il a laissé pousser ses cheveux laineux, et une barbe abondante encadre sa figure très laide, bien que son nez soit presque droit. J'ai rencontré assez fréquemment dans toute cette région des hommes de couleur plus claire. Les indigènes m'ont dit que c'étaient là des types accidentels et non pas des individus d'une race distincte.

Dans leur langage, auquel je m'habituais et dans lequel je percevais maintenant des mots distincts, il en est un qui par consonnance me produisait une singulière impression ; ils disaient *avoka*. Je m'enquis de savoir ce que cela signifiait, et cela veut dire : Ce n'est pas vrai.

Nous repartons, mais à travers un chemin qui n'est plus débroussé, car il nous faut abandonner le premier, qui nous aurait conduit hors de la direction que nous devions suivre ; et des herbes énormes nous barrent le chemin ; presque mûres, elles sont lourdes, infléchies vers le sol et enchevêtrées. Comme je marche en avant, j'ai bien de la peine à m'y frayer un passage. Peu à peu, sous le pas de mes hommes, le sillon s'ouvre et les herbes s'abattent.

Fig. 91. — L'homme rouge. D'après une photographie.

Perdue au milieu de ces grandes herbes, je retrouve une case au toit à deux pentes : c'était un hangar construit par la mission Crampel, et où avait eu lieu le dépôt provisoire des marchandises. Dans un village où nous nous arrêtons à l'heure du déjeuner, un vieux chef, qui reconnaît les hommes ayant fait partie de la mission Crampel, vient nous dire que les musulmans ne sont pas loin et que certainement nous les retrouverons chez le chef des N'Gapous, Yabanda. Il nous dit que ces hommes sont redoutables, qu'ils sont armés de fusils et il nous exhorte à ne pas continuer plus avant. Il nous prévient, d'ailleurs, que nous serons forcés de fournir une très longue étape avant de retrouver des villages pour nous approvisionner.

Nous partons sur-le-champ, et bientôt, au milieu de la brousse, je trouve encore l'emplacement des cases abandonnées. Plus loin, en un endroit isolé où il n'existait aucune trace d'habitation, je vois sur le sol dénudé, une petite coquille blanche, dont la forme me surprend. Ayant fouillé la terre, j'en retrouve un certain nombre de semblables. Ce sont de petits anneaux, ayant environ un centimètre et demi de diamètre, et percés au centre d'un assez large trou. Ces anneaux ont été découpés dans les coquilles résistantes de gros escargots. Je les montre à mes guides et je leur demande s'ils savent ce que c'est et si on en retrouve de pareils chez les indigènes. Ils m'affirment que non, et me disent que ce sont des choses anciennes. Ces coquilles présentaient pour moi un réel intérêt, car les anneaux qu'elles constituent sont en tout point semblables à ceux que, dans un précédent voyage, j'avais découverts dans le Sahara, à cette seule différence près, que ces derniers étaient fabriqués avec des fragments de coquilles d'œufs d'autruche. C'est là le seul document ancien, je n'ose dire préhistorique, que je trouvai dans cette région (1).

La marche est pénible à travers les grandes herbes, et, contrairement à ce qui a lieu presque constamment, nous ne rencontrons pas de ruisseaux. La chaleur est accablante et les hommes ont soif. Ce n'est que le soir, sur le coup de six heures, que nous arrivons au bord d'un petit ruisseau aux eaux claires, où je fis établir le campement. Mes guides me prévinrent qu'ils ne pouvaient pas m'accompagner plus loin, parce que nous allions entrer dans le territoire des N'Gapous avec lesquels les Dakouas n'entretiennent pas de relations cordiales; du moins, ils passeraient la nuit avec moi et m'indiqueraient le chemin à prendre.

Le lendemain, en effet, après avoir montré la direction à suivre, par un petit chemin dont les indigènes ont abattu les herbes à coups de gaule, à droite et à gauche, les guides se séparent de nous. Au milieu des grandes herbes, des arbres émergent nombreux, mais ils sont lamentablement tristes; le feu qu'une ou deux fois

---

(1) Il est difficile de tirer une déduction définitive d'un fait aussi isolé; toutefois, ne semble-t-il pas que ces anneaux de fabrication tout à fait analogue, retrouvés dans cette région et aussi dans le Sahara, confirment l'opinion tant de fois émise qu'une même population peuplait à l'origine ces deux régions?

par an, les indigènes mettent à la steppe, a brûlé leurs écorces et leurs ramilles, et ils sont tout noirs; tout le paysage a un aspect de deuil; bon nombre de ces grands arbres ne sont plus que des squelettes; d'autres, au contraire, portent des touffes de feuilles, mais çà et là, en des points où les bourgeons n'ont pas été détruits par les flammes. Nous marchons toute la matinée et, ayant atteint vers midi un petit village, qui est encore dakoua, nous y faisons halte. Il y avait peu de temps que nous y étions installés lorsque je vois venir à moi, haletant et tout couvert de sueur, le chef des guides que nous avait donnés Zouli et qui nous avait quittés le matin. Il me dit que des hommes qu'il a rencontrés dans un village, et qui revenait de chez les N'Gapous, lui ont affirmé y avoir vu les Tourgous (musulmans); que ceux-ci étaient armés de fusils pris à Crampel et que, sachant notre venue, dont la nouvelle s'était propagée malgré la rapidité de notre marche, ils essayaient de soulever les N'Gapous contre nous et leur offraient des fusils, s'ils voulaient faire cause commune avec eux.

« D'ailleurs, me dit le guide, tu vas bien voir que ce que je te dis est vrai, car les N'Gapous ont fui de leurs villages, que tu trouveras déserts. C'est là signe de guerre ».

Je poursuis ma route et j'arrive bientôt à un petit village. On me répète encore que les Tourgous sont proches et on les dit très nombreux. Comme, après un repos de quelques minutes, je me dispose à reprendre le sentier, le vieux chef, dont la barbe est toute blanche, se met en travers du chemin et, étendant les bras, me dit :

— Ne va pas plus loin! Le commandant (Crampel) ne m'a pas écouté et il a été tué. Biscarat ne m'a pas écouté non plus, et il n'est pas revenu. Ne va pas plus loin, car tu trouveras la mort là-bas!

Mais je l'écartai doucement et je passai. Il se croisa les mains, d'un geste désespéré.

Le soir, nous campons près d'un petit bois. Un grand nombre de Dakouas viennent nous rejoindre et tiennent les propos les plus alarmants. La nuit venue, je donne l'ordre aux sentinelles de ne pas les laisser dans le bivouac.

Mais ils restèrent campés près de nous et lorsque, le lendemain dès six heures, nous nous mîmes en route, leur nombre s'était accru encore : ils étaient plus de cent qui nous suivaient. Ils pensaient que nous aurions un engagement et, sans doute, ils espéraient en tirer leur profit, en pillant les villages de leurs voisins. Et le nombre en augmentait sans cesse.

On me prévient maintenant que les musulmans doivent m'attendre dans une embuscade, sans doute au passage des marais que nous allons rencontrer bientôt. De fait, les surprises sont faciles, nous sommes plongés dans les hautes herbes et ne verrions pas un ennemi qui serait à quatre ou cinq pas de nous. Je fais serrer la colonne, nous marchons compacts et bientôt les marais se présentent devant nous. Les indigènes se tiennent prudemment à une bonne distance derrière nous. Nous traversons avec l'avant-garde, tandis que les autres tirailleurs surveillent l'arrière. Nous voici de l'autre côté; il y a là effectivement les traces d'un campement et quelques feux brûlent encore, mais le camp semble être abandonné depuis le matin.

Nous sommes maintenant sur territoire N'Gapou. Un village se présente à nous : il est désert et les portes basses des cases sont barricadées. De grands champs de culture s'étendent tout autour, couvrant des territoires immenses. Le mil est presque mûr. Aux arbres pendent d'énormes calebasses soutenues par des filets ou des paniers, afin d'en favoriser le développement. Les Dakouas, qui nous ont accompagnés, veulent prendre ces produits ; je le leur défends sévèrement. Aussi bon nombre d'entre eux, voyant qu'il n'y a rien à faire, s'en retournent bientôt, suivis par le reste. Je ne les retiens pas, car ils ignorent le chemin et ne peuvent m'être utiles.

Ce sont les réengagés d'escorte, qui vont servir de guides; mais ils ne reconnaissent pas le pays. Nous nous égarons, revenons sur nos pas, puis prenant un sentier qui se présente à nous, nous arrivons dans un village désert. Les indigènes ont dû fuir avec précipitation, car sur le sol soigneusement balayé, sèchent des racines de manioc, des feuilles de tabac, des boutons de cette mauve qui sert d'oseille. Le jour baisse, nous allons camper là. Je fais garder les sentiers pour prévenir toute surprise. Bientôt, l'on vient me dire que l'on a aperçu dans les cultures quelques indigènes. Je les fais appeler, en les assurant de nos intentions pacifiques (la langue N'Gapou est sensiblement la même que celle des Dakouas). Ils viennent. Parmi eux,

est un borgne, que M. Nebout croit reconnaître pour être celui qui s'était présenté à lui avec les musulmans envoyés par Crampel, et qui avait fait cause commune avec eux.

Un de mes tirailleurs vient me prévenir qu'un des indigènes est venu lui dire quelques mots en arabe. Ces hommes sont-ils donc vraiment les alliés des musulmans?

La nuit se passe et, le lendemain matin, je demande à quelques indigènes de

Fig. 92. — « Ne va pas plus loin! » me dit le chef.

me montrer la route jusqu'au village du chef Yabanda; ils y consentent. Nous traversons d'abord de grands champs de culture : maïs, sorgho, sésame, où il n'y a pas une mauvaise herbe et qui sont pleins de promesses de belles récoltes; puis une futaie commence avec de grands arbres distancés les uns des autres, et en dessous une herbe assez courte, qui en rend le parcours aisé. Mais après quatre kilomètres rapidement franchis, les herbes deviennent plus hautes et recouvrent un grand nombre de perches gisant sur le sol, ou enchevêtrées les unes dans les autres et maintenues quelquefois à plusieurs décimètres au-dessus du sol; je les examine, et non sans une très grande surprise, je constate que ce sont des bambous; puis bientôt je vois quelques touffes de cette plante encore sur pied, mais desséchées. Les tiges ont 15 à 18 mètres de haut, elles se sont abattues sur le sol et forment comme un immense jeu de jonchets au milieu duquel on a toutes les peines à marcher. Il faut lever les pieds, enjamber; on s'accroche, on tombe et on n'avance qu'au prix d'une réelle fatigue (1). Puis nous tombons dans une région, où tous les bambous sont vivants. Ce sont des plantes superbes. Les touffes ont 6 ou 8 mètres de diamètre et les brins s'élancent en une gerbe haute et élégante et s'infléchissent en des courbes gracieuses.

Tout cela couvre une étendue d'environ 17 kilomètres de travers; entre ces touffes, dans un sol siliceux, léger, croissent çà et là des pieds d'une euphorbe à forme de cactus, ainsi que quelques cycadées (*Ancephalarthos*), que je suis tout surpris de trouver en ces lieux. Nous marchons toujours, car dans toute cette région il n'y a pas d'eau, et les bidons qui frappent sur les poignées des sabres-bayonnettes donnent un son de mauvaise augure : ils sont tous vides. La chaleur est accablante.

Enfin, nos guides disent que nous allons arriver à des villages où nous trouverons de l'eau et des vivres. Il est deux heures, et nous marchons depuis six heures du matin. Bientôt, quelques indigènes se présentent à nous, et parmi eux les réengagés reconnaissent

(1) La présence des bambous vrais n'avait pas encore été signalée en Afrique centrale, car c'est à tort que l'on donne assez communément le nom de bambous à de longues tiges, qui sont les rachis des feuilles de Raphia. Au milieu de ces tiges mortes, se trouvait un jeune peuplement de bambous qui me semblait âgé de 2 ans, c'est-à-dire correspondant sans doute à l'époque de la mort des pieds-mères. Le fait de la floraison simultanée de tous les pieds de bambous et suivie de leur mort est analogue à celui que l'on a observé en Europe. Une année, en effet, tous les bambous que l'on possédait dans les serres de France (Muséum et Jardin d'acclimatation) et dans la région méditerranéenne, ont fleuri, et tous sont morts après cette floraison. Il semble donc que tous ces bambous ayant le même âge fleurissent la même année et meurent à la suite de la fructification qui en résulte.

quelques jeunes garçons qu'ils avaient vus au village du chef Yabanda. Ils nous disent que les musulmans sont chez ce chef et qu'un Sénégalais, qu'ils désignent sous le nom de Samba, est dans le village de Yabanda. Cette nou-

Fig. 93. — Marche dans les bambous, d'après des photographies.

velle me surprend tellement que j'ose à peine y croire, mais d'autres indigènes que nous rencontrons bientôt me la confirment.

Quel est ce Sénégalais? Est-ce un des hommes échappés aux musulmans, ou bien fait-il cause commune avec eux et leur sert-il de guide? Je ne puis le savoir de ces indigènes, dont l'attitude est douteuse; visiblement, ils attendent la suite des événements pour décider s'ils doivent être avec ou contre nous. L'idée me vient de pousser rapidement jusqu'au village du chef Yabanda, qui n'est distant que de quelques heures. Mais j'abandonne bientôt ce projet, car, ou bien les musulmans fuiraient, ou prévenus, ils auraient le temps de s'organiser contre nous. Je décide donc de camper là, près d'un petit ruisseau et je fais porter quelques cadeaux au chef Yabanda, promettant une bonne récompense aux émissaires s'ils arrivent à décider le Sénégalais à venir jusqu'à mon camp.

Les heures s'écoulent, et mes envoyés ne reviennent pas. Enfin, vers 5 heures, je vois s'avancer tout un groupe d'indigènes: c'est le chef Yabanda avec des gens de son village, et au milieu d'eux un homme amaigri, fatigué, enveloppé dans une couverture de campement, son seul vêtement. C'est un Sénégalais de la mission Crampel. C'était donc vrai ce que l'on me disait? Quelle émotion j'éprouvai alors! Je l'interroge.

Il n'y a pas de doute, les Tourgous étaient réellement à l'entrée du pays N'Gapous et ne se sont retirés qu'à notre approche. Ils sont maintenant campés non loin du village du chef Yabanda.

Répondant à mes questions, le Sénégalais, qui se nomme Mamadou-Sibi, me dit qu'il n'était pas là lorsque Biscarat a été tué, pour la raison que, lorsque ce dernier apprit la mort de Crampel, il lui dit de partir, en même temps qu'Amadi-Diavoro, pour aller jusqu'à El-Kouti et voir si Crampel était mort. Après huit jours de marche, il atteignit ce point; mais Crampel était tué, ainsi que M. Saïd et le Sénégalais Sadio, qui voulait le défendre.

A ma question sur ce qu'était devenue la petite Pahouine Niarhindzeu, il dit qu'elle avait été emmenée en esclavage.

Il me donna alors les noms des autres hommes d'escorte qui furent emmenés dans l'intérieur. Un d'eux, Demba-ba, était particulièrement bien traité par les musulmans, et lorsqu'un jour les tirailleurs voulurent s'enfuir, Demba-ba prévint les musulmans, ce qui leur valut à tous d'être enchaînés ; puis on les relâcha à la condition qu'ils ne fuiraient pas. Mais un jour, avec Amadi-Diavoro, il avait pris la fuite. Ils furent repris et ramenés de nouveau à El-Kouti ; il réussit bientôt à s'enfuir de nouveau, seul cette fois, Amadi ayant refusé de le suivre. En trois jours, il était revenu à Makorou ; là, il apprit des indigènes que M. Biscarat avait été tué, et comme je lui demandais ce qu'on avait fait de son corps, il me dit qu'il ne le savait pas au juste, car il se cachait, mais que très probablement il avait subi le même sort que ceux de Crampel et de Saïd, qui avaient été dépouillés de leurs vêtements et jetés dans les grandes herbes. Les musulmans, me disait-il, avaient en leur possession toutes les marchandises et munitions de la mission, et Demba-ba leur enseignait le maniement du fusil. Je lui demandai s'il pensait que les N'Gapous étaient de connivence avec les musulmans. Il ne le croyait pas, car il n'avait rien vu entre leurs mains qui ait appartenu à la mission.

Partant de Makorou, il était venu regagner le village de Yabanda. Ce chef s'était montré très bon pour lui, ainsi que pour Assenio, femme noire qui accompagnait la mission depuis les Ouaddas, et qui avait réussi à s'échapper des mains des musulmans. Ceux-ci avaient dit au chef Yabanda qu'il fallait leur livrer cet homme et cette femme qui leur appartenaient, et Yabanda aurait dû certainement s'y résoudre si nous n'étions venus, car il n'était pas de force à résister aux musulmans, qui étaient nombreux et armés de fusils, tandis que les N'Gapous n'ont que des sagaies.

Il n'y avait donc pas de doute, la mission Crampel tout entière avait été anéantie. J'interrogeai encore longuement Mamadou-Sibi, et je sus de lui avec détails comment s'étaient passés les événements. Les musulmans avaient dit à Crampel : « Viens plus loin avec nous et tu trouveras des ânes qui serviront à transporter tes bagages ». Ils étaient partis de grand matin ; vers midi, pendant une halte, Crampel écrivait son journal ; les musulmans s'approchèrent de lui, l'entourant et le serrant de très près, avec des protestations d'amitié sous prétexte pour s'informer de ce qu'il faisait. Et comme il insistait pour qu'on le laissât tranquille, il reçut par derrière un violent coup de hache, qui lui fendit le crâne. En même temps, Saïd était poignardé, et le Sénégalais Sadio, qui avait saisi son fusil, fut criblé de coups de sagaie avant d'avoir pu s'en servir. Ces détails, il les tenait de ses compagnons, qui avaient été pris et emmenés en esclavage. De plus, il savait par eux que le tergui Ichekiod avait été traité par les musulmans avec toute espèce d'égards. Il fut laissé libre, et partagea le butin avec eux.

Les musulmans retardèrent tant qu'ils purent l'assassinat de Biscarat, qui était déjà décidé dans leur esprit; mais ils espéraient le faire avancer jusqu'à El-Kouti, le tuer là et revenir ensuite en arrière vers Makorou, pour s'emparer de l'arrière-garde et de toutes les marchandises. La présence du *boy* dans la tente de Biscarat leur avait fait comprendre que celui-ci était informé et les avait déterminés à hâter le dénouement des événements.

Mamadou-Sibi m'affirmait que les musulmans qui étaient chez Yabanda étaient les mêmes que ceux qui avaient pris part aux meurtres. Leur participation, d'ailleurs, ne faisait pas de doute, puisqu'ils venaient le réclamer, ainsi qu'Assenio, comme étant leur propriété.

Yabanda, que j'interrogeai ensuite, confirma en tous points l'opinion du Sénégalais : ces musulmans qui étaient près de son village, il les avait déjà vus, alors qu'ils étaient venus au devant de la mission Crampel. Ma conviction était faite. Ces hommes étaient bien les assassins de Crampel et de ses compagnons, et ma résolution fut vite prise : il fallait les attaquer, sans leur donner le temps de fuir; car, bien qu'ils fussent nombreux et bien armés, ils se méfiaient de nous, dont ils ne connaissaient pas exactement les forces, et, craignant de justes représailles, peut-être s'enfuiraient-ils pour échapper au châtiment.

Je fis à Yabanda d'importants cadeaux, lui donnant tout ce qu'il désirait, à la condition qu'il viendrait nous chercher pendant la nuit, vers deux heures, lorsque la lune serait levée, pour nous conduire vers le camp musulman. Il se fit prier, peu rassuré par notre faible nombre;

Fig. 94. — Attaque du camp musulman.

mais comme j'insistais, et lui promettais une récompense plus forte encore, s'il consentait, il s'engagea à m'envoyer des guides qui me conduiraient au camp, lui-même restant neutre et ne prenant pas part à l'action. Ce fut donc chose convenue et je lui conseillai, s'il voyait quelques inquiétudes se manifester chez les musulmans, de les rassurer pour les empêcher de fuir.

La nuit se faisait. Il partit, et nous prîmes immédiatement nos dispositions : quelques hommes resteraient à la garde du camp, ainsi que les porteurs, tandis que tout le reste prendrait part à l'action. Je fis revêtir aux hommes des vêtements sombres, afin qu'ils fussent moins visibles dans la nuit; ils laisseraient au camp leurs sacs pour être plus légers, et partiraient n'ayant que leur fusil, leur baïonnette et leur cartouchière.

Dès que tout est préparé, chacun se couche, afin d'être dispos quand, vers deux heures, les envoyés de Yabanda viendront nous éveiller. Cependant nous étions couchés à peine, que nous entendons des voix qui nous appellent. — Que se passe-t-il? C'est Yabanda qui envoie vers nous quelques jeunes garçons, nous prévenir que les musulmans, qui se figurent que tous mes hommes sont des guerriers et non des porteurs, et inquiets de nous savoir si près, sont décidés à lever le camp dès que paraîtra la lune. Il n'y a donc pas à hésiter; il faut partir aussitôt, malgré les difficultés que présentera la marche par une nuit sombre, par des chemins non frayés et coupés de marais. En un instant, tout le monde est prêt.

La marche est pénible, car la nuit est extraordinairement sombre. Pas une parole ne sort de la bouche des soldats. Enfin, après le passage d'un ruisseau, un champ de mil se présente; et les guides disent : « C'est là ».

De l'autre côté du champ brillent, en effet, les lumières des feux. A tout moment elles deviennent plus visibles, plus claires. Les musulmans semblent inquiets du bruit que produit le froissement des feuilles; et à un moment les fusils de deux tirailleurs s'étant cognés, ce bruit attire leur attention.

Il n'y a plus à attendre. Au signal donné, les magasins de cartouches de chaque fusil sont vidés; puis à la baïonnette.

Bien que les hommes, très exercés, tirassent juste, bon nombre des musulmans ont trouvé leur salut dans la fuite. Des tués et des blessés jonchent le sol. De notre côté, un homme, un de ceux qui avaient fait partie de la mission Crampel et s'étaient réengagés, a eu la tête traversée d'une balle.

Un jeune enfant de sept à huit ans, qui s'est enfui dans les herbes aux premiers coups de fusil, abandonné par les musulmans, vient en pleurant se réfugier près de nous. Je vais le garder avec moi et l'élever.

Au jour, nous procédons à l'inventaire de tout ce qui a été trouvé dans le camp musulman. Il y a là un grand nombre d'objets, ayant appartenu, soit à Crampell personnellement, soit aux membres de sa mission, et cependant sept ou huit mois se sont déjà écoulés depuis que nos infortunés compatriotes ont été assassinés. Tout cela a eu dix fois le temps d'être disséminé ou perdu.

Parmi ces objets se trouvent entre autres : une chemise blanche ayant appartenu à Crampel; des bas noirs, que l'on a fendus puis recousus ensemble pour en faire une sorte de petit sac; des carnets couverts de toile; mais, hélas! les feuillets écrits ont été arrachés. Puis ce sont : boussole, briquets, couteaux, petites scies à main, cuillères, gamelles de campement, pierre à aiguiser, couverture matriculée, etc. Tous ces objets faisaient partie de l'équipement de la mission.

Quelques-uns des vêtements des musulmans sont faits en étoffes ayant appartenu aux membres de la mission. Tout cela était enfermé dans des sacs en toile d'emballage huilée, formant l'enveloppe des ballots. Des cartouchières d'origine musulmane sont raccommodées avec des boucles et des courroies provenant des sacs des hommes d'escorte.

Aucun doute n'est permis. La punition a été sévère, mais méritée. Mamadou-Sibi et Yabanda m'avaient bien renseigné. Ces hommes étaient les coupables qu'il fallait châtier.

Ah! certes, ce châtiment ne sera qu'une bien faible consolation, fournie à ces pauvres familles qui pleurent un époux, un frère, un fils, car la haine n'est pas en leur cœur. Mais elles sauront du moins, et c'est de là que leur viendra la suprême consolation, que l'œuvre des héros qu'elles pleurent et dont le souvenir ne s'effacera jamais du cœur de tout Français, n'a pas été stérile, car la terre qu'ils ont arrosée de leur sang généreux est, et restera, conquise à l'influence de la civilisation française.

La fusillade de la nuit avait mis tout le pays en émoi, et, dès le matin, les indigènes, renseignés par ceux qui nous avaient servi de guides et qui s'en allaient par les villages colportant la nouvelle du succès de notre entreprise, venaient nombreux autour de nous. Je crois que les Dakouas avaient calomnié les N'Gapous en nous disant qu'ils céderaient aux sollicitations des musulmans et se joindraient à eux contre nous; mais il n'en est pas moins vrai que leur voisinage avec les pays musulmans leur faisaient une obligation d'être prudents et réservés à notre égard. Ils savaient que s'ils s'alliaient à nous et si, plus tard, nous n'étions pas les plus forts, ils seraient cruellement punis par leurs oppresseurs et verraient leurs champs saccagés et leurs villages détruits. Mais d'instinct ils étaient pour nous. Ils avaient gardé le souvenir de ces premiers blancs qui avaient traversé leur pays et ne leur avaient fait que du bien. Ils savaient que, partout où nous passions, nous ne prenions pas, nous ne pillions pas, mais que nous achetions ce qui nous était nécessaire à la vie, même en les payant fort cher; et comparant notre conduite à celle des musulmans, ils se sentaient naturellement portés vers nous. Maintenant, ils avaient l'impression que non seulement nous agissions avec équité et justice, mais aussi que nous étions les plus forts. Ce qui produisait chez eux un mouvement d'étonnement, c'est qu'à peine une première mission était venue et avait été massacrée par les musulmans, une seconde avait marché derrière et avait tiré vengeance de l'échec subi.

Les indigènes viennent au camp, me disent où se sont enfuis les musulmans et s'offrent à nous servir de guides pour s'emparer d'eux. J'envoie mes compagnons, escortés de tirailleurs, à leur recherche; puis nous levons le camp pour nous diriger vers les villages de Yabanda. Nous traversons un pays très semblable à celui que nous avons parcouru, avant d'arriver au campement que nous quittons. Ce sont encore les steppes herbeuses, dont les chaumes cachent des tiges nombreuses de bambous qui jonchent le sol. Puis nous entrons dans une vallée immense et suivons les flancs d'un escarpement chaotique, tout couvert de blocs énormes, qui tantôt forment des croupes, s'avançant en surplomb, tantôt émergent du sol au milieu d'une superbe et puissante végétation. Dans le fond, un ruisseau aux eaux claires, et tout le long, des cases entourées de plantations. Au loin, vers le nord, la vue s'étend sur des collines qui apparaissent toutes bleues par des échappées ménagées au milieu d'arbres sombres; c'est un paysage superbe.

Nous traversons encore une longue suite de villages; quelques bananiers, de la variété à fruits doux, entourent les cases, autour desquelles sont de petits carrés de culture. Beaucoup d'entre eux sont occupés par des plantations de tabac; mais, tandis que jusque-là je n'avais vu cultiver que le tabac, dit de Virginie, à cette espèce s'adjoint celle du tabac rustique (*Nicotiana rustica*), qui semble jouir ici d'une faveur plus grande que l'autre. Enfin, après avoir traversé un petit ruisseau aux eaux très claires courant sur un fond de sable quartzeux, j'arrive au village du chef. Yabanda me conduit vers l'emplacement qu'avait occupé la mission Crampel, où l'on a maintenant planté un champ de patates. Il me montre ce champ et me dit : « Tu peux camper là. » Ne voulant pas gâter sa culture, je veux faire débrousser à côté, mais tout le terrain est couvert d'arbres et le travail serait long et pénible, et Yabanda insiste pour que nous nous installions sur le champ même.

Nous allons prendre enfin un moment de repos bien gagné. Mes hommes se sont admirablement comportés. Froidement, sans emballement, sans cette fantasia que l'on peut toujours s'attendre à voir chez les noirs, ils ont fait leur devoir. Lorsque j'avais à en désigner quelques-uns pour une corvée supplémentaire, c'était à qui irait. Musulmans eux-mêmes, j'avais craint un instant que leur attitude ne fût aussi franche à l'égard de ces autres musulmans noirs; mais ils ont compris que c'est là l'ennemi commun, puisqu'un grand nombre des leurs est détenu prisonnier entre leurs mains. Mamadou-Sibi, que, pour équiper à neuf, chacun de mes tirailleurs a généreusement gratifié d'une des pièces en double de son équipement, leur dit toutes les cruautés que lui et ses compagnons prisonniers ont dû subir, et tous ne rêvent qu'à une chose, c'est d'aller, si cela est possible, les délivrer.

Le lendemain (24 novembre), après une nuit très fraîche, puisque, le matin, je n'ai constaté que 17 degrés, les femmes, toutes mouillées par la rosée abondante des champs de mil qu'elles viennent de traverser, apportent au camp des provisions nombreuses. Les N'Gapous ont beaucoup d'analogie avec les Dakouas que nous venons de quitter, mais ils constituent encore une race plus robuste, plus vigoureuse. Sans être de proportions athlétiques, les hommes sont cependant trapus, bien campés, solidement musclés. Ils ne portent que peu ou point d'ornements de la face. Ils ont généralement sur chaque joue trois lignes parallèles produites par des incisions. Leur physionomie ouverte, éclairée de grands yeux expressifs, présente un ensemble qui n'a rien de désagréable. Ils semblent avoir pris aux musulmans leurs coiffures; tout le front et le tour de la tête sont rasés pour ne réserver au sommet qu'une forte touffe, le mahomet des Arabes, souvent tordue en deux mèches. Leur costume est, comme pour les populations précédentes, réduit à un simple pagne passé entre les jambes; mais celui-ci est généralement fait une grosse étoffe, teinte en rouge sombre, de coton qui est cultivé, filé et tissé dans le pays.

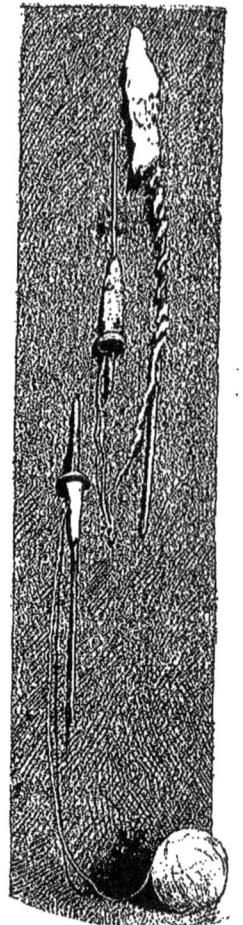

Fig. 95. — Coton filé par les N'Gapous. D'après nature.

Les femmes ont peu d'ornements de la face et ne portent d'autre

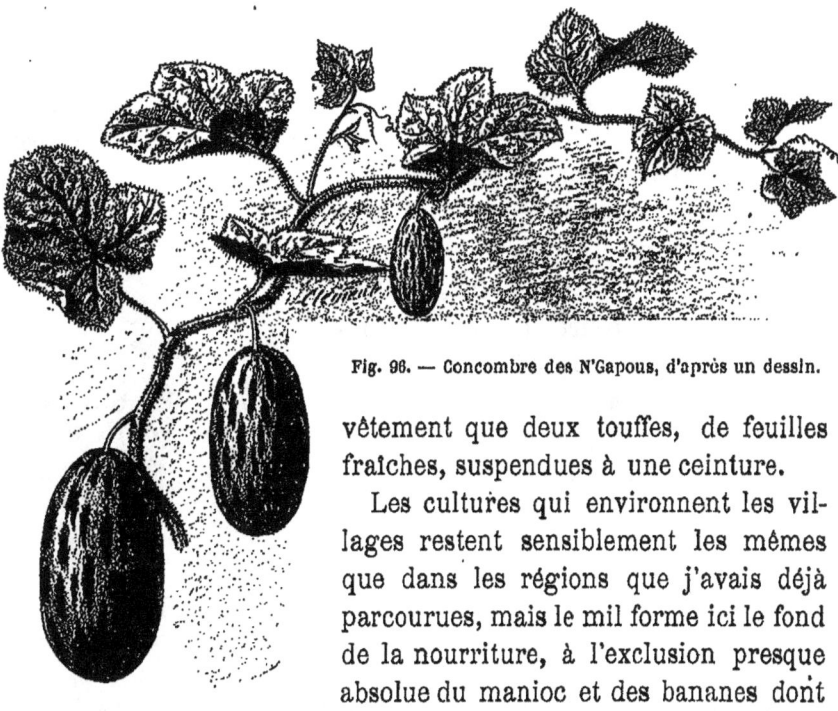

Fig. 96. — Concombre des N'Gapous, d'après un dessin.

vêtement que deux touffes, de feuilles fraîches, suspendues à une ceinture.

Les cultures qui environnent les villages restent sensiblement les mêmes que dans les régions que j'avais déjà parcourues, mais le mil forme ici le fond de la nourriture, à l'exclusion presque absolue du manioc et des bananes dont seule la variété à fruits doux est consommée, mais non plus comme aliment de fond, mais comme fruit d'agrément.

Le mil (*Sorghum vulgare*) a des épis blancs, rouges ou noirs, suivant les variétés; mais ces enveloppes de couleurs diverses ne changent rien à l'apparence ou à la qualité du grain.

Le panicillaire (*Panicillaria spicata*) et, plus rarement encore, une sorte de millet à épis palmés (*Eleusine coracana*) sont également, mais moins abondamment, cultivés.

Sur le sol de tous ces champs courent les tiges nombreuses d'un petit concombre aux fruits jaunes, striés de vert, et dont les feuilles sont identiques à celles de nos melons. Les indigènes mangent les fruits lorsqu'ils sont jeunes et, lorsqu'ils sont mûrs, ils en extraient les graines qu'ils pilent ensuite pour en fabriquer avec du miel une sorte de nougat. Ils font ce même nougat parfois avec des graines de sésame (1).

(1) Les Turcs fabriquent un nougat analogue, qu'ils nomment *Halva*.

Les abeilles, très communes en cette région, produisent un miel recherché. Les indigènes en favorisent la production en plaçant dans les arbres, aux enfourchures des branches, de grosses écorces, formant un cylindre creux, dans lesquelles les abeilles viennent construire leurs ruches.

Les substances grasses sont surtout produites par les graines de sésame. Le palmier à huile a, en effet, totalement disparu. Le beurre de Karité (*Bassia*) commence à être produit dans cette région; il est rare cependant. D'ailleurs, la flore tout entière a subi des modifications profondes, qui s'accusent par la disparition graduelle de toutes les essences caractéristiques de la grande forêt équatoriale et l'apparition plus nette et plus fréquente d'espèces des régions plus sèches et à climat plus alternant. C'est ainsi que de temps à autre nous rencontrons de gros tamariniers (*Tamarindus indica*), qui ne commencent qu'à partir du 6° Nord, et qui deviennent de plus en plus fréquents à mesure que nous pénétrons dans la région plus septentrionale.

Fig. 97. — Musulman du Dar Rouna. D'après une photographie.

Les arbres produisant la gomme élémi (*Bursera*) commencent à se montrer et l'on en récolte la résine pour en faire des torches.

Les chèvres, qui étaient déjà rares dans toute la région que j'ai traversée, deviennent moins abondantes encore. Par contre, dans tous les villages on voit de petits chiens, d'une couleur jaune clair uniforme, ressemblant assez à de petits lévriers, que les indigènes consomment dès qu'ils sont adultes.

Nous étions là, dans notre campement, achetant aux indigènes les denrées qu'ils nous apportaient, conversant avec eux, lorsque vers quatre heures, on vint nous prévenir qu'un musulman était venu se réfugier dans les cases d'un village voisin. J'envoie des hommes, sous la conduite de M. Nebout, s'emparer de lui. Ils reviennent bientôt, me l'amenant, et ayant toutes les peines du monde à le protéger contre les indigènes, qui le menacent et veulent le mettre à mort, ayant pris désormais une attitude franchement hostile contre les musulmans.

C'est un homme de haute stature, à la physionomie mâle et énergique. Sa couleur est d'un noir brun. Il porte les cheveux coupés courts et une barbe peu développée orne son menton. Il semble se soucier assez peu des clameurs hostiles que pousse la foule des indigènes, dont il comprend cependant le langage et sur l'attitude desquels il ne peut se tromper.

On l'amène jusque près de la tente, où ayant réuni tous mes compagnons européens, j'allais procéder à l'interrogatoire.

M. Brunache, qui connaît à fond la langue arabe, va me servir d'interprète.

Aux premières questions posées, le musulman répond qu'il comprend bien l'arabe, qui est la langue des hommes du Nord; c'est celle dont se servent chez eux les lettrés.

— D'où viens-tu?

— Du Dar Rouna, qui est peu éloigné d'ici et qui dépend du Ouadaï, lequel se trouve plus loin au Nord.

— As-tu traversé des rivières pour venir jusqu'ici?

— Oui, une grande qui coule vers l'ouest.

Je lui demandai ensuite ce qu'il était venu faire dans le pays. Il me répondit que leur but était d'acheter de l'ivoire; mais comme je lui objectai qu'il n'y avait pas de marchandises dans ses bagages pour le payer, il ne voulut pas s'expliquer.

J'essayai enfin de lui faire dire quel était son nom, combien il y avait d'hommes avec lui; mais à toutes ces questions, il opposa un silence obstiné.

Je fis venir Mamadou-Sibi, lui demandant s'il le reconnaissait et pour quelle raison il demandait à Yabanda de le lui livrer; mais il refuse de répondre.

Soudain, je retire de ma poche un grand chapelet de marabout, qui avait été pris sur le corps d'un de ceux qui avaient été tués au camp et je le lui montre. A cette vue, il se trouble. Il était assis par terre, accroupi. Il cache sa tête entre ses genoux et lorsqu'il la re-

Fig. 98. — On nous l'amena bientôt...

lève, je vois qu'il a pleuré. Je lui demande à qui appartenait ce chapelet :

— Tu le sais mieux que moi, me dit-il...... C'était un grand et saint homme.

Tout à coup, je le vois tourner brusquement la tête et regarder fixement de côté. Je suis son regard et j'aperçois quatre de mes tirailleurs qui font le salam, la prière du soir.

Comme je le presse de questions, lui demandant comment se sont passés les événements dans lesquels mon prédécesseur a trouvé la mort; comment il se fait que j'aie trouvé dans leur camp beaucoup d'objets ayant appartenu à la mission Crampel, il refuse de dire autre chose que ceci : « Ma vie est entre les mains de Dieu, tu feras de moi ce que tu voudras ». Mais la vue de ces hommes qui sont en prière et qui sont musulmans comme lui, semble avoir fait naître soudain en lui un espoir inattendu. Il me dit alors :

— Je ne puis parler ainsi ; fais-moi détacher.

Le jour baisse, nous sommes campés à l'entrée d'une grande brousse. Il a confiance dans sa force musculaire, il sait que s'il parvient à se dégager on ne le rattrapera peut-être pas. Il a espoir en ces hommes qui, comme lui, prient à la tombée du jour. Tout cela je l'ai compris, aussi après avoir accédé à son désir, je le fais tenir de chaque bras par deux tirailleurs solides. Mais il ne veut toujours pas parler, et se refuse à me donner des renseignements sur les événements que j'ai un si vif désir de connaître.

Je consulte alors mes compagnons européens ; et d'un commun accord, jugeant qu'il est impossible de songer à le ramener prisonnier jusqu'au Congo, puisque nous devons aller de l'avant, nous décidons que cet homme, qui tacitement convient de sa participation au crime, doit payer de sa vie le meurtre de nos compatriotes, car il en a été le complice, sinon l'auteur.

Mais un doute est dans mon esprit. Ces tirailleurs qui faisaient salam ne sont-ils pas de connivence avec nos ennemis ? Il me faut éclaircir cette situation, afin de savoir, nettement, si je puis à l'avenir compter sur eux. Aussi, je commande au sergent, qui doit accomplir l'exécution, de prendre précisément ceux qui tout à l'heure étaient en prière.

Je m'étais trompé sur leur compte ; ils remplirent consciencieusement leur devoir, et je pus leur conserver la confiance que j'avais en eux.

Le jeune noir qui avait été abandonné dans le camp par les musulmans, que je nommais Ali et que je gardais avec moi, remarquablement intelligent, apprit rapidement le français. Il me fournit bientôt des renseignements précis sur les musulmans du Dar Rouna.

Comme j'avais pu le constater moi-même, ce sont des hommes

robustes, solidement bâtis. Ils parcourent les régions situées au sud de leur territoire et viennent, dans les villages des fétichistes, prendre les enfants, les femmes, les marchandises de toute sorte, et tuer qui leur résiste.

Les jeunes gens sont élevés et convertis à l'islamisme. Les habitants du Dar Rouna font, comme n'avait fait nulle difficulté à l'avouer le prisonnier, partie de la tribu des Snoussis.

Ils cultivent à peine, se désintéressant presque complètement de la production du sol et préférant aller piller les récoltes de leurs voisins les fétichistes. Chaque année, des bandes nombreuses partent faire de ces razzias dont parlait Crampel dans ses lettres, et au cours desquelles ils ravagent et désolent les pays environnants.

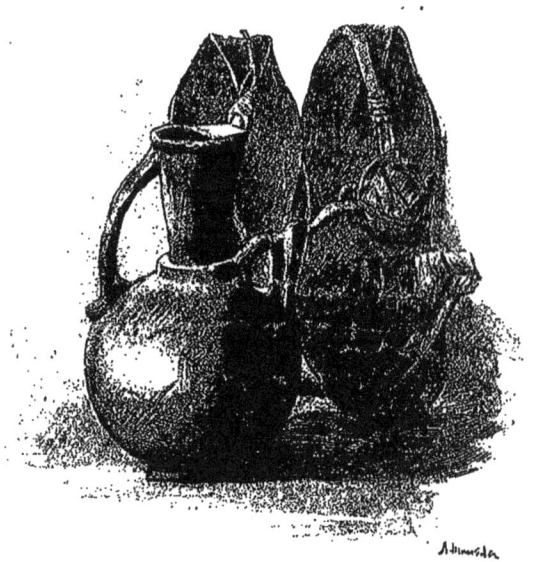

Fig. 90. — Gargoulette en terre et sandales des musulmans du Dar Rouna. Daprès nature.

C'est à une de ces bandes que Crampel avait eu affaire; mais la présence d'une mission européenne dans cette région était un fait d'une trop grave importance pour qu'une bande isolée pût déterminer, de son propre mouvement, l'attitude qu'elle devait conserver à son égard. Aussi ces hommes, qui avaient été en contact avec Crampel, s'en étaient-ils rapportés à la décision de leur chef, et c'est pour cette raison, qu'attendant la réponse, ils avaient fait traîner les événements en longueur et que, pendant tout ce temps, à tout hasard, ils avaient entouré le chef de la mission de toute espèce de prévenances mensongères.

C'est là une façon d'agir dont ils sont coutumiers. On sait que lorsque Flatters pénétra dans les régions profondes du Sahara, on le retint longtemps en un point, lui disant qu'on allait chercher des guides, tandis qu'en réalité on attendait des ordres commandant l'attitude à prendre à son égard.

Que ces musulmans, en effet, appartiennent à telle ou telle région, ils n'en ont pas moins une organisation générale parfaitement déterminée. Ils reçoivent des ordres de grands chefs, dont les décisions donnent une unité à leurs actions.

S'ils avaient cru n'avoir rien à redouter de Crampel, s'ils n'avaient pas pris ombrage de son armement, si peut-être surtout leur convoitise n'avait pas été éveillée par la présence des marchandises, il est possible qu'un permis de pénétration lui eût été accordé. Mais, c'était chose trop simple pour eux, pour qu'ils pussent y résister, que de s'emparer de vive force de tant de richesses et d'anéantir du même coup un certain nombre de ces blancs, chrétiens, ennemis jurés.

Les événements, mieux encore que toute espèce de raisonnement, semblent montrer, en effet, qu'il est nécessaire d'avoir une escorte suffisante pour traverser les pays fétichistes, dont les tribus sont toutes indépendantes, s'administrant elles-mêmes et en guerres fréquentes avec les tribus voisines. Chez elles, l'on peut être mal reçu un jour et fort bien le lendemain. Mais toutes les fois, au contraire, que l'on s'avance en pays musulman, il faut, ou bien être assez fort pour imposer sa volonté à tout un État constitué, ou bien se présenter seul et réclamer une hospitalité qui, comme l'expérience l'a tant de fois montré, sera rarement refusée. Les musulmans sont hospitaliers, souvent même grands seigneurs, et ils pourront accepter qu'on vienne chez eux, tant qu'ils ne verront pas dans cette venue, une concurrence à leur besoin qui est le commerce, ou à leur tendance qui est la domination.

Mais ce sont là des déductions que l'on ne peut faire, que si l'on connaît déjà les régions que l'on devra parcourir et les populations au contact desquelles on devra se trouver. Les premiers qui passent, payent chèrement hélas, parfois, l'expérience à acquérir et dont ceux qui suivent n'ont qu'à profiter. Puissent du moins ces épreuves cruelles servir à ceux qui viendront ensuite!

Les musulmans du Dar Rouna, avec lesquels j'avais pris contact, possèdent, pour les aider dans leurs longs parcours, des animaux de portage; ce sont des ânes et quelquefois, mais très rarement, des chevaux. Ils voient parfois venir chez eux, descendant du nord, des caravanes de chameaux.

Les ânes qu'avaient les musulmans attaqués, étaient morts en route, paraît-il.

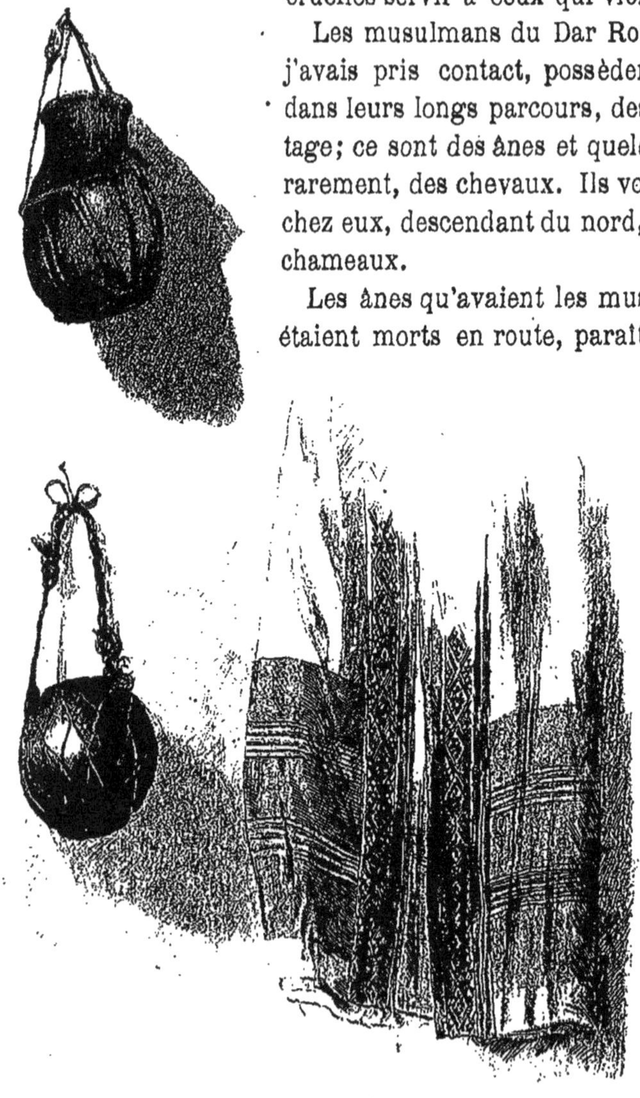

Les Tourgous sont habituellement vêtus. Ils portent un large pantalon plissé, fait de guinée. Quelques-uns de ces vêtements, que j'avais trouvés dans le camp, avaient été confectionnés avec des étoffes de couleur provenant de la mission Crampel. Par-dessus ce pantalon, une sorte de longue blouse, analogue aux boubous que portent les Sénégalais, leur recouvre le torse; très ample, avec des manches en pagode, cette

Fig. 100. — Calebasses servant de pot à eau. — Étoffe dont les musulmans du Dar Rouna s'entourent la tête. D'après nature.

pièce du vêtement est serrée autour de la taille par une sorte de ceinture-cartouchière en cuir, parfois élégamment ornée, et où se trouvent des étuis en roseaux, renfermant chacun, une charge de poudre, destinée au fusil à piston à deux coups, qui semble constituer leur armement habituel.

Une pièce d'étoffe, moitié soie et moitié coton, blanche, ornée d'une large lisière de broderie rouge, leur enveloppe la tête, que recouvre une petite calotte en étoffe blanche toute couverte de piqûres formant des dessins.

La pièce d'étoffe blanche dont je viens de parler ou bien leur entoure seulement le cou, ou bien leur voile tout le bas de la figure. Cette étoffe ne semble pas de fabrication indigène, mais doit bien plutôt venir du nord, de la Tripolitaine peut-être, État avec lequel les relations commerciales sont établies par les caravanes qui franchissent le Sahara. Ils portent, pour préserver leurs pieds des cailloux de la route, des sandales en cuir de buffle, ornées de découpures et de piqûres sur les bords.

Tel est le costume des gens de condition élevée, musulmans de naissance sans doute; mais il existe une distance considérable entre ces gens de caste et tous ceux qui ont été capturés dans les villages fétichistes et qui sont réduits souvent à un sort qui semble des plus durs; certains de ceux qui se trouvaient au camp des musulmans portaient aux pieds des entraves de fer qu'on leur avait mis pour les empêcher de fuir pendant la nuit.

Le groupe de musulmans auquel nous avions eu affaire était placé sous l'autorité d'un marabout, sorte de chef religieux et politique, lequel avait trouvé la mort dans l'attaque de nuit. C'était un lettré. Parmi les bagages qui lui appartenaient et dont la somptuosité plus grande se traduisait par des peaux de chèvre noires formant sa couche, par des malles en cuir ou en écorce soigneusement cousues, destinées à enfermer tout ce qui lui appartenait en propre, par des vêtements ornés de broderies, il se trouvait aussi différents objets qui témoignaient de son érudition. C'était un encrier, formé d'une petite calebasse emprisonnée dans un filet, et qu'accompagnait une autre calebasse de forme très allongée servant d'étui à des plumes en roseau, véritables calames anciens. Il écrivait, soit sur une planchette analogue aux planches à Coran des Arabes du Nord, ou bien sur des feuillets détachés des carnets ayant appartenu à Crampel. Accusant son caractère sacré, un grand chapelet était passé à son cou et, aux poignets, des grigris en maroquinerie, en tout point semblables à ceux que portent les Sénégalais.

Leur habitude de vol s'accusait nettement par l'absence presque absolue de marchandises servant aux échanges. C'est à peine s'il y avait dans leurs bagages quelques masses de perles blanches de qualité grossière, de provenance européenne, et quelques douzaines seulement de perle bleu turquoise, de la dimension de l'extrémité du petit doigt. En revanche, il y avait toute une série de petites pioches, destinées au pillage des champs de culture, dont les produits, patates et ignames, emplissaient leurs sacs.

Fig. 101. — Boîte en écorce cousue, planche à Coran et calames, fers à esclaves des musulmans du Dar-Rouna. D'après nature.

L'enfant qui m'était resté, et que j'avais le projet de garder auprès de moi, le jeune Ali, avait été pris dans des tribus fétichistes voisines du Dar Rouna, et que les Tourgous désignent sous le nom de population Sarra. Sa mère et deux de ses sœurs avaient été capturées en même temps que lui. Le père avait été tué. Chacun des membres de cette famille avait été distribué à différents marabouts. Ali était emmené dans les expéditions pour l'habituer, dès le jeune âge, à la vie d'aventures. Les Sarras, sur lesquels peu à peu je recueillis tout un faisceau de documents, constituent une population, dont les territoires s'étendent à l'ouest du Dar Rouna, au bord d'une grande rivière très poissonneuse, qui n'est autre que le Chari. Ils ne cultivent que de faibles étendues de terrain, car les musulmans font chez eux d'incessantes incursions et réduisent peu à peu l'importance de leur tribu; aussi vivent-ils principalement des produits de la pêche et de la chasse. La caractéristique des individus de leur race est d'avoir toutes les incisives inférieures arrachées. Ali devait au fait d'avoir été pris de très bonne heure par les musulmans, de conserver toutes ses dents.

J'ai dit que le sel faisait totalement défaut chez toutes les populations fétichistes des bords de l'Oubangui. Il en est de même chez les Dakouas et les N'Gapous, qui le fabriquent par le brûlage d'herbes de marais. Les musulmans, au contraire, possèdent du sel, mais celui-ci est mélangé à une notable proportion de matière terreuse, qui lui donne une couleur rouge (1).

Le bétail est rare; il est exclusivement représenté par des chèvres de race spéciale, dont j'ai trouvé des dépouilles parmi les bagages musulmans, et dont les poils très longs, soyeux, sont d'un noir foncé. Les individus sont petits, trapus et près de terre.

De l'ensemble des indications qui précèdent, on voit combien tout travail répugne à ces musulmans. Ici, aussi bien que dans le nord de l'Afrique, ils ne consentent volontiers à s'occuper que de commerce, aux insuffisances duquel ils suppléent souvent par le pillage et le vol. Aussi devront-ils toujours voir d'un mauvais œil notre venue chez eux. Ils savent que nous ne favoriserons jamais leurs actes de brigandage, que nous nous opposerons de toutes nos forces au prélèvement des esclaves; que si nous importons des marchandises, c'est pour les livrer à un taux plus faible que celui auquel eux, qui ont consacré des semaines ou des mois à les transporter, peuvent les vendre. Nous venons mettre des entraves à la libre pratique de tout ce qui chez eux est consacré par leur religion et par l'usage. Il est bien difficile qu'ils puissent l'admettre, sans s'y opposer par tous les moyens qu'ils ont à leur disposition.

(1) Voici l'analyse d'un fragment de ce sel, retrouvé parmi les bagages pris au camp musulman :

Sel gemme.

Chlorure de sodium	61,16
Sulfate de sodium	3,85
Matières insolubles	34,56
	99,57

CHAPITRE XIII

Marche vers El Kouti. — La ligne de partage des eaux. — Les affluents du Tchad. — Le Chari. — Les N'Gapous se joignent à nous. — Makorou. — Villages dévastés. — Exhumation des restes de M. Lauzière. — Le pic Crampel. — Les vivres manquent. — Retour à travers la forêt déserte.

Au lendemain de tous ces événements, le 25 novembre, j'allais reprendre ma marche vers le Nord. Je ne voulais pas laisser à la nouvelle de notre succès le temps de s'ébruiter et j'espérais arriver à Makorou à l'improviste, et peut-être y retrouver d'autres musulmans. Je laissai à Yabanda tout ce qui avait été pris au camp et je lui confiai la garde de deux charges, de porteurs malades, ainsi que tout ce qui pouvait encombrer inutilement mes hommes et les gêner dans une marche rapide. Entre autres choses, mes tirailleurs laissèrent tous leur moustiquaire qui devenait inutile, les moustiques ayant presque complètement disparu.

Je demandai au chef de me donner pour le moins deux guides, qui resteraient avec nous pendant toute notre marche. Il demanda des volontaires : dix-sept hommes se présentèrent. Cet empressement montrait quelle confiance les indigènes avaient maintenant en nous. En me les confiant, Yabanda me dit :

— J'ai pris soin de Samba (Mamadou-Sibi); veille sur le sort de mes enfants.

Je l'assurai qu'ils seraient bien traités. Le concours de ces jeunes N'Gapous pouvait m'être éminemment précieux; ils connaissaient à fond la grande brousse inhabitée, dans laquelle nous allions pénétrer, et nous aideraient à dépister l'ennemi.

Au départ du village, encore de hautes herbes cachant une quantité énorme de tiges mortes de bambous, lesquelles entravent la marche et la rendent excessivement pénible. Bientôt quatre marais successifs se présentent, et il nous faut patauger dans une boue noire, infecte, que recouvre une eau croupissante, rougie par les sels de fer qui font à la surface une pellicule métallique. Enfin le terrain s'assèche, et nous escaladons des pentes rocheuses, qui nous conduisent à une série de plateaux, d'où la vue s'étend, superbe et infinie, vers le nord-ouest, sur des vallées immenses, toutes boisées et toutes sombres, partant du pied de cinq rangées de collines qui apparaissent, toutes bleues, dans le lointain; leur direction générale est Nord-Ouest.

Sur ces plateaux, composés de roches ferrugineuses, la végétation est pauvre et l'herbe est déjà toute sèche. Accrochés au flanc des roches formant à droite, vers l'est, des bancs surélevés, d'innombrables aloès jettent la note gaie des fraîches couleurs de leurs fleurs rouges, au milieu de cette végétation diminuée, rabougrie.

Courant au milieu des herbes sèches, je vois un très gros oiseau : c'est une grande outarde (*otus cafra*), que je réussis à abattre.

Il faut incendier les hautes herbes, afin de déblayer une place pour le campement. Mais l'incendie ne s'arrête plus; il s'élance au milieu de ces herbes sèches, qu'il détruit en un clin d'œil. Il disparaît bientôt et on le croit éteint, mais soudain il se rallume et ses clartés illuminent à nouveau l'horizon et luttent contre les sombres voiles de la nuit qui descend.

Ces plateaux ferrugineux, d'un parcours facile, et où nous pouvions fournir une marche de plus de trois kilomètres à l'heure, alternent avec des vallées marécageuses, où nous nous embourbons jusqu'à mi-jambe. Nous ne les traversons qu'au prix d'une extrême fatigue, car les éléphants, très abondants dans cette région, en ont pétri la vase, dans laquelle leurs pieds gigantesques ont ouvert d'énormes fondrières remplies d'une eau ne laissant rien deviner de l'état du sol. Souvent, nous entendons ces énormes pachydermes fuir devant nous, brisant ou déracinant avec leur trompe, pour se frayer un passage plus commode, des arbres de la grosseur de la cuisse. Mais bien que nos vivres fussent sur le point de s'épuiser, car en partant de chez Yabanda nous n'avions pu emporter qu'une assez faible quantité de denrées, la maladie réduisant sans cesse le nombre de mes porteurs, nous n'essayons même pas à chasser ces animaux. Je savais, par expérience, combien il est difficile de tuer une de ces bêtes, qui parfois, criblée de balles, s'en va mourir au loin dans les marais, sans que l'on puisse la rejoindre.

La marche pénible dans les marais, l'impossibilité absolue de changer même de vêtement alors que l'on sort tout souillé de cette bourbe infecte, car tout à l'heure d'autres marais se présenteront encore où il faudra se plonger à nouveau ; le manque de repos et le travail incessant auquel il fallait me livrer, car, malgré tout, je poursuivais, chemin faisant, mes récoltes de documents d'histoire naturelle que, le soir venu, et souvent fort avant dans la nuit, il fallait classer et noter, tout cela avait réveillé en moi de nouveaux accès de fièvre, qui me prenaient chaque soir, et que des doses très fortes de quinine n'arrivaient pas à faire diminuer. Nous partions cependant chaque matin à six heures, pour ne nous arrêter que le soir, vers la même heure.

Le matin du 28 novembre, au moment de lever le camp, j'étais plus souffrant encore, plus épuisé que les autres jours. Cependant je donnai l'ordre du départ. Mais nous avions à peine fourni une marche de deux heures que les forces m'abandonnèrent complètement. Il fallu s'arrêter. On me dressa ma couche sous de grands arbres, qui m'abritaient contre l'ardeur du soleil, déjà brûlant à cette heure matinale. Je m'administrai une médication énergique, consistant en ipéca à la brésilienne et injections sous-cutanées de bromhydrate de quinine.

J'étais dans une très cruelle situation. J'avais hâte de marcher et j'étais réduit à l'impuissance par la maladie, qui me terrassait. Les vivres commençaient à s'épuiser et chaque jour, chaque heure, que nous perdions, rendait la situation plus difficile et plus périlleuse. Il fallait atteindre Makorou, en toute hâte, car je comptais bien refaire là d'abondantes provisions pour pousser ensuite jusqu'à El Kouti. La chasse ne nous fournissait que de bien faibles ressources, notre marche en colonne faisant fuir le gibier.

Le tourment que me causait mon état de santé ne faisait que l'aggraver. Mes compagnons étaient heureusement tous bien portants; seul, j'étais la cause de ces retards. Les N'Gapous que j'avais emmenés avec moi étaient désolés de me voir malade. Ils venaient s'accroupir près de ma couche et me regardaient avec des regards attristés. J'étais surpris de trouver chez ces primitifs, encore quelque peu anthropophages, puisqu'ils mangent l'ennemi tué à la guerre, la manifestation de tant de bons sentiments. Ils ne me quittaient pas. Un d'eux, voyant qu'un rayon de soleil perçait à travers la feuillée et m'importunait, s'en alla couper une grande branche qu'il planta dans le sol pour m'abriter. Un autre prit mes chaussures toutes souillées de la boue des marais, et les nettoya avec soin.

J'envoyai des hommes à la chasse. Ils nous rapportèrent deux pintades, mais ils ne trouvèrent ni antilopes ni buffles qui eussent fourni de la nourriture pour tout mon monde. Le lendemain matin, la médication que j'avais suivie ayant produit de l'amélioration dans l'état de ma santé, je donnai l'ordre du départ. Il faisait un froid tel, que nous n'en avions encore éprouvé de semblable. Chacun de nous mettait sur lui tout ce qu'il avait de vêtements. Les tirailleurs s'enveloppaient dans leurs couvertures. C'est que le matin, à six heures, le thermomètre ne marquait que 8°7 au-dessus de zéro seulement. Bientôt après notre départ, nous traversions une petite rivière; elle roulait ses eaux vers le nord-ouest. La série de plateaux que nous venions de franchir formait donc la ligne de partage des eaux entre les affluents de l'Oubangui et du Congo, coulant vers le sud, et ceux qui déversent leurs eaux vers le nord et qui sont tributaires du Tchad.

Pendant l'après-midi de la veille, alors que pris d'accès de fièvre j'avais dû rester étendu, M. Nebout avait pu s'entretenir longuement avec Mamadou-Sibi et vint me rapporter les résultats de cette conversation.

Mamadou, sans avoir assisté lui-même à l'assassinat ni de Crampel ni de Biscarat, savait cependant par ses compagnons, dont il avait partagé la captivité, comment s'étaient passés les événements. A son sens, la participation du tergui Ichekiad au crime ne faisait aucun doute. Les blancs jouissent auprès des noirs d'un tel prestige, que peut-être les musulmans seuls n'auraient pas osé commettre l'assassinat; mais il les avait rassurés sur les conséquences, disant que le pays des blancs était loin et que jamais ils ne viendraient tirer vengeance du meurtre. Il les encourageait en leur disant qu'il y avait dans les caisses des richesses considérables.

Le meurtre eut lieu. On s'empara des Sénégalais et l'on garda la lettre qu'un courrier devait porter à l'arrière-garde, de façon à laisser aux autres Européens le temps d'avancer et de tomber dans de nouveaux guet-apens, et cela en dehors des villages de fétichistes, qui peut-être eussent averti les blancs du danger qu'ils couraient. Ichekiad serait revenu même jusque près de Makorou, au moment de l'assassinat de Biscarat que l'on renonça d'attirer jusqu'à El Kouti, et dont il fallut précipiter le meurtre pour éviter qu'il ne fût rejoint par M. Nebout, qui avait avec lui, on le savait, un certain nombre d'hommes armés.

Ichekiad fut payé de sa trahison. On lui donna une large part du butin et on le laissa librement partir vers le nord (1).

Je n'avais aucune raison de douter de la bonne foi de Mamadou, qui tenait tous ces renseignements de ses compagnons, lesquels avaient assisté à tous ces événements. Le raisonnement me conduisait, au contraire, à considérer la trahison du Tergui comme non douteuse.

Il savait, en effet, que parmi les marchandises formant les bagages de la mission, il s'en trouvait un certain nombre qui avaient grand cours dans son pays et qui avaient été achetées sur ses propres indications. Certes, on lui avait promis de grosses récompenses, — mais n'avait-il pas là, sous la main, plus encore qu'on ne pouvait lui donner? Tant que l'on était chez les fétichistes, la trahison n'était

(1) Des avis venus à Tripoli ont annoncé (janvier 1893) qu'Ichekiad aurait regagné sa tribu dans le Sahara.

pas possible, mais les Tourgous n'étaient-ils pas musulmans comme lui? Et puis Ichekiad avait séjourné longtemps chez les blancs, et l'esprit d'intransigeance des gens de sa race eût fait, que s'il était revenu chez lui dans des conditions normales, il n'eût plus été accepté; — peut-être même l'aurait-on mis à mort. Mais par la trahison, il revenait riche, et sa participation au meurtre d'Européens lui constituait un titre de gloire, qui devait ne plus laisser planer sur lui aucun sentiment de doute; il aurait bien mérité des siens.

J'interrogeai à mon tour Mamadou-Sibi, et il me répéta tout ce qu'il avait dit à M. Nebout.

Sur un plateau, je trouve l'emplacement d'un grand campement. Il y a encore une quinzaine de sortes de grandes huttes, faites en abattant un arbre, découpant en dessous les ramilles, pour ne conserver que les grosses branches qui forment pilier de soutien, et projetant sur le tout quelques bottes de grandes herbes. Les musulmans ont dû camper là, car il y a sur le sol des débris de caisses et de tonnelets en zinc, ayant appartenu à la mission Crampel.

J'ai emboîté le pas si étroitement sur les traces du passage de mon prédécesseur, qu'à un moment, un des réengagés vient me dire qu'il y a là une grosse roche que Lauzière, l'ingénieur de la mission, a frappée pour en détacher une parcelle. J'en prends, au même point, un échantillon (*microgranulite schisteuse*).

Le 29, dans la matinée, nous arrivons à l'endroit où le Bassa Thomas est venu annoncer à M. Nebout le meurtre de Biscarat.

Encore deux jours de bonne marche et nous serons à Makorou; il est temps, car les vivres sont épuisés et nous vivons de ce que l'on peut trouver.

La chasse ne nous fournit toujours que peu de chose; mes hommes trouvent dans la brousse quelques racines d'ignames sauvages, qu'ils déterrent avec un grand soin. Elles sont longues, minces et très difficiles à arracher. Les tamariniers deviennent plus fréquents; nous nous arrêtons quand nous en rencontrons, car mes hommes mangent la pulpe acide que renferment leurs fruits. J'ai bien encore avec moi quatre caisses de riz, de 25 kilog. chacun, mais je n'y toucherai qu'à la dernière extrémité. Je compte sur cette faible ressource pour ma marche sur El Kouti, car Mamadou me dit que la région est déserte et que nous n'y trouverons pas de vivres.

Le soir, les éléphants viennent tout près de notre campement, et lorsqu'ils nous aperçoivent, ils fuient, brisant les arbres sur leur passage et poussant de formidables coups de trompette.

Mon camp était toujours organisé suivant un ordre dont on ne se départait jamais. Le choix de l'emplacement ayant été fait par les soins du chef d'escorte, M. Briquez, une équipe procédait au débroussement sommaire, tandis qu'une autre s'en allait à la recherche de perches destinées à installer une tente unique à l'aide de deux bâches, sous lesquelles nous tous, Européens, nous trouvions abri. Les tirailleurs étaient disposés par groupes, suivant un ordre prévu, abritant en cas d'attaque les porteurs, qui couchaient près de la tente à côté de leurs bagages.

Ce jour-là, le camp était disposé comme de coutume. Ma besogne terminée, je m'étais couché, lorsque soudain je suis réveillé au milieu de la nuit par deux coups de feu. En moins de temps qu'il n'en faut pour le dire, je saute à bas de ma couche, je saisis ma carabine et me voilà hors de la tente. Si prompt qu'avait été mon mouvement, il avait suffi néanmoins pour donner le temps à mes tirailleurs de se ranger en cercle, genoux en terre, protégeant la tente et les porteurs groupés autour d'elle.

Que s'est-il passé? D'où sont partis les coups de feu? Les sentinelles du camp interrogées n'en savent rien; celles de grand'garde ne sont pas mieux renseignées. Il leur semble, aux unes et aux autres, que les coups de feu ont été tirés dans le camp même. Après enquête, nous découvrons, en effet, que c'est un tirailleur qui, couché trop près du feu, a laissé s'enflammer sa musette, et deux cartouches ont éclaté.

Nous parcourons une nouvelle série de plateaux ferrugineux peu élevés. Par places, une herbe courte et fine couvre tout le sol; mais souvent aussi celui-ci est rocheux et complètement dénudé. De gros blocs, de forme régulière, presque cubique, émergent au-dessus de sa surface. Des touffes d'aloès poussent entre ces blocs. Sur un de ces plateaux, où nous arrivons après une petite escalade, le terrain est garni d'une sorte de champignons gigantesques ayant 0^m,80 de hauteur : ce sont d'énormes fourmilières. Le sol en est recouvert.

Une futaie, aux arbres élancés, fait suite à ce plateau, et en sous-bois des pieds nombreux de maranthacées (*Curcuma*). Puis la plaine herbeuse recommence. Nous allons arriver, me disent mes guides, à une grande rivière que, m'assurent-ils, nous pourrons franchir à l'aide d'un pont, établi sur un point qu'ils connaissent, et vers lequel ils me conduisent.

Je décide quatre de mes guides à partir en éclaireurs rassurer les N'Gapous, habitants de Makorou, ou bien constater la présence des musulmans et nous en aviser. Je les chargeai de revenir le plus tôt possible et de nous rapporter quelques vivres.

Nous arrivons, dans la journée, sur les bords de la grande rivière que les N'Gapous nomment Bangoula; elle coule vers le nord-ouest.

Où est le pont?

Les N'Gapous grimpent alors sur un arbre de forte taille, qui penche sa puissante ramure au-dessus de l'eau, en suivent les branches et arrivent à des ramilles flexibles, reliées, à l'aide de quelques perches, à celles d'un arbre semblable, situé sur la rive opposée. Ce passage acrobatique est tellement périlleux que, pour le franchir, ils ne conservent même pas leurs sagaies à la main. Passer sur ce pont de singes ce serait folie, et puis comment transporter les bagages? Il n'est d'autre moyen que de construire un pont, car, comme je viens de m'en assurer en la faisant plonger, l'eau a près de trois mètres de profondeur. Je fais reconnaître la rive en amont et en aval. Pas de passage.

On commence donc à abattre des arbres sur notre rive, et des hommes, qui ont franchi le courant à la nage, se mettent en devoir d'en faire autant sur l'autre bord. J'ai chargé M. Bobichon de veiller à l'exécution de ce travail.

Pendant ce temps, je m'en vais reconnaître les bords de la rivière.

Ceux-ci sont constamment boisés, et les arbres penchés sur l'eau abritent son cours, qui a près de cinquante mètres de large. Nous sommes à la saison des basses eaux. Il est facile de s'en convaincre, car, il y a peu de temps encore, les arbres plongeaient dans l'eau, comme l'atteste clairement la vase dont leurs troncs sont couverts. Aux eaux hautes, le cours est cependant endigué par deux fausses berges, éloignées

Fig. 102. — Ce sont d'énormes fourmilières...

d'une trentaine de mètres du bord actuel de la rivière. Sur la vase qui recouvrait ce lit des eaux hautes, un lion, qui sans doute était venu s'abreuver, avait laissé des empreintes, toutes fraîches.

Dans une de ses dernières lettres, Crampel racontait une chasse qu'il avait faite en ce lieu et dans laquelle il avait blessé un lion. Je n'ai pas eu la bonne chance d'en rencontrer, et d'ailleurs, ce fauve semble rare dans la contrée, car on n'en voit pas de dépouilles chez les chefs, qui ne manqueraient pas de les conserver comme ils le font pour la peau des autres félins qu'ils arrivent à tuer. Cependant, bien que n'étant armés que de sagaies et de flèches, ils n'hésitent pas à attaquer le lion, comme ils me l'ont affirmé et j'ai pu contrôler la véracité de leur dire, car je rencontrai plus d'une fois des griffes de cet animal placées au cou en façon d'ornement, et suspendues à un petit lien.

Les lions, quoique rares, se rencontrent néanmoins même dans des régions qui semblent leur être moins favorables, telles que celles de la forêt équatoriale, et des chefs Batékés, des environs de Brazzaville, possèdent des peaux de lions tués par eux.

Si j'avais eu des porteurs et que j'eusse pu conserver avec moi mes canots démontables, j'aurais suivi le cours de cette rivière; mais dans l'état actuel des choses, il fallait renoncer à ce désir. Les renseignements que je pus recueillir sur le parcours de cette importante rivière m'ont appris que son cours allait en s'élargissant; il passerait au nord du pays des Sarras. Je devinai que j'étais au bord du Chari, le grand affluent du Tchad (1).

Écrivant à ceux de ses compagnons qui dirigeaient l'arrière-garde, Crampel, qui était précisément à ce point de son voyage, leur disait qu'il venait d'avoir une de ces joies comme on n'en éprouve que rarement en exploration. C'est qu'il avait compris que cette rivière, qu'il venait de traverser, était le grand affluent du Tchad, et il venait de le franchir en un endroit que nul explorateur n'avait jamais atteint encore.

(1) Quand, lors de mon retour, je me rencontrai à Brazzaville avec M. le lieutenant de vaisseau Mizon, je demandai à l'hadji khartoumien qui l'accompagnait, s'il connaissait la rivière Bangoula. Il me répondit : « C'est la même qui prend plus bas le nom de Chari ». Je ne m'étais donc pas trompé dans ma conjecture.

Le lendemain matin, 1ᵉʳ décembre, le ponceau étant construit, le passage commença assez lent, car notre pont consistait seulement en deux arbres, dont les troncs se croisant sont maintenus en l'air par de grosses branches, qui posent sur le lit de la rivière. Le barrage qu'elles forment gêne les poissons que l'on voit venir faire des sauts au-dessus de la surface; il y en a de très gros.

De l'autre côté du Chari, la steppe herbeuse recommence. Mes guides qui reviennent me

Fig. 103. — Le passage du Chari. D'après un croquis.

disent qu'il n'y a pas de musulmans; et que les indigènes eux-mêmes ont fui.

Soudain, une superbe antilope Kob débouche des hautes herbes et s'arrête dans une petite clairière, à trente mètres devant nous. Un de mes hommes d'avant-garde abaisse son fusil et veut tirer. Je l'arrête. Il me regarde stupéfait; il y a si longtemps que nous n'avons mangé un bon morceau de viande! Mais le coup de fusil se serait entendu du village et les habitants, déjà effrayés, ne se seraient plus montrés du tout.

Toutes les herbes sont sèches maintenant. On en a commencé le brûlage et notre marche s'effectue plus facilement. Bientôt, une croupe rocheuse très haute se présente à l'horizon; nous nous dirigeons vers ce point, car, me disent mes guides, le village se trouve au pied de ce pic.

Entre les blocs énormes qui se sont détachés du pic, quelques cases, très petites, très pauvres, sont installées, adossées du côté ouest à la muraille, presque droite de ce côté-là. A l'est, la masse rocheuse se prolonge, au contraire, en une pente qui semble pouvoir être gravie. Les cases sont toutes placées entre les blocs rocheux qui les abritent, les cachent même parfois aux regards; et plus on examine avec attention, plus on en découvre. Au nord, est un petit pic secondaire et, entre les deux, un plateau rocheux, où les eaux qui s'écoulent des pentes viennent s'accumuler dans une grande poche naturelle et forment réservoir d'eau. Sur ce plateau, encore quelques cases. Mais les unes comme les autres sont vides; tous les habitants ont fui. Lors du passage de Crampel en ce lieu, il existait un village plus important, occupant la plaine qui s'étend à l'ouest du pic, et que limite une petite rivière aux eaux claires, affluent de droite du Chari. Mais depuis, les musulmans ont tout pillé, brûlé les cases dont les montants tout noirs sont encore là, debout; et les indigènes qui ont survécu ont reconstruit de pauvres cases sur le rocher où ils pourront se mieux protéger.

Tout est vide, désert, abandonné. J'envoie les N'Gapous à la recherche des indigènes, qui appartiennent, me disent-ils, à leur race, et qui étaient placés autrefois sous l'autorité de Yabanda, mais ce chef lui-même a fui la région dévastée par les hordes musulmanes, jugeant prudent de mettre cette grande brousses d'un parcours si pénible, que nous venons de traverser, entre lui et l'envahisseur. Je leur ai dit qu'ils annoncent à chacun que nous voulons la paix, que nous leur achèterons des vivres en les payant très cher, car nous n'avons plus rien à manger, et s'ils ne se pressent pas, je serais forcé de prendre dans les plantations.

Les plantations? Ah! ils n'ont que faire de venir les protéger! Elles n'existent plus. Les musulmans, alors qu'ils descendaient vers le sud, ont tout pillé; les champs de patates et de manioc ont été fouillés, et il ne reste plus que quelques vieilles racines à demi gâtées.

Enfin, avant le soir, les guides reviennent avec quelques indigènes. Ils sont armés d'arcs, d'énormes carquois bourrés de flèches à la pointe acérée et de javelines. Ils semblent fort peu rassurés. Je leur dis qu'ils n'ont rien à craindre, mais qu'ils m'amènent le chef; que je veux le voir, et qu'ils me fournissent des vivres dont j'ai un besoin absolu. Ils me répondent que le chef ne peut venir, car il est si pauvre qu'il ne peut pas faire de cadeaux; les musulmans ont tout pris et leurs cultures sont bien réduites, les femmes qui s'en occupaient ayant été emmenées en esclavage. Je leur dis que je n'exige pas de cadeaux et s'ils ont du mil, qu'ils l'apportent, je le leur payerai.

Le lendemain, la matinée se passe et pas un indigène ne vient. Enfin, dans l'après midi, je vois se présenter le chef, accompagné d'un certain nombre d'indigènes. Il m'apporte une poule, trois morceaux de viande d'éléphant, fumée, et un petit panier de mil. « C'est tout ce qu'il possède », me dit-il. Je le crois assez volontiers, car je viens de parcourir leurs cultures. Quelle misère! Comme on sent que ce premier élément de succès, la sécurité, ne règne pas ici. Tout ce travail du sol est fait à la hâte, n'importe comment. On sent que ceux qui le font semblent être guettés sans cesse par un ennemi. Vite ils égratignent le sol, y jettent quelques graines qu'ils ont dérobées à la maigre pitance de chaque jour et se sauvent pour ne pas être saisis. Ce sont de petits lambeaux de champs épars çà et là, comme pour pouvoir toujours emporter quelque chose dans la fuite, quelque direction qu'on lui donne.

Du mil, presque pas; ce qu'il y en a ne formerait pas un demihectare, et encore tout cela est rabougri, chétif, les épis se montrent à peine. Ni arachide ni sésame; quelques petits champs de patates et de manioc, mais la récolte est faite. Et çà et là, au milieu des grandes herbes, poussant sans soins, quelques pieds de tabac et des cotonniers, laissant échapper des capsules mûres, des flocons d'une soie très blanche. Ce sont les témoins d'une prospérité disparue.

Que devenir? Que donner à mes hommes qui ont faim? J'ai fait chasser, mais l'on ne m'a rapporté que quelque menu gibier, tourterelles et touracos. Il en faudrait beaucoup pour nourir 90 hommes! J'ai bien encore mes caisses de riz — cent kilogs; — à petite ration, cela fera trois jours au moins, mais c'est ma dernière ressource, pour aller vers El Kouti, dont cinq ou six jours de marche nous séparent encore. Et d'ici là-bas le pays est désert. El Kouti lui-même n'est qu'un lieu de campement, car il y a là de l'eau, qui devient plus rare dans le pays; mais aucune plantation n'y existe, et si, comme cela est probable, les musulmans ont fui, nous n'y trouverons rien.

Malgré tout le désir de garder cette maigre provision de riz pour plus tard, il faut bien l'entamer, mes hommes ayant faim. Soit, on ouvrira une caisse. On décloue le bois, on dessoude le zinc. — Désolation! Dans toutes les tribulations de la route le zinc s'est crevé, l'eau s'y est infiltrée et le riz est pourri. Cela est brun, pris en masse, et répand une épouvantable odeur. Il en faut ouvrir une seconde : elle est dans le même état. La troisième est bonne. — Dans la quatrième, une faible partie seulement est en bon état. Voilà tout ce qui me reste de vivres : trente kilogrammes de riz, et j'ai 90 hommes à nourrir!

Que faire? Partir tous ensemble pour El Kouti? C'est impossible, car ce serait exposer tous mes gens à mourir de faim. S'il y avait au moins un peu de vivres indigènes, je partirais avec vingt tirailleurs et deux Européens, laissant le reste ici. Mais ce n'est pas une solution, puisqu'il n'y a pas plus de vivres ici qu'il n'y en aura là-bas. Renoncer à El Kouti, alors? Je ne puis me décider à prendre cette détermination. J'envoie de toutes parts à la chasse. Si nous pouvions tuer un éléphant, nous serions sauvés.

Le pays ne peut rien me fournir et, cependant, quelle situation privilégiée que celle de ces villages! Avec bien peu d'organisation, avec un peu d'entente entre eux et seulement quelques fusils, ils seraient au milieu de ces rochers en état de résister à toute attaque. Cet énorme bloc qui émerge là du sol, avec toutes ses cavernes, ses anfractuosités, ses retraites, constitue une formidable citadelle. J'en entreprends l'ascension. Mes guides me font aborder le pic par l'ouest, côté par lequel il domine le pays de toute sa masse imposante, coupée brusquement par une muraille à pic de deux cents mètres de haut, flanquée au pied, de gros blocs détachés, entre lesquels croissent quelques arbres rabougris et de hautes

herbes; puis nous longeons le côté sud. Là, des failles énormes et les lignes de stratification concordante vont s'abaissant jusqu'au sol pour y disparaître bientôt une à une. Nous voilà

Fig. 104. — Le pic Crampel. D'après des photographies.

à l'est. Une pente s'offre à nous. Le sol est fait des blocs unis de la roche qui le pave de dalles immenses et s'élève en une pente douce, jusqu'à une façon de plate-forme, où l'on a établi une case, en plantant les piquets entre les fentes des rochers, et en les consolidant au moyen de grosses pierres. Au bord de cette plate-forme, regardant la pente glissante que je viens de gravir, des amas de pierres disposées en rangées. Un de mes guides me montre qu'elles sont destinées à être lancées contre les assiégeants. Mais la case est vide, les habitants l'ont abandonnée.

Puis encore une montée plus raide, plus difficile à franchir et de nouveau des cases avec des rangées de pierres de défense. De là pour arriver au sommet, l'escalade est pénible : il faut sauter de roche en roche, sur le bord de crevasses énormes. Enfin, nous voilà sur le bloc terminal, arrondi en forme d'une immense coupole. D'énormes blocs détachés de la masse ont glissé sur la déclivité, et on se demande par quel miracle d'équilibre ils se soutiennent encore, au sommet de la grande muraille droite, du côté ouest.

Une vue superbe, et que seule la brume bleutée des lointains limite à l'infini, s'étend de là sur toute la région qui nous entoure. Vers le sud, je retrouve les deux ruisseaux traversés, il y a quelques jours, puis, plus près, le cours important du Chari, qui fait un crochet vers le nord pour reprendre ensuite sa direction nord-ouest. Le cours en est facile à suivre de l'œil, à cause de la masse verte des grands arbres qui en bordent les rives, et qui se détache longtemps encore sur la plaine des grandes herbes jaunies.

Tous ces cours d'eau s'infléchissent aussi vers le nord, car un fort massif montagneux, que l'on découvre à l'ouest et dont nous avons franchi les derniers contreforts dans la grande brousse, déjette leur cours.

Au nord, la steppe herbeuse s'étendant à l'infini ; à l'est, la steppe encore, avec quelques émergences de blocs rocheux, sur le premier plan. Ils semblent appartenir au même banc, qui se termine à l'ouest par l'énorme bloc sur lequel nous sommes, et du sommet duquel le regard s'étend sur toutes ces régions, théâtre du massacre de mes infortunés prédécesseurs.

Je donne à ce massif rocheux le nom qu'il conservera, je l'espère, de Pic Crampel. Hélas! il est le monument érigé au-dessus de sa tombe, alors qu'il aurait dû être le jalon de sa marche glorieuse!

Dès mon arrivée à Makorou, j'avais fait rechercher l'emplacement où avait été inhumé l'infortuné Lauzière. On eut quelque peine à le retrouver, car, comme je l'ai dit, l'ancien village avait été abandonné, et, depuis lors, les grandes herbes, qui ont tout envahi, avaient été brûlées, puis avaient repoussé de nouveau. Mais on savait que la tombe avait été creusée près d'un grand tamarinier, et on finit par en découvrir l'emplacement.

L'état de famine auquel nous étions réduits m'avait démontré l'impossibilité absolue de marcher en avant et me faisait un devoir de me hâter de revenir, car il faudrait encore traverser toute la grande brousse avant de retrouver des vivres. Je résolus donc d'exhumer les restes du malheureux Lauzière et de les rapporter pour les faire reposer en terre française.

Il est trois heures : c'est le moment fixé pour la triste cérémonie. L'avant et l'arrière-garde, 25 hommes, en tenue et sous les armes, vont nous accompagner. Les autres resteront à la garde du camp. Les réengagés de la mission Crampel nous guident. Après avoir serpenté dans les grandes herbes, nous arrivons à un endroit écarté des cases, que les musulmans ont brûlées. Près d'un gros tamarinier, le sol est moins envahi par les herbes, — c'est une sorte de petite place ronde — au centre, un tertre entouré d'une dizaine de piquets, que l'incendie des herbes a charbonnés — ils sont tout noirs, comme en deuil. — C'est là.

Les hommes d'escorte, silencieux, se rangent en cercle, et quatre d'entre eux, commandés par le sergent Bou-Bakar, après avoir arraché les piquets noircis, commencent à entamer le sol. Nous tous blancs, nous sommes là, tout près de cette terre, qui se creuse et qui prend bientôt la forme lugubre de la fosse mortuaire. Les indigènes, venus nombreux, paraissent surpris, passant leur tête entre les rangs des tirailleurs, l'arme au pied, la baïonnette au clair.

Les travailleurs agissent, rapides, silencieux. Que de tristes pensées envahissent notre esprit pendant ces cruels instants! Et si un souffle était sorti alors de nos cinq poitrines oppressées, c'eût été pour exprimer la même pensée, pour dire la même douleur!...

Près d'un mètre de terre est retiré. La terre superficielle entraînée au fond lors de l'inhumation, en même temps que des touffes d'herbes encore incomplètement détruites, nous disent que nous approchons. Bientôt, en effet, un lambeau d'étoffe blanche, bariolée de grandes chamarrures rouges, apparaît. Dès lors, les travailleurs agissent avec prudence. La silhouette humaine se dessine sous les plis écrasés d'une couverture de laine grise, puis le vêtement de flanelle blanche, rayée de noir, qu'il portait sans cesse...

Portez armes! Présentez armes! Et dans une caisse en fer doublée de toile blanche, tapissée d'un pavillon tricolore, les restes de ce soldat, mort pour la sainte cause de la civilisation et de la patrie, sont pieusement déposés.

Plus d'un sanglot alors soulevait nos poitrines! Pauvre compagnon d'exil sur la terre lointaine et inhospitalière!... Sa tête était tournée vers le nord, comme pour chercher encore de son dernier regard, là-bas, si loin... le regard, la pensée d'une mère ou d'un père. Ah! s'il est une consolation à ces suprêmes douleurs, que ceux qui faisant abnégation de leurs propres chagrins et de leurs tourments n'ont pas hésité à lui dire : Pars et sers utilement la patrie, la trouvent du moins à la pensée que leur fils est mort au champ d'honneur, en faisant son devoir!

Nous revenons au camp. La bière est déposée et les soldats défilent devant, respectueux, fortement impressionnés. Mamadou-Sibi avait dû être emporté; l'émotion avait amené chez lui une syncope.

Je dis aux indigènes qu'il me fallait à tout prix retrouver les restes de Biscarat, leur promettant telle récompense qu'ils voudraient s'ils m'aidaient à les découvrir. Mais ils me répondirent que certainement ils ne retrouveraient rien, car il n'avait pas été enterré et que le brûlage des grandes herbes, qui avait déjà eu lieu par deux fois, depuis sa mort, amenait la destruction de tout ce qui se trouvait sur le sol. Ils se mirent cependant en campagne, mais ne me rapportèrent que des fragments d'os longs, humains, moitié carbonisés, entamés par la dent d'un rongeur qui mange l'os et l'ivoire.

Je ne pus reconnaître en ces débris des os d'Européen. Je les fis enterrer et je renonçai à pousser plus loin mes recherches, que tout démontrait inutiles.

Cette constatation, que je venais de faire de la disparition des ossements humains, acheva de me déterminer à ne pas aller plus au nord. Quand bien même, ce qui était peu probable, nous aurions pu, sans mourir de faim, atteindre El Kouti et en revenir, qu'aurions-nous fait? Mamadou et les indigènes m'affirmaient déjà que les musulmans avaient abandonné ce point, qu'il n'y avait pas de cultures pour nous ravitailler, et je venais d'acquérir la preuve que je n'y retrouverai pas les restes de l'infortuné Crampel; quoiqu'il pût m'en coûter, il fallut donc renoncer à ce projet. Je ne le fis pas sans un profond regret.

Dès lors ma résolution étant prise, il fallait se hâter, car nous avions à traverser toute la grande brousse, sans espoir de pouvoir trouver de quoi subvenir à nos besoins.

La triste cérémonie venait à peine de prendre fin, que j'entends, succédant à un coup de fusil, des appels désespérés. Avec quatre hommes, je pars en courant dans la direction d'où ils proviennent. Et nous voyons alors le tirailleur Ibra-Ba, qui a blessé une superbe antilope Kob, de très grande dimension. Elle est terrassée, et pour l'empêcher de se relever, debout sur une de ses longues cornes portant par terre, il tient l'autre à deux mains. Elle se débat furieusement, mais Ibra, ne voulant pas la lâcher, nous a appelés à son secours. Nous l'achevons et, les pattes liées, on la transporte au camp.

C'est une bonne aubaine; elle fournit environ 100 kilogr. de viande, et chaque homme en a une bonne ration, mais il n'en restera plus rien demain; du moins ce peu de nourriture avait réconforté tout mon monde. Je donnai ordre de hâter les préparatifs de départ; je fis venir ensuite le chef M'Pokou et je lui dis :

— Puisque tu n'as pas de vivres à nous donner, nous sommes obligés de repartir; mais nous reviendrons. Sois rassuré; les musulmans n'oseront plus désormais venir te piller, car ils savent que nous te protégeons et ils se souviendront de la juste punition que nous leur avons infligée pour avoir osé porter une main sacrilège sur nos frères. Prends ce pli et garde-le. Prends aussi ce pavillon, et lorsque tu sauras que des blancs reviennent, fais-le flotter au-dessus de ta case et attends-les avec confiance; ils te seront secourables et te donneront des cadeaux comme je vais le faire moi-même.

Le lendemain matin, 5 décembre, nous reprenons le sentier qui doit nous conduire sur les bords du Chari.

Si Makorou est maintenant réduit à l'état de misère profonde, dont nous venons de ressentir les cruelles conséquences, il n'en a certes pas toujours été ainsi. Tout montre qu'il fut un temps où, alors que les musulmans qui pénètrent chaque année plus avant vers le sud n'étendaient pas leurs incursions jusqu'en ce point, ce devait être une importante agglomération de villages. Partout, en effet, ce sont des emplacements de cases détruites, de plantations abandonnées. Puis, en un endroit où le sol fouillé a mis à découvert le riche minerai de fer (*itabirite*) qui est si abondant dans toute cette région, nous trouvons un haut fourneau, d'argile cuite, ayant pris l'aspect de la brique. C'est une sorte de cône ayant près d'un mètre de diamètre à la base et qui, bien que brisé, a encore 1^m,50 de haut. On a dû y traiter beaucoup de minerai, à en juger par l'excavation qui est faite dans le sol et les quantités de débris qui sont encore amoncelés, à demi recouverts par les herbes. Les N'Gapous et les Dakouas traitent également le fer au moyen de ces petits fourneaux, où la combustion est établie à l'aide de charbon de bois que l'on a éteint dans l'eau et dont on voit des dépôts qui sèchent, étalés au soleil, près des villages.

Plus loin, près d'un marais, je retrouve de superbes spécimens de dattier sauvage, dont j'ai déjà eu l'occasion de parler. Leurs stipes, qui ont sept à huit mètres de haut, sont minces et s'infléchissent avec élégance.

Mes guides me disent que les populations sabangas, qui occupent maintenant les bords de la rivière Ombella, venaient autrefois confiner aux N'Gapous dont les territoires s'étendaient jusque-là. Ils ont fui devant l'invasion musulmane. Les collines qui s'étendent à l'ouest sont, me disent-ils, les derniers contreforts du massif montagneux d'où découle l'Ombella et la Kémo, qui sont peu éloignées de là. Ce massif constituerait donc bien, comme j'en avais le pressentiment, la ligne de partage des eaux de l'Oubangui et du Chari, et, tandis que par la route que j'ai suivie à l'aller, cette séparation ne se fait que lentement, par un seuil très atténué, elle se produit, au contraire, d'une façon brusque, plus à l'ouest, dans la région de la haute Kémo.

Si malheureusement nous ne manquions absolument de vivres, j'abandonnerais peut-être mon chemin primitif et essayerais de redescendre la Kémo. Mais le retour par le chemin parcouru à l'aller est utile à faire, maintenant que le succès a couronné notre entreprise, afin de renouer des relations meilleures avec les N'Gapous, les Dakouas et les Langouassis. Et puis, nous n'avons pas le choix : les vivres manquent absolument; il faut se hâter de parcourir toute cette grande forêt déserte pour atteindre, au plus vite, les villages de Yabanda où nous retrouverons des provisions. De quoi vivrons-nous jusque là? Il me serait bien difficile de le dire, car il n'y a,

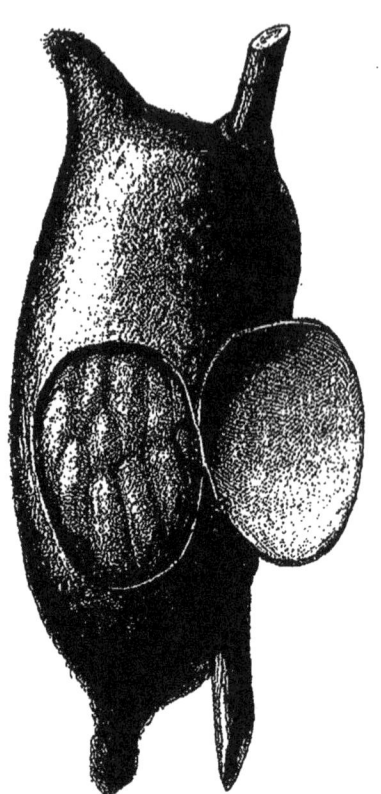

Fig. 105. — Cocon de chenilles comestibles (on en a découpé une partie pour faire voir l'intérieur). D'après un dessin.

dans cette grande brousse, que des éléphants, à la chasse aléatoire desquels nous ne pouvons nous attarder; ce serait risquer trop gros, de ne rien tuer et de nous imposer une journée de plus de cruelles privations. Les N'Gapous qui nous accompagnent courent la brousse et récoltent tout ce qui peut se manger. Ils ne sont pas exigeants : ce sont de gros escargots peu communs malheureusement, puis des cocons de la grosseur du poing, dans lesquels vit une quantité de chenilles. Ils viennent m'offrir de partager avec moi les produits de cette chasse.

A une de nos haltes, ils partent soudain en courant. Ils reviennent après une demi-heure, portant trois gros vautours (*Pseudogyps africanus*), qu'ils ont tués à coups de sagaie. Ils les avaient vus s'abattre sur quelque charogne et rampant dans les herbes, ils ont pu les approcher d'assez près pour ne pas les manquer. Ces oiseaux viennent d'être tués, et ils répandent déjà une épouvantable odeur de pourriture, qui leur est propre et ne peut provenir encore de leur état de décomposition. On en mangea cependant.

Dès que l'on aperçoit un terrier de rat, vite on le fouille. Parfois il est long et le travail est pénible, mais les indigènes ne se sont jamais trompés; ils ont bien reconnu que la bête était dedans. Nous prenons ainsi parfois un animal adulte, parfois des jeunes, tout petits et tout rouges encore. Rien de tout cela n'est dédaigné. Les espèces de rats que nous prenons ainsi sont diverses, mais il en est une dont le corps est de la dimension d'un lapin de garenne et dont la chair est de bonne qualité.

Nous ne passons jamais devant un tamarinier sans faire une halte, pour permettre aux hommes d'en récolter les fruits. Parfois on trouve quelques pieds d'igname sauvage, et il nous arrive de tuer quelques tourterelles ou quelques oiseaux de faible taille. Peu de singes. Je tue cependant un beau colobe (*Colobus gerheza*), de l'espèce que j'ai déjà antérieurement trouvée dans les bois des bords de l'Oubangui, près des villages de Bembé.

Lorsque, le soir, nous campons sur les bords de petites rivières, mes hommes, se faisant une torche de bois résineux, s'en vont à la pêche. Ils promènent leurs feux sur le rivage, au-dessus de l'eau, et à l'aide du sabre d'abatis, tuent les poissons, attirés par les lueurs de leurs feux.

Mais tout cela ensemble ne donnait que bien peu de chose et était bien incapable de calmer les tortures de la faim. Mes compagnons venaient me dire que les hommes ne pouvaient plus suivre la colonne. Il fallait marcher cependant et se hâter même, pour retrouver enfin les villages fertiles des N'Gápous. Mais c'était pitié de voir ces pauvres soldats qui avaient si vaillamment fait leur devoir, se traîner maintenant maigres, décharnés. Il n'y avait que seize jours que nous avions quitté les villages, mais ce temps de misères, de privations et de fatigues avait suffi pour exercer sur mes hommes de cruels ravages. Le soir, après de grandes journées de marche fatigante, le camp était morne et triste. Ils ne se plaignaient pas cependant, ces braves tirailleurs, car ils savaient que nos dernières provisions, que notre dernière caisse de riz avarié, moisi, mais que l'on mangeait tout de même, malgré l'odeur infecte qui s'en dégageait, nous avions tout partagé avec eux. Et s'il leur arrivait de tuer ou de récolter quelque chose qui pût se manger, ils venaient nous l'offrir encore.

Fig. 106. — Rats de la vallée du Chari. (Le plus petit est de la dimension de nos rats de France.) (*Mus. sp. n.*, *Mus. hypocenthus*, *Cricetomys Gambianus*). D'après nature.

Enfin, le 11 décembre, nous approchons des villages de Yabanda. Bientôt nous voyons des indigènes chargés de paniers de provisions venir au-devant de nous. C'est le chef qui, ayant appris par quelques-uns des N'Gapous qui nous accompagnaient et qui étaient partis en avant, l'état de détresse extrême dans lequel nous nous trouvions, a envoyé ces hommes avec les vivres au devant de nous. Nous faisons halte. Jamais encore les bananes et les arachides ne nous avaient paru si bonnes. C'était pour la seconde fois de ma vie que je ressentais un tel plaisir à manger quelque nourriture. La première fois avait été après le siège de Paris.

Voilà les premières cases des villages. Tous les indigènes viennent au devant de nous, et nous offrent tout ce qu'ils possèdent, Yabanda me demande de rester longtemps chez lui. Il a, me dit-il, beaucoup d'ivoire, et il voudrait me le vendre en échange de mes marchandises. Il est tout déconcerté d'apprendre que je n'ai pas de porteurs et que je ne puis le lui acheter.

Les éléphants sont communs dans cette région. Les N'Gapous, lorsqu'ils ont abandonné les villages de Makorou, fuyant devant l'invasion musulmane, ont jugé prudent de mettre entre eux et l'envahisseur toute cette grande brousse inhospitalière où l'on ne trouve, dans l'état actuel des choses, rien pour se ravitailler. Cependant cette vaste étendue à la terre fertile, couverte de forêts élevées, parcourue par des ruisseaux clairs, pouvait, elle aussi, être cultivée, mais me disent les indigènes, pour le moment, la culture y est impossible, parce qu'il y a trop d'éléphants. C'est là un défaut auquel on se chargera certainement de remédier avec le temps. Si les indigènes avaient quelques fusils, ils arriveraient à se procurer, en peu de temps, des quantités considérables d'ivoire ; mais je ne pense pas cependant que cela puisse être jamais une spéculation lucrative que celle qui serait basée sur la chasse de ces gros animaux, et il est plus avantageux, pour les traitants européens, de faire commerce avec des indigènes eux-mêmes, qui chassent l'éléphant plus encore pour sa chair que pour son ivoire, et qui possèdent tous un certain nombre de pointes dont ils ne demandent pas mieux que de se dessaisir à bon compte. Je me vis offrir une pointe d'ivoire en assez mauvais état, il est vrai, mais dont le poids dépassait 50 kilos, et l'on me demandait en échange environ un litre de perles blanches.

Peu à peu l'éléphant s'est éloigné de tous les pays trop habités, et il réside surtout maintenant dans toute cette région centrale, marécageuse et par suite paisible, où moins poursuivi, moins chassé, il se reproduit encore en grand nombre. On est loin d'avoir tout détruit heureusement ; il n'en est pas moins vrai qu'on doit considérer que le nombre des représentants de cette espèce va en diminuant sans cesse. Que nous arrivions à occuper, d'une façon effective, toute cette région si intéressante et l'animal traqué, poursuivi de toute part, ne tardera pas à disparaître, à moins que l'on n'arrête les progrès de sa destruction par des essais de domescation, car alors, quand bien même, comme on l'a constaté, l'éléphant ne se reproduirait pas en captivité, on aurait intérêt à lui réserver des territoires, sortes de parcs naturels, où l'on irait s'approvisionner d'individus destinés au dressage. L'éléphant d'Afrique est, en effet, tout aussi susceptible d'être dressé que son congénère d'Asie. On m'a cité l'exemple d'éléphants qui, pris jeunes, avaient été élevés en captivité à la côte du Gabon et dont la domestication avait été absolue. D'ailleurs, les documents de l'histoire romaine montrent que ce résultat avait déjà été atteint.

Les indigènes conservent l'ivoire soit en le mettant dans les cases, soit en le cachant sous bois ou dans des marais; ce qui importe avant toute chose c'est de le soustraire complètement à l'action du soleil qui le fendille et lui fait perdre sa qualité (1).

Je revois maintenant les populations n'gapoues sous un jour bien différent de celui sous lequel je les avais vues à l'aller. Elles ont confiance en nous. Les indigènes savent que les jeunes gens que Yabanda m'avait confiés, ont été traités à l'égal de mes tirailleurs. Aussi le lendemain, dès le matin, ils viennent de toute part, nombreux, autour du camp; nous y resterons la journée entière, pour reposer mes hommes, et nous partirons demain matin. Les indigènes sont accompagnés maintenant des femmes et des enfants qu'ils viennent nous montrer, car ceux-ci sont soignés, choyés et chéris de tous, et les parents sont tout heureux quand on leur dit que leur enfant est gentil. Tout ce qu'on a de perles, d'ornements de toute sorte, est disposé en colliers autour du cou du petit être que porte la mère, à l'aide d'une sorte de bricole, faite en cuir de buffle, passée en façon de baudrier. L'enfant est toujours porté à gauche, et l'allaitement se faisant de ce côté-là, il en résulte que le sein correspondant est très sensiblement plus allongé que le droit. L'al-

---

(1) J'ai montré, à mon retour, quelques échantillons d'ivoire de cette région, que j'avais pu rapporter avec moi, à des marchands connaisseurs qui, après les avoir examinés, m'ont affirmé que cet ivoire était celui qui venait autrefois en Europe par la Haute-Égypte, et dont l'importation par cette voie aurait été arrêtée à la suite des affaires du Madhi. Il pourrait donc être très important de dériver tout ce courant commercial de l'ivoire à notre avantage.

laitement a lieu fort longtemps, et l'enfant est déjà en état de courir qu'il vient encore prendre le sein. Petit garçon, à peine commence-t-il à trotter que déjà il porte à la main une petite sagaie et sur l'épaule un arc minuscule avec quelques flèches. Petite fille, on la pare d'ornements de toute sorte, et les ailes du nez comme la lèvre inférieure sont percées pour y placer dans les unes de petits anneaux d'étain, dans l'autre une baguette de quartz, d'abord d'un petit modèle et que l'on remplacera plus tard par un ornement de plus fort volume. Ces baguettes, qui sont faites d'une seule aiguille usée et polie sur la pierre, n'ont parfois pas moins de $0^m,10$ à $0^m,12$ de long. Ce sont les femmes qui, presque exclusivement, portent cet ornement, auquel elles attachent un grand prix et l'on n'arrive qu'avec peine à les en faire se dessaisir. Par un travail long et pénible, on obtient un poli tel, que l'aiguille a parfois toute sa transparence. La forme est généralement celle d'un cône très allongé, mais il arrive aussi que ce soit un petit cylindre brusquement terminé. Pour empêcher que cette baguette, dont le poids est parfois assez élevé, car elles ont jusqu'à un centimètre de diamètre, ne glisse, les indigènes entourent sa partie supérieure, celle qui reste dans la bouche, d'un peu de caoutchouc, ce qui l'empêche de tomber.

Toutes les populations de ces régions, Ouaddas, Langouassis, Dakouas et N'Gapous, se parent de cet ornement, que Schweinfurth a signalé cemme étant en usage chez les Niam-Niams.

J'ai dit que les N'Gapous étaient anthropophages, mais cette pratique ne s'exerce que sur les ennemis tués à la guerre. Jamais on ne mange les morts appartenant à la tribu. On les enterre dans la forêt, où on a creusé une fosse suffisamment profonde pour pouvoir les placer debout, puis quand la fosse est comblée, on se livre sur la terre remuée à une danse funéraire qui a pour but de tasser le sol sous les piétinements redoublés. On ramène ensuite des herbes et des feuilles, afin d'effacer toute trace sur le sol et d'empêcher que les animaux carnassiers, parmi lesquels les hyènes, qui sont nombreuses dans cette région, ne puissent découvrir l'emplacement de la sépulture.

Les N'Gapous constituent la population la plus travailleuse, la plus agricole que j'aie rencontrée dans toute cette région. Les surfaces qu'ils couvrent de cultures sont immenses et tellement bien entretenues qu'on peut les comparer aux champs de nos cultivateurs européens. Le gros mil (*Sorghum vulgare*), avec ses trois

Fig. 107. — Grenier à mil des N'Gapous. D'après une photographie.

variétés noire, blanche ou rouge, est assurément la plante la plus importante. Sa farine sert d'aliment quotidien et, avec sa graine germée, on fabrique cette sorte de bière, qui est si recherchée par les indigènes.

Il serait bien désirable de venir occuper cette région, où il y aurait un gros commerce à faire avec les indigènes. En attendant ces événements, je passais avec le chef Yabanda un traité d'alliance qui fut scellé par le don d'importants cadeaux et je lui remis des pavillons français afin qu'il les fît flotter au-dessus des cases de son village.

Le lendemain, nous partions de bonne heure et une foule d'indigènes nous escortait. Le chemin était bien plus facile maintenant, car lors de ma marche en avant nous avions trouvé partout des grandes herbes dont les indigènes opéraient en ce moment le brûlage et la vue s'étendait à présent à l'infini découvrant de vastes horizons, là, où précédemment, il était impossible de voir à quelques pas seulement devant soi.

Nous n'étions partis que depuis quelque temps, lorsque nous entendons devant nous un formidable crépitement. Ce sont les N'Gapous qui ont mis le feu aux hautes herbes qui cachaient des tiges de bambous, lesquelles éclatent avec des bruits de fusillade ; et le ciel se rembrunit voilé par d'épaisses colonnes de fumée noire sous lesquelles disparaît la clarté du soleil. L'incendie se propage au loin et prend des proportions formidables. Des centaines d'aiglons (*Milvus œgyptius*) planent au-dessus du foyer, plongent rapides, dans la fumée noire, pour réapparaître aussitôt tenant entre leurs serres quelques reptiles ou quelques petits rongeurs. Nous avançons, mais le feu, poussé par un vent violent, forme un grand cercle qui nous enserre de toute part. Il nous faut fuir pour tâcher de trouver un coin de terre dénudée où le feu ne pourra nous atteindre, mais des milliers de bambous ont couvert ce sol de leurs longues perches et nous empêchent d'avancer. La fumée nous suffoque et le souffle brûlant de l'incendie nous lèche le visage. Enfin nous voilà en dehors du foyer et nous cherchons à retrouver la piste que nous avons perdue.

Lors de notre marche en avant, j'avais chargé l'arrière-garde de mettre le feu aux herbes, dans toute la partie déserte, afin de nous permettre, le cas échéant, de battre plus rapidement en retraite. Nous bénéficions maintenant, dans une très large mesure, du débroussement qui s'était ainsi opéré et qui n'avait fait que devancer de bien peu, celui que pratiquent chaque année les indigènes pour rendre le parcours des steppes plus facile et pouvoir se livrer plus aisément à la chasse. En effet, sitôt après le brûlage, les herbes repoussent couvrant le sol d'un tapis épais, d'une belle nuance vert-clair, que viennent pâturer de nombreux troupeaux d'antilopes.

Il arrive que ces incendies enflamment quelques arbres morts. Comme nous repassions à un endroit où nous avions campé et où en partant nous avions allumé les hautes herbes, je vis un gros tronc d'arbre, sec, abattu sur le sol, par la foudre, qui s'était enflammé à sa base et avait continué à brûler peu à peu laissant successivement une traînée de cendres blanches. Il y avait dix-huit jours que nous étions passé là pour la première fois.

On conçoit qu'ayant à leur disposition des bois qui brûlent avec tant de facilité, il soit aisé aux indigènes de conserver constamment du feu et lorsqu'ils partent en chasse, par exemple, ils emportent une bûche qui tisonne, et à l'aide de laquelle, ils enflammeront un grand feu qu'ils entretiendront toute la nuit pour se chauffer et se préserver des moustiques.

Fig. 108. — N'Gapous : 1, lyre. — 2, flèches à pointes de fer. — 3, carquois. — 4, arc. — 5, bouclier en vannerie. D'après nature.

Cependant ces indigènes savent allumer le feu, soit en se servant de briquets, soit, mais plus rarement, en frottant deux morceaux de

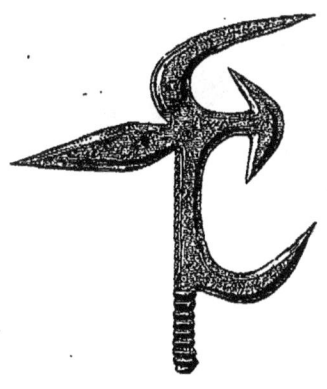

Fig. 109. — Couteau de jet des Bouzérous. D'après nature.

bois l'un contre l'autre. Voici comment ils procèdent alors. Ils disposent sur le sol un morceau de bois dur, dans lequel ils ont creusé une petite cavité de la dimension de l'extrémité du doigt et où ils déposent un peu de sable siliceux fin. Puis, prenant une baguette de bois très sec et très mou, ils la placent debout dans cette cavité et lui donne un violent mouvement en la roulant entre les deux mains. Le bois s'échauffe, il fume et l'on voit bientôt s'enflammer un peu de bourre de feuilles de palmier que l'on a déposée à côté.

Toutes les populations qui étaient émues de nous voir partir vers la région des Tourgous sont maintenant en joie de nous voir revenir avec le succès. Tous accourent et se pressent sur notre passage. Les hommes, les femmes, les enfants nous escortent, nous pressent les mains et donnent des vivres aux tirailleurs. Ces armes qu'ils nous montraient à l'aller, disposés peut-être à s'en servir contre nous, ils offrent de les échanger contre les marchandises qui me restent encore. J'achète une collection très complète de ces élégantes javelines, de ces flèches en fer barbelé, travaillées avec tant de finesse, et surtout de ces couteaux de jets dont Schweinfurth a parlé, mais dont, je le sais, il n'existe encore aucun spécimen en Europe.

C'est là, chez ces N'Gapous et les Dakouas, leurs voisins, tous habiles forgerons, que l'on fabrique ces armes; aussi n'ont-elles qu'une faible valeur. Je payais un couteau de jet autant qu'une poule, une petite cuillerée de perles blanches, et à ce prix je pouvais en avoir autant

Fig. 110. — Couteau de jet des N'Gapous. D'après nature.

que j'en désirais. Ils vendent ces couteaux aux populations voisines, et ainsi cette arme singulière se propage; mais plus on s'éloigne du centre de production, plus elle acquiert de valeur. C'est ainsi que les Bouzérous n'en possèdent que fort peu et ne consentent à aucun prix à s'en dessaisir. Dans ces régions qui s'éloignent du centre de fabrication ce couteau sort de son attribution primitive : il sert d'arme d'apparat que le

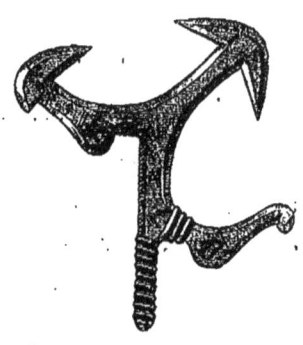

Fig. 111. — Couteau de jet des N'Gapous. D'après nature.

chef tient à la main, en guise de sceptre. Au contraire, chez les N'Gapous, le couteau de jet sert d'arme de défense. Tout guerrier en porte de trois à six attachés à la poignée de son bouclier. Il ne s'en sert que lorsque les flèches d'abord, puis les javelines ont toutes été utilisées. Alors il lance cette arme de dernière défense, horizontalement et de quelque côté qu'elle frappe, elle blesse cruellement.

Les flèches méritent une mention spéciale. Celles dont la pointe, en fer barbelé, est enchâssée dans un roseau, qui est un fragment de ces herbes au milieu desquelles il est si difficile de se frayer un passage, et dans lequel elle est solidement maintenue à

Fig. 112. — Couteau de jet des N'Gapous. D'après nature.

l'aide de filaments de caoutchouc, ne sont jamais empoisonnées. Seules celles chez lesquelles le fer est remplacé par une pointe en bois dur ont été imprégnées de poison. Ce sont ces grandes euphorbes à forme de cactus que l'on plante près de chaque village, qui fournissent le suc vénéneux.

Dans toutes ces régions, les marchandises qui ont le plus grand cours sont les perles et les cauries. Les indigènes se servent également pour leurs transactions de sortes de pelles de fer qu'ils nomment *guinja* et dont on fabriquera plus tard une sagaie, une houe, un couteau. Une guinja vaut trois petites cuillerées de perles ou trois poules.

La quantité considérable de minerai de fer très riche (*itabirite*), dont l'exploitation se fait avec la plus grande facilité, car il vient affleurer la surface du sol, en des blocs énormes, a fait naître et se développer, chez les indigènes, une industrie importante qui donne lieu à des transactions nombreuses avec toutes les peuplades voisines.

Le minerai est traité dans des hauts fourneaux, n'ayant pas plus de deux à trois mètres d'élévation, sur un diamètre d'environ $0^m,80$ à la base. Ces fours sont construits en argile à laquelle la cuisson donne la solidité et la dureté de la brique.

Le minerai est traité par le charbon de bois, qui a été éteint dans l'eau, et dont on voit souvent d'importantes quantités sécher au soleil. La fonte aciérée qui s'écoule sur le sol, est martelée, réduite en lingots puis finalement amenée à cet état de guinja dont je viens de parler.

Mais les N'Gapous ne sont pas seulement métallurgistes, ils se montrent aussi très habiles forgerons. La belle série d'armes que j'ai pu rapporter (1) l'atteste d'une façon très nette. Les pointes de flèches ont une finesse qui surprend quand on songe aux moyens très primitifs dont disposent ces indigènes. Les sagaies sont faites sur des modèles qui varient à l'infini, mais qui revêtent toujours un caractère de très grande élégance. Souvent la tige est tournée sur elle-même avec une régularité qui semble ne pouvoir être obtenue qu'à l'aide d'un outillage très perfectionné. La pointe terminale s'accompagne fréquemment de longues barbes, rapportées, et qui se contournent en spirale. Il n'est pas rare de voir les lames ornées de petits guillochages régulièrement disposés, ou de dessins, parmi lesquels se rencontre le plus ordinairement celui qui représente un caïman.

Les femmes qui ne portent jamais d'armes, possèdent de petits couteaux d'une forme toute spéciale que je n'ai rencontrés que

---

(1) Elles sont exposées actuellement au musée du Trocadéro, à Paris.

chez les N'Gapous, et qui leur sert à déterrer les racines, dans les champs de patates ou d'ignames, aussi bien qu'à les éplucher et à les couper en morceaux.

L'industrie du fer semble très ancienne dans la région, car j'ai retrouvé au milieu de la brousse, près de Makorou, des hauts fourneaux à moitié démolis et au milieu de la grande région déserte, du

Fig. 143. — Euphorbes servant à empoisonner les flèches chez les N'Gapous.
D'après une photographie.

laitier de fer, en des endroits où tout vestige d'habitation avait dès longtemps disparu.

J'ai vu, dans quelques villages, des hommes jouer d'un instrument à cordes très analogue à la lyre des Mitous et des Sandehs. Le son qu'ils en tirent est faible et l'air sans harmonie aucune. Cette lyre, dont la boîte de résonnance est en bois, est entièrement recouverte de peau. Les cordes sont en fibres de rotang.

Le mil avait mûri : partout on en coupait les épis lourds de grains, et le sol était jonché de grands chaumes qui plus tard seront brûlés. Les épis sont rangés soigneusement au soleil où ils sèchent. Quand la dessiccation est complète, on les enferme dans des greniers, sortes de petites cases sur pilotis dont le pourtour est enduit de terre et blanchi à l'aide d'une bouillie de manioc. On orne ce petit mur de dessins. Je ne fus pas peu surpris d'y voir un jour la figure d'un lapin. Cet animal devait donc exister dans cette région. Plus tard j'en acquis la preuve par un spécimen que je pus me procurer. C'était ce dessin qui m'avait donné l'idée de faire rechercher cet animal dont la présence n'avait pas été signalée encore dans les régions de l'Afrique centrale.

Je repassai dans le village du vieux chef qui, bienveillant, avait voulu me dissuader d'aller plus loin. Il n'en croyait pas ses yeux, levait les bras au ciel, mettait la main ouverte devant la bouche, manifestant ainsi sa joie et son étonnement de nous voir revenus sains et saufs.

Le 16 décembre, j'étais chez Zouli. Lui, plus encore que tout autre, manifesta sa joie. Il me ramena Samuel, mon sergent noir, complètement guéri maintenant, mais les varioleux que je lui avais confiés étaient morts. Il me dit que des indigènes venant du nord avaient répandu le bruit que nous avions été tous massacrés. J'aurais désiré donner à tout mon monde un certain temps de repos, dont chacun avait si grand besoin, mais je craignais que la fausse nouvelle de notre massacre ne s'accréditât et ne se répandît, gagnant de proche en proche. Je demandai donc à mes compagnons de faire un nouvel effort, leur montrant tout l'intérêt qu'il pouvait y avoir d'arriver rapidement jusqu'à Bangui.

Nous repartirons donc dès le lendemain. Zouli me dit qu'il me servira lui-même de guide pour m'éviter le passage des marais. D'ailleurs les eaux avaient considérablement baissé et le parcours serait dès lors facile. Chez Zouli est un vieux chef à la barbe toute blanche, il vient des villages de l'ouest situés au voisinage des Tokbos, populations qui occupent les bords de la Kémo et avec lesquelles il est en guerre. C'est la première fois qu'il voit des blancs, aussi reste-t-il stupéfait en nous voyant. Il nous regarde, nous examine, tout est pour lui sujet à surprise. On lui a dit notre succès, aussi vient-il nous demander de l'aider à repousser les Tokbos, lesquels constituent une peuplade puissante qui le menace sans cesse.

J'ai de bonnes raisons pour ne pas épouser ses querelles, je lui dis que je suis empêché de lui accorder mon aide, car je dois regagner l'Oubangui au plus tôt.

Nous partons, en effet, le lendemain dès l'aube. Sur tous les chemins, je trouve des fragments de pots près desquels on a mis un peu de charbon, du manioc, du mil, etc. Je demande à Zouli ce que cela signifie; il me dit à voix basse, d'un ton mystérieux, que c'est la pâture offerte aux mauvais esprits, qui ont amené la variole dont sont morts mes hommes; il y en a ainsi sur tous les chemins, pour qu'ils ne viennent pas jusqu'aux villages. A chaque fois, il fait un détour pour ne rien déranger.

Après nous avoir mis sur la bonne voie, alors que nous prenons un moment de repos, Zouli est parti pour regagner son village. Il est de règle de ne pas faire d'adieux. Toutes les manifestations de joie se font à l'arrivée, puis on se sépare sans rien dire, sans seulement se donner la main. C'est la façon de prouver le chagrin que l'on éprouve de se quitter.

A marche rapide, je regagnais l'Oubangui. Les Banziris qui venaient nombreux près de nous étaient dans une joie sincère. Les bruits de notre mort s'étaient accrédités chez eux aussi, et ils en avaient pris un tel émoi qu'ils s'aprê-

Fig. 114. — N'Gapous : Hachette à manche de bois. — Sagaies. — Couteau de femme. D'après nature.

taient déjà à abandonner leurs villages et à traverser l'Oubangui pour aller s'établir sur l'autre rive, mettant ainsi la large rivière entre eux et les musulmans.

Bembé me dit qu'il allait mettre de suite des pirogues à ma disposition, et croyant que je revenais vers le pays des Blancs il me demanda d'emmener avec moi un de ses fils. Je lui dis que je reviendrai dans la région et que je ne le prendrai que lorsque je devrai retourner en Europe.

Dès le lendemain, six pirogues étaient prêtes. Je m'embarquai avec MM. Brunache, Nebout et quelques tirailleurs, laissant à MM. Briquez et Bobichon le soin de ramener le restant des hommes à mon poste des Ouaddas.

Les eaux ont considérablement baissé et partout de longs bancs de sable apparaissent, couverts de légions d'oiseaux de toute sorte. J'ai une bonne équipe de pagayeurs, nous avançons rapidement, aidés par le courant, et dans la soirée du 27 décembre nous arrivons à Bangui.

CHAPITRE XIV

Nouvelles de France. — M. Nebout revient en France. — Arrivée de M. Chaussé. — Départ pour la Kémo. — Entrevue avec le chef des Tokbos. — Établissement du poste.

Dès que l'arrivée de mes pirogues est annoncée au poste par le chant des pagayeurs banziris, les Européens qui s'y trouvent sont venus au devant de nous, sur le rocher qui forme le seuil, barrant la rivière, que nous avions laissé presque complètement submergé par l'eau écumante, et qui, maintenant, se dégage, rattaché à la rive par tout un banc de gros blocs rougis par le dépôt des eaux.

D'un mot je les rassure. Nous sommes tous vivants; mais ils sont stupéfaits de voir notre état de maigreur.

M. de Poumeyrac est là; il a dû revenir à Bangui, le chavirage qu'il avait subi l'ayant dénué de toute ressource. Il m'assure que la nouvelle de notre succès qui se répandra rapidement dans toute la région du Haut Oubangui, y aura un retentissement considérable et y produira un effet bien salutaire, car toutes les populations paisibles du bord de la rivière vivent dans la crainte continuelle de l'envahissement des hordes pillardes des musulmans. Il ne doit pas se tromper, en effet, car déjà, les jours précédents, partout où nous rencontrions des pirogues ou un campement de pêcheurs, mes pagayeurs se hâtaient de raconter les événements. Souvent, se faisant un porte-voix de leurs mains, ils criaient à pleins poumons la nouvelle à quelques pirogues passant au loin, d'où on leur répondait par des cris d'allégresse.

Un bateau de l'État indépendant du Congo avait apporté à Bangui un courrier de France venu à Brazzaville. J'y trouvai de nombreux journaux qui me montraient combien avait été vive l'émotion produite par la nouvelle du désastre de la mission Crampel. On s'inquiétait de la situation difficile qui m'était créée, et de nombreux articles demandaient que l'on ne me permît pas d'affronter les mêmes dangers et de courir les mêmes risques. Une lettre émanant du Comité de l'Afrique Française me disait : « Vous êtes libre, et, ayant en main vos moyens d'action, en droit d'agir comme bon vous semblera » ; mais, me conseillait d'aller m'installer au coude nord de l'Oubangui, de m'y fortifier et d'y attendre des renforts que l'on espérait pouvoir m'envoyer bientôt. On m'annonçait, en effet, qu'une nouvelle mission était en formation, et la direction, jusqu'au jour ou elle viendrait se placer sous mes ordres, en était confiée à M. C. Maistre. J'avais connu M. Maistre en France, quelque temps avant mon départ, lors de son retour de Madagascar, où il avait accompli un beau voyage en compagnie du Dr Catat. Je me félicitai grandement du choix heureux qui avait été fait, convaincu que j'étais de trouver en M. Maistre un auxiliaire utile et un aimable compagnon.

L'inquiétude qui régnait en France à notre sujet, me faisait un devoir de ne pas perdre un seul instant, pour rassurer chacun et dire les résultats de mon expédition. Le chef de poste de Bangui, M. Ponel, voulut bien faire armer une pirogue dans laquelle partirent, dès le lendemain matin, à destination de Lyranga, quatre pagayeurs et quatre tirailleurs. Ils emportaient une dépêche dans laquelle je disais comment les événements s'étaient passés et quels avaient été les résultats que j'avais pu obtenir (1).

(1) En descendant l'Oubangui, la pirogue fut attaquée par les Bonjos. Elle arriva à Lyranga ayant deux hommes blessés. Là se trouvait précisément un bateau de la Colonie qui, le jour même, emporta ma dépêche pour Brazzaville. M. l'administrateur principal Dolisie voulut bien organiser un courrier exprès pour Loango où, par un heureux concours de circonstances, un navire se trouvait mouillé et devait partir le lendemain pour Libreville, d'où enfin la dépêche put être expédiée en France.

Le courrier venu de France avait apporté à M. Nebout des nouvelles alarmantes sur la santé des siens. Il vint donc me dire que, malgré le sincère regret qu'il en éprouvait, il se voyait obligé de me demander de revenir en France. Je l'engageai à agir suivant ce désir bien légitime et je souhaitai qu'un bateau vînt bientôt pour lui permettre de regagner la côte le plus promptement possible, et de profiter de ce que son état de santé qui s'était si peu ressenti des dures épreuves par lesquelles nous venions de passer, était bon encore.

Dès les premiers jours de janvier j'expédiai, à l'aide des pirogues qui nous avaient ramenés à Bangui, sous l'escorte de quelques tirailleurs, mes charges, à mon poste des Ouaddas où j'accumulai tous mes bagages pour aller le plus rapidement possible m'y établir moi-même. Cependant je ne pouvais partir avant d'avoir fait préparer et emballer les documents pris au camp musulman et toutes les collections récoltées en cours de route.

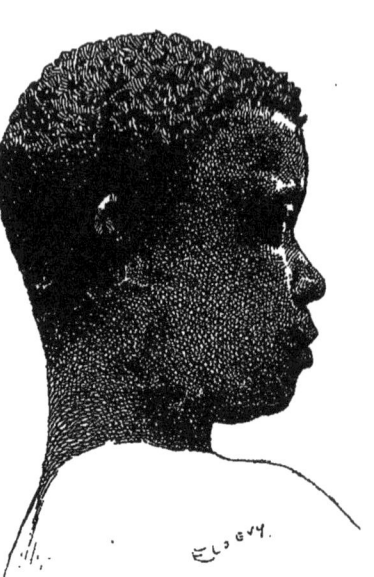

Fig. 115. — Type de Bassa. D'après une photographie.

Le courrier que j'avais reçu me disait que dans le commencement de l'année un vapeur de la Maison hollandaise, viendrait à Bangui, m'amenant les porteurs Bassas que M. Greshof avait promis de me procurer.

Le 12, un vapeur fut signalé sur l'Oubangui. Bientôt nous le vîmes approcher du poste. C'était l' « Antoinette, » superbe bateau à aubes de la Maison hollandaise. M. Greshoff, le gérant en chef, était à bord ; il m'amenait deux agents commerciaux que je prendrai avec moi, et 60 Bassas. Il m'apportait également tout ce que j'avais laissé encore de bagages à Brazzaville.

Je reçus un courrier important. J'y trouvai une lettre de l'Administrateur principal de Brazzaville contenant des dépêches émanant du sous-secrétariat des Colonies et du comité de l'Afrique Française. Voici cette lettre et des extraits du texte de dépêches :

« Brazzaville, le 15 novembre 1891.

« *L'administrateur principal de Brazzaville et dépendances à Monsieur Jean Dybowski, chef de mission.*

« J'ai l'honneur de vous faire tenir, ci-joint, les copies de trois télégrammes que Monsieur le Commissaire général du gouvernement m'a prié de vous transmettre.

« Veuillez agréer, etc.

Signé : A. Dolisie.

« P. S. Aucune occasion ne m'a permis de faire suivre immédiatement ce télégramme à votre adresse. Les deux cannonières. « N'Djoué » et « Oubangui » ont dû à leur retour à Brazzaville être mises sur chantier, et à la date de ce jour leurs réparations ne sont pas encore terminées.

A. D. »

« Paris 16 août,

« Comité Afrique Française renouvelle à Dybowski expression confiance et lui demande se porter immédiatement au coude nord Oubangui pour prendre solidement position, recueillir personnel et documents mission Crampel. Il devra attendre là nouvelles instructions en travaillant avec prudence à l'œuvre de pénétration dont opinion publique réclame continuation.

« Pour copie conforme,

Signé : C. de Chavannes.

« Pour copie conforme,

« A. Dolisie.

« *P. S.* Ce télégramme, qui a été publié par toute la presse française, m'a été transmis par une lettre du commissaire général du gouvernement, en date du 19 août 1891. Elle m'est parvenue le 29 septembre.

A. D. »

« Paris, 7 août 10 h. 45.

Colonies à commissaire général, Libreville.

Prescrivez Dybowski attendre Brazzaville nouvelles instructions que vous transmettrons dans peu de jours après avoir conféré avec Société africaine.

2° *télégramme.*

« Comité Afrique serait avis Dybowski prenne position sur Oubangui pour renouer, si possible, relations avec nord, sans avancer imprudemment et attendre moment propice pour continuer. Si continuer impossible, rentrer en France.

« Pour copie conforme,

« *Signé :* Ch. de Chavannes.

« Pour copie conforme.

« A. Dolisie.

« Dépêche jointe à une lettre de l'administrateur de Loango, en date du 24 août 1891, reçue à Brazzaville le 8 septembre 91.

« A. D. »

Ce n'était pas sans surprise que je constatai que ces dépêches, parties de France le 7 août 1891, n'aient pu me rejoindre que le 15 janvier 1892, alors que l'on avait bien voulu me promettre de me faire tenir la réponse émanant du Ministère, dans le plus bref délai possible, et que je n'avais quitté Bangui que le 25 octobre. Cependant je n'avais au fond qu'à me féciliter de ce que des difficultés de services n'eussent pas permis à l'administration locale d'agir avec plus de diligence, car les termes de ces dépêches étaient tellement pressants, que j'aurais dû leur obéir et je me serai privé ainsi des heureux résultats que m'avait donnés notre marche rapide qui n'avait pas laissé le temps aux musulmans de s'organiser contre nous.

La crainte seule des difficultés avec lesquelles je serais aux prises, avait dû me faire prescrire de France de me cantonner sur les bords de l'Oubangui, puisque l'on désirait que l'œuvre entreprise par Crampel fût continuée. Je devinai donc quelle joie devraient ressentir, ceux qui voulaient bien m'envoyer ce télégramme de confiance, en apprenant que j'avais pu, malgré les faibles ressources dont je disposais et sans attendre l'envoi des renforts dont on m'annonçait la venue, châtier les meurtriers de mon infortuné prédécesseur et imposer le respect du pavillon français dans toutes les régions que nous avions parcourues.

Des lettres, que j'avais reçues par ce même courrier, me disaient que l'organisation de l'envoi de renforts n'avait pu être réalisée aussi rapidement qu'on l'eût désiré et que la mission que dirigerait M. Maistre ne pourrait probablement partir de France qu'en novembre. Mon intention était donc d'utiliser notre temps, d'abord en centralisant à mon poste des Ouaddas tous mes bagages, puis de remonter la rivière Kémo, de fonder un nouveau poste au point où elle cesse d'être navigable et d'y transporter tout ce qui pouvait être utile à créer un établissement durable, et aussi, ce qui servirait à une nouvelle marche en avant. J'espérais que toutes ces opérations ne me prendraient pas plus de deux mois, et qu'avant la fin de mars, je pourrais être de retour à Bangui, où je comptais trouver la mission Maistre avec laquelle je pourrai gagner rapidement le poste établi dans la haute Kémo.

Le bateau de la maison hollandaise avait amené à Bangui M. Liotard, pharmacien de la marine, que M. de Brazza chargeait d'aller étudier l'hydrographie de la région de l'Oubangui-Ouellé. Le matériel dont disposait M. Liotard était à peine suffisant pour lui permettre de mener à bien l'importante mission qui lui était confiée. Je fus heureux de pouvoir l'aider dans la faible mesure de mes moyens en lui offrant un certain nombre de fusils de réserve que j'avais laissés à Bangui et qui pourraient lui permettre d'accroître le nombre des hommes d'escorte qu'il emmenait avec lui.

J'avais demandé à M. Greshoff de vouloir bien m'accorder, pour M. Nebout, passage à son bord jusqu'à Brazzaville. Il y consentit très gracieusement.

Le 14, tout étant prêt, M. Nebout partait à bord de l' « Antoinette ». Je lui avais confié, pour les ramener en France, les restes mortuaires de M. Lauzière (1).

Je le chargeai de plus de faire parvenir en France des nombreuses caisses de documents et de collections, mes relevés de routes, mes dessins, mes clichés photographiques, etc.

Tout me faisait espérer qu'il pourrait accomplir le voyage de retour dans de bonnes conditions, car il avait été de nous tous celui dont la santé avait été le moins ébranlée par les fatigues et les privations que nous avions dû supporter.

Il était accompagné de sept de mes tirailleurs sénégalais, trop épuisés pour pouvoir continuer la campagne. Mamadou-Sibi, le Sénégalais de la mission Crampel, s'en retournait aussi, comblé de présents de toute sorte.

Le lendemain, le bateau de la maison Daumas et Cie « la Ville de Paris » arrivait à Bangui. Il amenait M. Largeau, l'explorateur bien connu, qui avait un des premiers parcouru les régions Sahariennes confinant au sud algérien, visité l'oasis de Ouargla et pénétré dans Rhadamès. Il était chargé de prendre l'administration du poste de Bangui. Ce même bateau avait transporté M. E. Chaussé, l'agent commercial que me fournissait la maison Daumas et Cie.

Je m'occupai dès lors à faire partir le tout par convois successifs vers les Ouaddas et j'utilisai ce temps à parcourir toute la région avoisinant le poste. Le banc de sable sur lequel celui-ci est cons-

---

(1) L'administration locale ne crut pas pouvoir prendre sur elle de permettre le transport de ces restes au delà de Brazzaville, mais M. le sous-secrétaire d'État aux Colonies prit une décision autorisant le rapatriement de la dépouille mortelle de M. Lauzière, qui reposera en terre française.

truit, s'adosse à des escarpements très raides et entièrement boisés, qui sont les derniers contreforts de tout un massif orographique s'étendant suivant une direction N.-N.-E. C'est là que semble être la limite de la grande forêt équatoriale qui accompagne les rives de tout le bas et moyen Oubangui et qui s'atténue ensuite, pour ne plus constituer que ce que l'on a désigné sous le nom de galeries, sorte de peuplement forestier, qui borde toutes les rivières de la région supérieure, que je viens de parcourir.

Dans les chasses, que je pus faire en parcourant cette région montagneuse, je rencontrai bon nombre d'espèces zoologiques intéressantes.

Je tuai notamment des pintades appartenant à trois espèces différentes. Une d'elles, est la forme commune à toute la région du Gabon, du Congo et que j'avais tuée très abondamment dans toute la région du bas Oubangui. On lui a donné le nom de pintade de Marche (*Numida Marchei*), mais elle se distingue à peine de l'espèce commune (*Numida meleagris*) dont elle semble être plutôt une race distincte qu'une espèce véritable. Elle est rare dans la région de Bangui et ne semble pas s'étendre au-delà de ce point, vers le nord.

Elle est dès lors remplacée par des représentants des deux autres espèces que je rencontrai, dont une, qui porte sur la tête un plumet droit, est assez rare (*Numida plumifera*) et dont l'autre au cou dénudé, d'un bleu foncé, à la huppe abondante (*Numida cristata*) se rencontre beaucoup plus communément. Cette dernière est propre au Sénégal, et sa présence, ainsi que celle d'une foule d'autres espèces zoologiques et botaniques, montre bien que c'est là, vers ce seuil de Bangui que prend fin la région au climat équatorial.

Il est très remarquable de voir qu'il est cependant quelques espèces qui ne semblent pas tenir compte des variations de climat et de milieu, et que l'on trouve à peu près en tous lieux. C'est ainsi que j'eus l'occasion de tuer, dans mes chasses, plusieurs espèces appartenant à la forme européenne. Il est juste de dire que ce sont des oiseaux de grand vol et que l'on rencontre tout aussi communément dans le nord de l'Afrique que dans le midi de l'Europe. De ce nombre sont deux espèces de héron, le gris (*Ardea cinerea*) et le pourpré (*Ardea purpurea*). Puis l'OEdicnème que les chasseurs, en France, appellent improprement le courlis (*Ædicnemus crepitans*) et que l'on trouve fréquemment sur tous les bords du bas, comme du haut Oubangui. Enfin le torcal (*Jynx torquilla*) que je n'ai rencontré à vrai dire qu'une seule fois.

Les indigènes des environs de Bangui disent que dans cette grande forêt, au milieu de ces montagnes, vit une population de nains, guerriers redoutables, dont ils ont une grande frayeur.

Fig. 116. — Le souil de Bangui, aux eaux basses. D'après une photographie.

Ils prétendent que ce sont eux qui chassent et blessent les éléphants que l'on trouve parfois morts dans la forêt. Très agiles et courageux, ils viendraient jusqu'entre les jambes de l'animal pour lui planter des sagaies dans la poitrine. Je n'ai jamais rencontré ces êtres surnaturels, quelque désir que j'aie eu de les voir. Les indigènes ont toujours refusé de me guider pour me conduire vers les endroits qu'ils habitent. Je ne puis donc dire ce qu'il y a de vrai ou d'exagéré à cet égard.

J'avais eu l'occasion de constater qu'il convenait de faire toute réserve relativement aux affirmations des noirs.

Lors de mon départ vers El Kouti, les Dakouas me disaient que les musulmans étaient souvent accompagnés de sortes d'êtres surnaturels et invincibles qu'ils désignaient sous le nom de *Kridimi*.

Certains indigènes les avaient vus, m'affirmaient-ils, et ils disaient que leur force, invulnérable, leur venait de ce qu'ils étaient entièrement bardés de fer. Je n'ai jamais su découvrir, ce qui a bien pu donner naissance à cette légende, qu'il faut reléguer dans le domaine des superstitions et de la tendance naturelle qu'a l'esprit des hommes simples à croire à tout ce qui est merveilleux et surnaturel et à l'accueillir sans contrôle.

Dans une de mes courses en forêt, je tuai un perroquet (*Psitacus aubryanus*), rare partout, et que l'on ne savait pas exister sur les bords de l'Oubangui, où l'espèce grise, à queue rouge, (*Psittacus eritacus*), est seule communément répandue. Désirant savoir si cet oiseau était connu des indigènes, je le montrai à des noirs venus au poste. Non seulement ils m'affirmèrent que ce n'était pas là un *coucourou* (perroquet), mais que ce devait être un oiseau rapace qui mangeait beaucoup de poules.

Dans les bois des environs de Bangui croît en abondance une espèce de poivre, dont les rameaux s'attachent après le tronc des grands arbres, et qui semble très analogue au cubèbe. Ce serait là peut-être une plante intéressante à exploiter. Sur le versant des escarpements qui regardent l'Oubangui les orchidées terrestres et épiphytes sont extrêmement nombreuses; j'en découvris quelques espèces présentant un réel intérêt horticole.

Mes transports étant presque terminés, je partis le 1ᵉʳ février pour aller rejoindre le poste des Ouaddas, et aller organiser le départ pour la Kémo, laissant à M. Brunache le soin de transporter ce qui restait encore de colis. Les eaux sont tellement basses que nous pouvons nous embarquer devant le poste, car les pirogues pourront assez facilement franchir le seuil qui, il y a quelques mois, formait une effroyable cascade.

Tout ce qui était des rapides ne s'accuse plus que par des remous que l'on peut franchir sans danger. Plus d'une fois, le fond de nos pirogues, très plates cependant, porte sur le lit de la rivière et les hommes descendent alors, pour qu'en allégissant la charge, elles s'élèvent et puissent passer. Ils n'ont de l'eau qu'à mi-mollet. Là où il y a plus de fond, la manœuvre se fait à l'aide de petites perches qui, bien que n'ayant que trois mètres de long, sont absolument suffisantes. Les eaux sont calmes et permettent de fournir une marche rapide.

Les Banziris, dont la vie se passe en pirogue, apportent un soin jaloux à perfectionner tout ce qui leur sert dans leurs voyages. Leurs petites pagaies sont élégamment sculptées et faites d'un bois solide et résistant. Ils choisissent également pour la confection de leur toumbo (perche) un bois résistant et flexible. Leur premier soin, dès leur arrivée à Bangui, était de partir en forêt

Fig. 117. — Trois espèces de pintades des environs de Bangui, d'après des aquarelles.

pour y chercher de belles perches, droites, telles qu'ils n'en trouvent pas près de leurs villages, car là les arbres, ne formant que des massifs de moindre importance, poussent moins droits, moins élancés. Et lorsqu'ils avaient choisi de ces longues gaules, à raison d'une dizaine par pirogue, ils s'en revenaient au poste afin de les préparer. Ils les débarrassaient alors de leur écorce, puis les rabotaient pour les amincir et les rendre douces et glissantes. Pour procéder à cette préparation, ils se servent de leur grand couteau, qui a la forme d'un glaive, et qu'ils passent au travers des deux branches d'un morceau de bois formant un V, et tenant des deux mains les extrémités de cet outil improvisé, ils en usent comme d'une plane. Enfin lorsque la perche est ainsi préparée, ils terminent l'opération en brûlant légèrement l'extrémité pour la durcir, opération à laquelle ils apportent tous leurs soins et ménagent des dessins sur la partie brûlée en y enroulant un morceau d'écorce verte qui, protégeant la partie qu'il recouvre, y laisse un dessin blanc, sur le fond noir.

De toute part, ce ne sont que pointes de rochers qui surgissent et bancs de sables qui tachent le cours de la rivière de longues bandes jaunes. Et partout des légions de grands échassiers et de palmipèdes viennent s'ébattre, s'enlevant à notre approche en longues files, qui, après avoir décrit quelques cercles, reviennent prendre possession des îlots, d'où notre passage les a fait fuir. Et sur les bords, entre les roches, simulant par leur immobilité et leur couleur, quelque morceau de bois, des caïmans s'étendent au soleil, attendant patiemment que quelque proie à saisir se présente.

Ce qui n'était que des buissons, émergeant au-dessus des flots, se montre être des arbres occupant des îlots sur lesquels des pêcheurs viennent maintenant installer leur campement, construire même quelques cases provisoires.

Le quatrième jour j'arrivai au poste des Ouaddas. Par les soins de M. Briquez tout avait été organisé à nouveau, et cette activité que nous avions laissée toute vivante, autour de nous trois mois auparavant, lors de notre départ vers El Kouti, régnait à nouveau. Les Banziris, heureux de notre retour, avaient établi un village tout à côté des dernières cases du poste et manifestaient ainsi leur désir de ne plus abandonner la région. C'était un résultat heureux que celui d'avoir favorisé l'établissement de ces Banziris, qui, grâce à leurs aptitudes, seront nos plus utiles auxiliaires pour le parcours de tout l'immense réseau de rivière qui arrose ces riches régions. Les Ouaddas, eux aussi, trouvaient leur compte à notre établissement en ce point, et l'extension qu'ils donnaient à leurs cultures allait sans cesse en augmentant, car ils savaient trouver auprès de nous l'écoulement facile de leurs produits. La quantité de poules et de chèvres, de manioc et de mil, que l'on nous apportait chaque jour, était telle, qu'à diverses reprises je pus expédier des pirogues entières de ces utiles produits au poste de Bangui, où les Bouzérous apportent peu de chose en dehors des bananes.

M. Chalot, que dès mon arrivée à Bangui j'avais fait partir pour les Ouaddas, avait établi un important jardin de culture. Déjà certains légumes, tels que les radis, les salades, étaient venus à bien et apportaient une utile variante à notre alimentation quotidienne. Bon nombre d'autres plantes étaient pleines de promesses pour l'avenir. Des jeunes plants de divers fruits et légumes avaient été donnés aux indigènes qui les cultivaient avec soin.

Sur un immense banc de sable de plus de deux kilomètres de long, chaque jour les tirailleurs s'exerçaient au tir et aux mouvements d'assouplissement. Un agent de factorerie établi dans le nouveau poste et auquel je devais, lors de notre départ en confier la garde, créait, au nom de la compagnie qu'il représentait, des relations commerciales avec les indigènes, et chaque jour ceux-ci venaient, plus nombreux, vendre de l'ivoire en échange de marchandises européennes.

Les perles blanches (baïaka) et de couleur constituaient la monnaie ayant le plus de valeur pour tous ces échanges. Cependant les cauris, et notamment ceux de la variété de plus forte taille, étaient généralement acceptés.

Le vieux chef M'Paka eût ardemment désiré avoir de mes fusils à piston. Un jour, ayant apporté une belle pointe et après me l'avoir fait longtemps admirer, il me dit :

— Donne-moi un de tes fusils en échange de cette pointe.

Je lui dis que cela n'était pas possible et que je ne me dessaisissais pas de mes fusils.

Il partit alors vers un buisson, situé à quelques centaines de mètres de là, et je l'en vis sortir une autre pointe qu'il y avait cachée.

Il m'offrait maintenant les deux contre un fusil.

Enfin, voyant qu'il n'arrivait pas à me tenter, il s'en alla vers M. Briquez et lui dit :

— Dis au chef blanc que, s'il veut me donner un fusil, il aura ces deux pointes et aussi la plus jolie de mes femmes. Et si tu le décides, je te donnerai aussi une femme pour toi.

Il ne comprit jamais comment nous avions pu ne pas succomber à des offres aussi séduisantes ; car, que devait nous importer un fusil de plus ou de moins ?

Tous s'apprêtaient, d'une part, pour une occupation définitive et durable du pays, de l'autre pour une marche utile et progressive en avant.

Après avoir été rejoints par M. Brunache, le 11 février, nous pûmes, ayant terminé nos préparatifs de départ, partir du poste que je laissai à la garde d'un agent de commerce. Nous emportions avec nous 70 charges, dont la plupart comportaient tout ce qui pouvait nous être utile pour fonder un nouveau poste. M'Paka m'avait promis de m'envoyer des guides pour nous conduire vers les populations Tokbos, ses voisins du nord. Mais le matin, les guides n'étant pas là, je me décidai à partir; nous devions passer par les villages du chef, dont nous connaissions le chemin, et je pourrai réclamer de celui-ci l'accomplissement de sa promesse.

Après avoir traversé un marais à demi desséché en cette saison, mais qui, au moment de la crue doit être extrêmement difficile à franchir, nous arrivons à de grands champs de culture qui avoisinent les habitations. Bientôt, en effet, nous voici devant un groupe de cases construites comme celles des Langouassis. Elles sont vides, pas un habitant dans les villages, tous ont fui; nous continuons, mais tout est désert. Les habitants ont dû prendre la fuite avec précipitation et ne doivent pas être bien loin, car ils ont laissé les poules et les chèvres qui courent de tous côtés; quelques feux brûlent encore et sur la place du village, du manioc et des épis de mil sèchent, étalés au soleil; les chiens aboient, furieux, après nous, se réfugiant à l'entrée des cases. Nos appels réitérés restent sans réponse. Je ne comprends rien à cette attitude, car la veille encore, le vieux chef, à la barbe blanche, était venu me voir, et il était bien entendu que ce seraient ses hommes qui nous conduiraient.

Nous continuons notre route et allons camper non loin de là, près d'un bouquet de bois. Visitant alors les environs, je finis par découvrir un petit village, où il y a quelques indigènes. Je leur demande ce que signifie leur attitude et leur dis d'aller me chercher M'Paka, que je vais attendre à mon campement, les assurant qu'il ne leur serait fait aucun mal. Ils nous connaissent d'ailleurs, car ils sont souvent venus au poste, aussi ne font-ils nulle difficulté pour remplir le message dont je les charge. Ils partent et reviennent bientôt avec le fils du chef, accompagné de quelques indigènes. Je demande à celui-ci la raison de leur changement d'attitude à notre égard. Il m'explique alors longuement que, pendant notre absence du poste, ils avaient guerroyé avec les Banziris qui n'étant pas les plus forts, avaient dû se retirer, mais non sans leur promettre une punition sévère que, disaient-ils, nous ne manquerions pas de leur infliger. Et la veille, les Banziris nous voyant partir à regret et voulant par tous les moyens nous empêcher d'avancer et de quitter la région du poste, avaient dit aux Ouaddas que si nous allions dans leurs villages, c'était pour exercer des représailles en châtiment de leur conduite envers eux, Banziris, qui étaient nos alliés.

Je les rassure, et leur demande d'exécuter leur promesse en me donnant les guides.

Le fils de M'Paka me dit alors qu'il nous conduira lui-même. Le soir, les indigènes, désormais tranquillisés, viennent, nombreux, nous vendre des denrées. Ils nous demandent pourquoi nous voulons les quitter, puisque nous sommes bien chez eux, et nous assurent que les Tokbos leurs voisins nous recevront mal. Tous les moyens, toutes les assertions leurs sont bonnes pourvu qu'ils arrivent à nous retenir. Ils sont désolés de voir que toutes leurs paroles sont sans effet.

Le lendemain, nous partons dès l'aube, vers six heures, et nous longeons de grands marais où des touffes de dattier sauvage étalent librement leur beau feuillage. Un de ces groupes a plus particulièrement l'aspect de ceux que j'ai vus dans les oasis sahariennes : un grand arbre d'une douzaine de mètres du pied duquel se détachent quatre pousses, élevées déjà, et dont les tiges s'infléchissent en une courbe élégante. L'air est embaumé par les suaves senteurs des fleurs de lianes à caoutchouc qui ont suspendu leurs élégantes guirlandes aux branches des plus grands arbres. Sous bois croissent, abondants et robustes, des pieds de café couverts de fleurs.

Après avoir traversé des cultures attenant à un petit village, nous parcourons un pays de plaines basses, entrecoupées de marais où les eaux, qui ont baissé maintenant, doivent à certains moments de l'année être en communication avec les rivières, car de nombreux barrages où il y a encore des nasses placées entre des lignes convergeantes, attestent combien ces marais doivent être poissonneux. Partout sur la vase de nombreuses empreintes laissées par les soles des buffles et des antilopes.

Nous campons près d'un marais dont il nous faut boire l'eau bourbeuse, après l'avoir passée au travers d'un linge pour enlever du moins les animalcules de toute sorte qui y grouillent. Et lorsque le lendemain nous reprenons notre route, ce sont encore des marais qui se présentent et dans la vase noire et putride desquels il faut péniblement patauger. Il doit être impossible de parcourir cette région au moment des hautes eaux.

Cependant, le terrain s'élève et s'assèche, mais pour redevenir humide à nouveau et se limiter au loin par une bande verte d'un peuplement intense de palmiers. Ce sont de grands sagoutiers aux longues feuilles flexibles et d'une extrême élégance. Ils croissent dans un marais infecte, mais qu'ils rendent superbe. Il nous faut nous engager dans cette boue noire qui accompagne sur une grande étendue les bords d'une petite rivière, dont les eaux claires coulent rapides, formant un canal dont nous suivons le cours. Nous avons de l'eau jusqu'aux épaules, mais du moins elle est pure et nous lave de la boue infecte dont nous sommes souillés. Mais de l'autre côté, le marais recommence. Cette boue est grouillante de petites sangsues noires qui s'attachent à nos jambes. Les indigènes donnent le nom de Outi à la petite rivière que nous venons de traverser et qui est un des affluents de la Kémo.

Enfin, nous arrivons à une grande plaine, où paissait tranquillement une harde d'antilopes, qui s'enfuit à notre approche, non sans cependant avoir laissé une victime entre nos mains. C'est une belle bête (*antilope leche*) au pelage jaune clair, au cornage élégant.

Le terrain, qui depuis notre départ était exclusivement fait d'alluvion, change bientôt, et de grosses roches ferrugineuses (*Limonite globulifère*) émergent çà et là au-dessus du sol fait de petits cailloux arrondis. Puis, de nouveau les grandes herbes, et au milieu d'elles les vestiges de villages détruits. Mon guide me dit que ces villages avaient appartenu aux Ouaddas, mais qu'ayant eu la guerre avec les Tokbos et n'ayant pas été les plus forts, ils avaient dû les abandonner.

Pas de traces de sentier, il faut marcher un peu au hasard. Mon intention est de piquer vers le nord, mais mon guide insiste pour que nous obliquions vers l'est, nous affirmant que nous ne tarderons pas à apercevoir les premiers villages tokbos.

Après quelques heures de marche nous entrons sous bois, mais bientôt le sol s'est effondré, creusant une profonde vallée et lorsque nous en avons franchi la pente toute couverte de grands arbres, nous nous trouvons soudain au bord d'une importante rivière. C'était la Kémo. A en juger par l'importance de son cours en ce point, nous ne devons pas être fort éloignés de

Fig. 118. — Antilope des bords de la Kémo. (*Antilope leche*). D'après nature.

son embouchure. De villages point. Cependant nous ne pouvons nous passer de faire des provisions, car nous n'avons pu emporter que peu de vivres avec nous. Je fais donc immédiatement gréer le canot démontable que j'ai emporté et pousser une reconnaissance dans le haut; M. Brunache, que j'ai chargé de cette mission, revient après deux heures me disant qu'il n'a rien rencontré ni villages, ni pirogues, ni hommes.

J'envoyai de suite le sergent noir Samuel, avec deux hommes, suivre le courant de la rivière et la descendre jusqu'à ce qu'il puisse rencontrer des villages où il lui serait possible d'acheter des vivres. Il revint le lendemain accompagné de deux pirogues. Il avait rencontré un campement de pêcheurs banziris dont le chef, Manguisou, nous était dévoué. Apprenant notre détresse, il était venu lui-même et nous apportait ce qu'il avait de vivres. Il me dit bien connaître la Kémo et m'affirme que nous ne trouverons pas de vivres d'ici plusieurs jours. Je prends donc la résolution d'envoyer de suite M. Briquez jusqu'à l'embouchure de la Kémo recruter quelques pirogues et acheter des provisions. Mon intention est, en effet, de reprendre le projet que j'avais primitivement conçu et de mener en même temps un convoi de pirogues qui remonterait la rivière sous les ordres de M. Brunache, tandis que je conduirais mes hommes par terre. J'avais été empêché de le mettre à exécution lors de mon départ de mon poste des Ouaddas, car les Banziris n'avaient pas voulu nous conduire dans la Kémo, sous le prétexte qu'ils redoutaient d'être mal reçus par les Tokbos, tandis qu'en réalité ils espéraient ainsi nous empêcher de partir, ou tout au moins nous retenir plus longtemps. Mais maintenant qu'ils voyaient que ma résolution était irrémédiablement prise, ils venaient nous apporter un peu de vivres et s'offraient de repartir vers l'Oubangui pour aller faire des provisions plus importantes et recruter les pirogues dont nous avions besoin. J'acceptai leur offre, car du moins de la sorte il me serait plus aisé, en allégeant mes porteurs d'une partie des charges qui seraient déposées dans les pirogues, de marcher plus rapidement.

Les bords de la rivière Kémo sont uniformement boisés. De grands arbres penchent leurs branches puissantes au-dessus de l'eau claire coulant sur un fond de sable fin micacé, reposant sur de l'argile verte. Au milieu de ces arbres, plus un seul palmier à huile dont l'aire d'expension vers le nord semble s'arrêter aux bords de l'Oubangui. Dans le sous-bois je trouvai de nombreux pieds d'un caféier, malheureusement non en fruits, en ce moment, dont les feuilles ont souvent plus de $0^m,30$ de long sur une largeur égale à la moitié. Il constitue une espèce nouvelle dont peut-être l'exploitation pourrait présenter un grand intérêt. Les pieds atteignent cinq à six mètres de hauteur.

Le séjour que nous y faisons me permet de me procurer quelques animaux intéressants et entre autres des potamogales (*Potamo-*

gale velox), lesquels, d'après les renseignements que j'ai pu recueillir, semblent exister dans toutes les rivières du Gabon et du Congo et dont l'aire géographique s'étend jusque-là. Mais ce sont partout des animaux rares et d'une capture très difficile, aussi sont-ils à peine représentés dans les musées européens. Il est à remarquer que toutes les espèces zoologiques ou botaniques, qui vivent au bord des

Fig. 119. — Potamogale des bords de la Kémo. D'après un dessin.

cours d'eaux, ont une aire géographique beaucoup plus étendue que celles qui sont franchement terrestres.

Le surlendemain, M. Briquez revint, ramenant avec lui six pirogues chargées de vivres. Fort heureusement, depuis notre arrivée en cet endroit, nous avions pu tuer deux antilopes, lesquelles sont très abondantes dans cette région et dont la chair avait formé la ration de mes hommes.

Le fils du chef M'Paka, qui avait fait naître des difficultés de toute sorte pour me bien montrer combien il devait être plus avantageux pour nous (ou pour eux), de rester dans leurs villages, était désolé maintenant qu'il voyait que nous nous passions de lui. Je le renvoyai à ses cases.

Deux des hommes des pirogues s'offrirent pour nous servir de guides à terre. Ils nous disaient qu'il fallait passer le courant, car il n'y avait que des marais sur la rive droite. Dès le lendemain matin (16 février), nous nous servîmes donc des embarcations pour traverser la rivière, et pendant qu'ensuite le petit train de pirogues en remontait le cours, nous suivions par terre.

Après avoir traversé un petit bois très touffu et non frayé, qui accompagne en le longeant le cours de la rivière, nous prenons à travers la steppe dont les grandes herbes viennent d'être brûlées. De temps à autre, nous apercevons à notre gauche, les arbres qui bordent le cours capricieux de la Kémo. La marche est facile, bien qu'il n'y ait nul sentier frayé, et nous espérons bien arriver, après journée faite, avant les pirogues, sur les bords de la rivière où nous camperons.

Dans l'après-midi nous arrivons, ayant fourni une forte étape de 22 kilomètres, sur les bords de la Kémo, en un point où les Banziris ont coutume, chaque année, aux hautes eaux, de venir établir leur campement de pêche. Nous sommes sur le territoire langouassi, et lorsque dans la journée nous avons traversé des villages, notre venue a produit grand émoi et les populations se sont enfuies devant nous. Comme je tiens à conserver avec cette peuplade des rapports suivis, car nous aurons fréquemment besoin de traverser leur territoire pour relier mes postes par une ligne continue, je décide de ne pas aller plus loin, afin d'essayer de voir le chef que mes guides me disent être très influent, et nouer avec lui des relations amicales.

Peu de temps après notre venue, nous sommes rejoints par les pirogues et nous procédons à l'établissement de notre campement.

Mes guides banziris se sont rendus dans les villages des Langouassis, et bientôt je les vois revenir, accompagnant le chef qui est suivi d'une centaine d'hommes armés de longues sagaies.

Le chef qui se nomme Bouassa et qui voit des blancs pour la première fois, nous examine avec une surprise mêlée d'inquiétude. Cependant mes guides le rassurent. C'est un homme grand, élancé, avec cette pureté de lignes du corps qui est la caractéristique de la race langouassi. La lèvre supérieure et les ailes du nez sont ornées de plaques en métal. Sa barbe est longue et suivant la coutume, tressée en une natte serrée qui occupe le côté gauche du menton.

Il s'approche de moi, tenant à la main une poule blanche dont il arrache les plumes, au mépris de ses cris, pour me les fourrer dans la barbe et les cheveux et en déposer une poignée à mes pieds. Puis, après m'avoir donné la pauvre volaille ainsi que deux boucs dont on a lié les pieds, il s'assied devant moi et tous les gens de sa suite l'imitent. La paix est faite. Je lui donne des présents de toute sorte qui l'émerveillent.

Puis il me fait dire combien il est satisfait de mes cadeaux et m'engage à ne pas continuer plus loin ma route. Les Ouaddas lui avaient dit que lorsque nous viendrions, ce serait pour lui faire la guerre, mais il voit bien que cela n'est pas, aussi nous engage-t-il à venir nous établir dans son village et si j'ai le désir d'entrer en relations avec les Tokbos, il s'engage à les faire venir, mais il me conseille de ne pas passer sur leur territoire, car j'y serais sans doute mal reçu. Les Banziris, très désireux eux aussi de ne pas nous voir trop nous éloigner de chez eux, insistent à leur tour dans le même sens. Mais je ne puis me rendre à leur désir et je demande au chef de prouver sa bonne volonté à mon égard, en me fournissant plutôt des guides. Ce n'est pas sans peine qu'il y consent, car il aurait bien voulu nous voir leur laisser un peu de nos perles et de nos cauris qui ont ici grand cours et dont ils savent que nous sommes approvisionnés. Le soir, les indigènes viennent en nombre au camp pour nous vendre des vivres.

Dès l'aurore, le lendemain, nous prenons nos dispositions de départ, mais mes guides décident qu'il convient de passer de nouveau sur l'autre rive, afin d'arriver directement, aux villages des Tokbos que je tiens à atteindre. La traversée de la rivière se fait à l'aide des pirogues, après quoi, nous convenons avec M. Brunache, de nous retrouver au bord de la Kémo, soit à la halte de midi, soit au campement du soir.

Après avoir marché dans de très hautes herbes, au parcours pénible, nous tombons sur un sentier dont le sol battu indique des passages fréquents. Mais nous sommes bientôt obligés de l'abandonner, car il se dirige vers l'ouest et nous éloigne des rives de la Kémo. Il aboutit, me disent mes guides, à d'importants villages, habités par des Tokbos sur le territoire desquels nous sommes maintenant. Le chemin que nous avons pris, nous conduit sur des plateaux couverts de grandes dalles de blocs ferrugineux (*itabirite*) qui appartiennent à la même formation, peut-être même, au même système de soulèvement que celui que nous avons traversé près de Yabanda. Ce ne sont dans tous les cas que les derniers contreforts, très atténués et surélevés seulement d'une cinquantaine de mètres au-dessus de la grande plaine que nous venons de parcourir, laquelle s'étend en une région de marais jusqu'à l'Oubangui. La configuration du pays change désormais; partout au loin ce ne sont que soulèvements bornant l'horizon par des séries de lignes courbes et entre ces escarpements, couverts seulement d'une végétation diminuée, souvent même rabougrie, des petits vallons au sol marécageux, avec des bouquets d'arbres robustes et puissants. Peu ou point de traces de passage d'éléphants, et au contraire de nombreuses foulées de buffles et d'antilopes. Sur les plateaux, à notre approche, s'enlèvent de grandes envolées de tourterelles (*Turtur vinaceus*) et parfois aussi quelques francolins (*francolinus sp. n.*) qui sont les perdrix de ces régions. Dans nos passages sous bois, nous sommes appelés par le cri aigu de l'Oiseau à miel (*Indicator Sparrmanni*) qui nous accompagne, nous escorte et voudrait nous voir le suivre. J'étais assez sceptique, je le confesse, au sujet de ce que l'on m'avait conté des mœurs de ce singulier oiseau, mais je dus bien me rendre à l'évidence de constatations faites par moi-même. Lorsqu'il aperçoit des hommes passant sous bois, il va vers eux, et escortant leur marche, il les appelle à cris répétés; si l'on n'en veut tenir compte, il finit par se lasser et s'envole pour aller attendre le passage de quelque voyageur mieux disposé. Mais si, au contraire, on consent à le suivre, sautant de branche en branche, il vous conduit bientôt vers quelque arbre creux, où bourdonne une ruche d'abeilles. Il attend patiemment que l'on ait récolté le miel, se contentant de profiter des menus restes.

Après avoir fourni une forte marche, je me rabats vers l'est, par un crochet, afin de venir retrouver le cours de la Kémo où j'espère faire ma jonction avec les pirogues. Je ne veux consentir à tenir compte des exhortations de mes guides, qui m'affirment, que si nous voulions marcher encore une heure ou deux, nous arriverions à atteindre les premiers villages des Tokbos. Il est cinq heures lorsque nous arrivons au bord de la rivière. De suite, je délègue deux de mes guides vers les villages, puisqu'ils m'assurent qu'ils ne sont pas éloignés, tandis que je charge le sergent de redescendre le long du rivage pour voir s'il n'aperçoit pas les pirogues sur lesquelles nous devons avoir de l'avance. Mon homme revient bientôt, me disant que la marche est impossible le long de la rivière. La nuit vient, et je reste sans nouvelles du train de pirogues.

Le lendemain matin, je vois venir une pirogue seule, sans bagages. Que s'est-il passé? J'en ai bientôt l'explication par un billet que m'envoie M. Brunache. Au passage d'un rapide, deux des pirogues ont chaviré et de nombreuses charges sont encore au fond de l'eau, malgré tous les efforts des hommes d'escorte qui ont plongé à maintes reprises. Il me demande de lui envoyer des hommes pour transporter les colis à terre, car les pagayeurs des pirogues chavirées se refusent à aller plus loin. Fort heureusement les embarcations dans lesquelles se trouvaient MM. Brunache et Chalot ont pu franchir les rapides sans encombre. C'est que, dans le recrutement précipité des pirogues, il s'en était trouvé qui étaient conduites par des Banziris et ces habiles pagayeurs avaient pu franchir le pas difficile, tandis que celles qui avaient chaviré appartenaient à des Gobous qui, moins habiles, n'avaient su triompher de cette difficulté. Ceux-ci ne voulaient plus continuer.

Immédiatement je priai M. Briquez de prendre avec lui quarante porteurs et quelques hommes d'escorte, et d'aller au secours de M. Brunache. Ils revinrent dans la journée. Nous procédons alors au recensement des colis; il en est bon nombre d'avariés. Les caisses de popote ont été immergées et le sucre, le sel, etc., sont perdus. Parmi les caisses que l'on n'a pu repêcher, il s'en trouve de celles qui contenaient quelques conserves destinées à améliorer l'alimentation en cas de maladie, et notamment nos dernières boîtes de lait condensé, dont l'emploi à défaut de lait frais, que nous ne pouvions jamais obtenir même en faible quantité, les chèvres n'étant pas laitières, fait indispensablement partie du traitement de la dysenterie, dont depuis quelque temps déjà deux d'entre nous souffraient cruellement.

Entre temps, les hommes que j'avais envoyés auprès de Krouma, le chef des Tokbos, revinrent, accompagnés de quelques indigènes et d'un homme coiffé d'un bonnet en peau de chat sauvage. Or, chez toutes les peuplades de cette région, la coiffure en fourure indique, toujours, que celui qui la porte est élevé à la dignité de chef, quelle que puisse être d'ailleurs l'importance de son influence. Les indigènes me disent que cet homme est Krouma lui-même. Il vient près de moi, arrache des poignées de plumes à la poule blanche qu'il m'apporte en cadeau et me les sème sur la tête, puis me donne de la pâte faite de farine de mil, des œufs, du tabac. Je lui donne des cadeaux en échange.

Cette cérémonie venait de prendre fin, lorsque mes guides vinrent à moi et me dirent que cet homme, qui se donnait pour le chef des Tokbos, n'était nullement Krouma, mais un de ses ministres, que le chef avait envoyé pour le renseigner sur la situation. Les indigènes n'avaient pas permis au chef de venir, ainsi imprudemment, exposer son auguste personne. J'avais de bonnes raisons pour croire que les renseignements de mes guides étaient exacts, car ils connaissaient la région; aussi je dis au faux Krouma que j'étais renseigné sur son identité et que je savais fort bien qu'il n'était pas le chef. Voyant que j'en étais instruit, il ne fit nulle difficulté pour en convenir et me dit simplement que nous étions trop loin de la résidence de Krouma pour qu'il vînt lui-même jusqu'au campement. Il m'engagea donc à me rapprocher de ses villages. Je le ferai dès le lendemain.

Les pagayeurs me prévinrent qu'il ne serait pas possible de remonter longtemps encore la rivière avec les pirogues, car de nouveaux rapides, infranchissables ceux-là, se présenteraient bientôt. Nous prîmes donc rendez-vous en ce point où nous devions arriver après une demi-journée de marche.

Nous repartons à travers les grandes herbes, puis, après avoir traversé des marais et un petit affluent de la Kémo nommé Ioungou, nous revenons vers la rivière dont de loin nous entendons les rapides, mugissants. De grands arbres abritent les rives en pente, et l'eau cascade, sur des roches, qui émergent au-dessus de sa surface toute blanche d'écume.

Fig. 120. — Les rapides de la rivière Kémo. D'après une photographie.

De là, nous prenons, tous ensemble maintenant, la voie de terre pour nous rendre jusqu'à proximité du village de Krouma.

Les berges sont en ce point surélevées au-dessus du lit de la rivière redevenue calme, mais n'ayant plus qu'une cinquantaine de mètres de large. Et la plaine qui s'étend au loin, limitée par des collines sur tout le côté nord, est semée de groupes de cases autour desquelles s'étendent des champs de culture où le mil est déjà récolté.

Notre venue a causé un vif émoi parmi les indigènes qui ont

abandonné les cases les plus proches de la rivière. J'envoie de suite mes guides dire au chef qu'il vienne vers moi et qu'il n'ait rien à redouter, que nos intentions sont pacifiques. Le campement est établi sur le bord de la rivière, mais depuis deux jours la chaleur est telle qu'il est impossible de se tenir sous les tentes. Je constate 41° à l'ombre. Nous faisons construire un abri provisoire fait de montants et de perches, sur lesquelles on a jeté quelques bottes de chaume coupé dans les grandes herbes. Là du moins, l'air circule et on peut respirer plus librement.

Mon intention est de ne pas aller plus loin et de fonder un poste à cet endroit, car la rivière n'est pas navigable plus haut et il peut être important d'établir des relations suivies avec une population aussi forte que celle des Tokbos. Cependant l'endroit où nous sommes campés ne peut convenir pour l'édification d'un poste d'occupation. En maints endroits émergent des roches ferrugineuses, qui entraveront tous les travaux, et, si on s'éloigne des bords de la rivière, on empiète sur les champs de culture des indigènes. Je fais donc monter le canot et visiter l'autre rive et les points environnants.

Soudain les villages que de loin nous voyons déserts, s'animent, et bientôt, de toute part, les indigènes arrivent, tous armés de leur bouclier et d'une poignée de sagaies; sur l'épaule ils portent un arc et un carquois rempli de flèches à pointes de fer. Un groupe plus important s'avance escorté d'innombrables guerriers : c'est Krouma avec sa suite, qui vient vers nous. Maintenant la plaine est toute noire, des indigènes de tous les villages, qui escortent leur chef.

Krouma s'avance. Il est entouré d'une suite nombreuse qui se sépare de toute la masse de ses hommes, se tenant à distance et se répandant sur les côtés. Parmi ceux qui l'entourent je reconnais le noir qui avait été hier envoyé vers moi et s'était donné pour le chef. Près de Krouma se tient un homme déjà d'âge, et qui semble jouir d'une grande considération. Il est de taille élevée, son regard est dur et sévère. Il est coiffé du bonnet de fourrure des chefs, porte une barbe peu fournie et sa lèvre supérieure est ornée de ce *tombo* (bloc en métal en forme d'U) que portent les N'Gapous. Sur l'épaule, il porte un arc et un carquois rempli de flèches à pointes de

Fig. 121. — Entrevue avec Krouma, le chef des Tokbos. D'après une photographie instantanée.

fer finement bardelées. Krouma, lui, a l'air doux; il ne porte qu'une longue javeline à la main droite, tandis que la gauche soutient un bouclier, bordé d'une fourrure à long poil noir. Il avance doucement, examinant tout ce qui l'entoure d'un regard lent, inquisiteur. Il vient jusque sous l'abri que j'ai fait construire, et sous lequel nous sommes assis. Une pointe de roche émerge au-dessus du sol; un des hommes de la suite du chef la recouvre d'une peau d'antilope et celui-ci s'y assied.

Il reste là sans dire un mot. A la main, il a pris maintenant, une petite corne en ivoire, qui sert à pousser les cris d'appel.

Voyant qu'il ne se décide pas à me faire les cadeaux qui sont les gages de paix et d'amitié, je me lève et me retire sous ma tente, située à quelques pas plus loin, pour lui montrer mon mécontentement. Cependant les indigènes se sont avancés et enserrent notre camp de leur foule compacte. Les hommes d'escorte sont obligés de garder les abords des tentes pour empêcher qu'on y pénètre.

Que va-t-il se passer? Enfin, devant notre attitude calme, Krouma a pris son parti. Il se lève, va prendre une poule blanche que porte un de ses hommes, vient jusque sous ma tente et me met des poignées de plumes sur la tête et les pieds. Alors je lui fais remettre des cadeaux consistant en perles, étoffes, etc., et lui, à son tour, dépose devant moi une pointe d'ivoire. La paix est entre nous. Bientôt Krouma se lève et fait un long discours, accompagné de gestes oratoires pleins d'élégance, dans lequel il dit à son peuple que la paix sera avec nous, et qu'il les engage à nous apporter des vivres de toute sorte, car nous avons beaucoup de marchandises que nous leur donnerons en échange. Son discours terminé, il se rassied. Mais immédiatement un homme, jeune, robuste, au regard décidé, s'avance, le corps recouvert d'une grande peau de panthère, et prononce un discours véhément, dans lequel il dit qu'il faut chasser l'étranger hors de leur territoire. Krouma ne répond pas à ce discours auquel il affecte de ne prêter aucune attention. Cependant, ses notables viennent à lui et bientôt ils se réunissent tous, au nombre de neuf, et accroupis, penchés les uns sur les autres, ils délibèrent à voix basse. Que se disent-ils? — L'homme au tombo de cuivre semble, lui aussi, plein d'hostilité à notre égard. Que décideront-ils? Ils sont tellement nombreux, ils nous entourent de si près, que si Krouma, malgré les engagements pacifiques qu'il vient de prendre en me faisant des cadeaux et en acceptant les miens, veut revenir sur sa décision et, portant la petite corne d'appel en ivoire à ses lèvres, pousse le cri de guerre, c'en est fait de nous. S'ils veulent lancer leurs javelines qui ne manquent jamais leur but, que pourrons-nous avec nos quelques fusils, contre cette masse compacte? C'est dans de semblables moments que l'on apprécie les véritables qualités de sang-froid de ceux qui vous accompagnent.

J'avais, comme je l'ai dit, fait visiter les abords, et nous avions reconnu que l'emplacement le plus favorable pour l'établissement d'un poste était situé sur la rive opposée, en face de l'endroit où nous étions campés. Or, pendant que cet interminable palabre avait lieu, on avait monté le canot, établi un va-et-vient à l'aide d'une corde amarrée aux deux rives, et transporté tous les colis; si bien que, pendant que les indigènes continuaient à discuter, nous passions tous de l'autre côté.

Quand ils s'aperçurent que nous les quittions, ceux qui nous étaient favorables et dont l'avis avait fini par prévaloir, furent désolés, car ils croyaient sans doute que, froissés de leur opposition, nous allions quitter le pays; et nos perles et nos marchandises, au lieu de leur profiter, passeraient à d'autres mains. Ils se rassurent en nous voyant établir notre campement sur l'autre rive, et bientôt, traversant la rivière à l'aide d'un pont de lianes suspendu aux branches de la rive, ils viennent près de nous.

L'emplacement que j'ai choisi me semble en tout point favorable. La rivière forme en cet endroit une bouche d'environ un kilomètre et demi de diamètre et dont le fond est limité par une série de collines élevées. Le sol est entièrement fait d'alluvion déposée par la rivière elle-même, qui a dû autrefois couvrir toutes ces vastes surfaces de ses eaux. Le terrain entier est envahi par des hautes herbes, qui témoignent de sa fertilité.

Puis ce terrain, situé sur la rive gauche de la Kémo, n'est pas occupé par des villages tokbos, ce qui à mes yeux présente un intérêt considérable, d'abord, en montrant à ces indigènes que nous ne voulons nullement les déposséder de leurs terres de cultures, auxquelles nous aurions dû forcément toucher si nous nous étions installés sur l'autre rive, car là, au bord de l'eau, le sol est rocheux et infertile; puis, en mettant la barrière naturelle du cours d'eau entre eux et nous, ce qui, même quand les relations les plus amicales seront établies, présentera de sérieux avantages en permettant de mieux tenir en main tout notre personnel noir. Et c'est là une des conditions indispensables au maintien des relations pacifiques, car les petites querelles qui peuvent s'élever entre nos porteurs ou nos tirailleurs et les indigènes, et cela sous les prétextes les plus futiles, peuvent, dans certains cas, rendre les rapports plus tendus, moins cordiaux.

Sans perdre un moment, je fais procéder au débroussement, d'abord pour établir notre campement, et bientôt aussi, pour commencer l'installation d'un poste.

A peine le terrain est-il rendu net, que déjà M. Chalot s'occupe de le faire piocher et y sème, le jour même, des graines de légumes qui m'ont été offertes, lors de mon départ, par la maison Vilmorin et Cie. Bien mieux, lors de notre départ des Ouaddas, j'ai fait repiquer dans une caisse, qu'un homme a ensuite transportée sur la tête, des plants de papayer, de tomate, etc., qui, mis en place, nous assuraient des récoltes prochaines.

Les graines que j'avais emportées de France avaient été enfermées dans une caisse soudée, doublée d'une enveloppe de bois, et, bien qu'il y eût un an déjà que nous fussions partis, elles avaient toutes conservé leurs facultés germinatives.

Il n'est pas inutile, peut-être, de donner, à l'égard de ces essais, quelques indications, qui pourront servir à ceux qui voudront établir des cultures légumières dans des conditions analogues. Or, ces cultures ont, à mon sens, un intérêt considérable, car les produits qu'elles peuvent donner apportent une variation bien utile à la nourriture de chaque jour, si monotone pour nous lorsqu'elle est réduite aux seules ressources que peut fournir le pays. Il est bien rare, quand on mène une entreprise de longue haleine, et que l'on ne veut pas se contenter de passer au travers d'un pays, mais aussi l'étudier et lier avec les indigènes des relations durables, que l'on ne soit forcé d'y séjourner parfois, tout au moins, un mois ou deux. Or, cette période de temps suffit amplement pour permettre déjà de produire quelques légumes frais et, si détaché que l'on puisse être des choses de la bouche, lorsque pendant de nombreux mois on a été privé de tout aliment européen, c'est avec une vraie joie qu'on se voit servir une salade ou quelques radis.

Quinze à dix-sept jours suffisent pour permettre aux radis de venir à bien. Les variétés à préférer, celles qui m'ont donné les meilleurs résultats, sont les radis écarlates, ou les raves rouges. La laitue, la cressonette ou cresson alénois, semées à mi-ombre, donnent leurs produits en deux semaines également. Lorsque l'on dispose de plus de temps, la chicorée frisée est, de toutes les salades, celle qui se développe le mieux. Mais il lui faut deux mois et demi pour arriver à bien. J'en avais, au poste des Ouaddas, un carré qui aurait rendu jaloux un maraîcher de Paris. Les haricots, et plus particulièrement les doliques, se développent rapidement et donnent d'abondants produits; par contre, il est inutile d'espérer avoir des pois. Les carottes, les navets viennent bien. On a également toute satisfaction des cultures de tomates, d'aubergines et de concombres. Ces plantes se naturalisent même dans la région et leur culture n'exige presque aucun soin. Je crois que l'importation que nous en avons faite dans ces régions neuves peut être considérée désormais comme définitive, et l'on retrouvera de ces plantes chez les indigènes auxquels nous avons donné des plants.

Mes autres compagnons s'occupaient, en même temps, de faire couper, dans les bois bordant la rivière, des pièces, destinées à l'édification, d'abord d'une grande case d'habitation, à laquelle venaient s'ajouter bientôt d'autres constructions destinées à servir d'abri à mes hommes et à tous mes colis. Le débroussement gagnait sans cesse, mettant à nu une vaste surface, que l'on ensemençait à mesure.

Les indigènes, qui, les premiers jours qui suivirent notre arrivée, manifestaient une grande inquiétude et se tenaient en observation, semblaient rassurés maintenant. Les premières nuits, on entendait de toute part le battement des tambours et le son des trompes, se répondant de village à village pour tenir les habitants en éveil. Mais le calme était revenu. Chaque matin, traversant le pont de lianes, ils venaient vendre des produits de leur culture et des animaux de leur élevage. M. Chaussé, sous un abri provisoire, passait ses journées à acheter.

On établit un poulailler qui s'emplit bientôt de plus de cent poules. On construisit un parc où un troupeau de chèvres prenait ses ébats.

Les chèvres des Tokbos offrent un caractère très net. Les mâles et les femelles sont noirs lorsqu'ils sont adultes, tandis que les jeunes sont d'abord d'un jaune roussâtre. Les femelles ont le poil court, le cornage fin et peu de barbe. Les mâles sont couverts d'un poil fin abondant

Fig. 122. — Bouc des Tokbos. D'après un dessin.

et très long; toute la face en est garnie. Ces chèvres ne mesurent pas plus de 0^m,60 au garrot. Elles sont relativement bonnes laitières. Cette race semble être la même que celle que possèdent les musulmans du Dar-Rouna. Un tapis fait d'une de ces peaux, que j'avais trouvé au camp musulman de Yabanda, provenait d'un individu de cette race, laquelle n'existe pas chez les N'Gapous.

Plus tard, on dit aux indigènes qu'il nous fallait de leurs paillassons de chaume, pour couvrir le toit de notre habitation, et ils en apportèrent autant que nous en désirions; que nous voulions des plants de bananier, et un grand champ, comptant quelques centaines de pieds, s'étendait bientôt à la suite du potager.

Dix jours s'étaient à peine écoulés, et déjà une grande case de 18 mètres de long sur 6 de large était terminée, et nous pûmes nous y établir.

Ces habitations étaient construites en bois équarris à l'herminette et maintenus entre eux par des mortaises, que l'on consolidait à l'aide de bandes de fer, provenant de cerclage des ballots d'étoffes et des caisses. Les parois, faites en clayonnage, étaient recouvertes d'un épais paillasson de chaume, solidement fixé, et que recouvrait une natte que mes hommes tressaient à l'aide de fibres de rotang. Tout autour, une large verandah abritait l'habitation contre l'ardeur du soleil. Un petit mur en briques de terre, séchées au soleil, et que venaient rejoindre des claies légères, achevait de faire de cette galerie, un séjour agréable où l'on était à l'abri des fortes chaleurs. Les vieilles caisses nous avaient fourni leurs planches pour construire quelques tabourets et une table.

Les armes des indigènes ont beaucoup de rapport avec celles des Dakouas et des N'Gapous, avec lesquels la race des Tokbos a plus d'un caractère d'analogie. Ce sont les mêmes lances, très artistement faites, au manche flexible, ayant souvent près de deux mètres de long, et orné de quelques anneaux de fer. Ce sont encore les mêmes couteaux de jet. Les boucliers sont également faits en vannerie, soigneusement tressée, et portant des dessins noirs géométriques, très réguliers. Mais ici les boucliers du chef sont bordés d'une bande de fourrure noire, provenant des boucs dont j'ai parlé. Ils tiennent beaucoup à ces boucliers. Cependant Krouma, en gage d'amitié, me donna le sien (1).

Les hommes portent presque constamment, sous le bras gauche, une sacoche en fourrure, sorte de cabas, où ils mettent leurs provisions et des objets divers. Mais souvent ces cabas, qui ont la forme de ceux que portent les Dakouas, sont remplacés par un sac fait d'une petite peau d'antilope dont on a lié les pattes et le cou et qui, le poil en dedans, se ferme à l'aide d'une coulisse

---

(1) Il est déposé, ainsi que des armes et des objets divers de ces régions, au musée du Trocadéro, à Paris.

en fer. On sent là l'influence du voisinage des musulmans; c'est, en effet, exactement le *mézoued* des Arabes. Ils quittent rarement un sifflet en ivoire, qui a la forme d'une petite trompe, et qui, percé de plusieurs trous, donne des modulations variées.

Les Tokbos fument les feuilles du tabac qu'ils cultivent. Leur pipe a presque la forme de celle des Germains. Ils l'allument en battant le briquet.

Fig. 123. — Poste de la Kémo. D'après des photographies.

Ils sont habiles potiers. Ils fabriquent de grandes marmites en argile, à laquelle ils mêlent un peu de sable micacé, lequel donne à la poterie un aspect brillant. Ces vases sont ornés de dessins en guirlandes, très réguliers. Ils ont parfois une capacité de huit à dix litres et servent à cuire les aliments.

On confectionne aussi des plats en bois, soit creux, soit portés sur des pieds. Les calebasses (*lagenaria*), qui sont cultivées partout près des villages, fournissent des récipients à eau, leur col formant un manche souvent fort allongé.

Krouma lui-même venait nous voir, et passait de longues heures près de nous. Tout ce que nous possédions l'émerveillait et éveillait son envie. Parmi tous les cadeaux que je lui fis, à diverses reprises, un de ceux qui le charma tout particulièrement fut une moustiquaire de toile légère.

Elle lui permettait de goûter un paisible repos alors que, précédemment, il était sans cesse aux prises avec les légions de moustiques, dont ni la fumée, ni l'huile de ricin dont il s'enduisait le corps, n'arrivait à le préserver. Qui sait si ce ne sera pas là plus tard un débouché important pour les étoffes de basse qualité?

Et cette confiance du chef gagna de proche en proche, si bien que

Fig. 124. — Objets tokbos : 1, cuiller à eau faite d'une calebasse. — 2, pot en terre pour la cuisson des aliments. — 3, plat en bois.

les femmes elles-mêmes se montraient maintenant, et le marché qui s'était établi près du poste naissant, prenait chaque jour une importance plus grande. Les agents des maisons de commerce, que j'avais emmenés, purent bientôt conclure d'importantes affaires d'ivoire, que les indigènes avaient tout avantage à contracter avec eux, plutôt qu'avec les musulmans qui viennent parfois faire du commerce jusque dans ces régions, mais qui le plus souvent prennent sans payer. Plusieurs des hommes qui venaient au poste avaient été chez les musulmans et ils portaient sur les joues, par trois lignes de tatouage transversales et trois autres longitudinales, la trace de leur passage dans l'esclavage musulman.

Les Tokbos constituent une race d'hommes souples, agiles, bien faits de corps et d'une taille au-dessus de la moyenne. L'ensemble de leur physionomie donne une impression favorable. Le front est plan et fuyant, non bombé, comme cela s'observe chez tant d'autres races de ces régions. Le nez moyennement large a les ailes relevées et saillantes. La bouche est peu charnue et ce qui leur donne un aspect particulier, c'est la forme du menton qui est étroit et leur fait une figure en pointe, les yeux étant distants l'un de l'autre et presque à fleur de tête.

Ici encore, le vêtement consiste en un pagne, passé entre les jambes pour les hommes, et deux poignées de feuilles fraîches pendues à la ceinture, pour les femmes. Mais ce pagne est en coton que les hommes filent et tissent eux-mêmes. Ils en forment une bande large de 0^m,60 environ et longue de près de 2 mètres, et se terminant par des franges longues. Tous ces pagnes, dont l'étoffe est forte, solide, mais très régulière et nullement grossière, sont teints en une couleur de pourpre sombre, qui leur est fournie par un mélange de la poudre de bois rouge avec l'huile de ricin, plante qui est abondamment cultivée chez eux.

Je visitai les environs, et me transportai notamment au sommet du premier escarpement, haut d'environ 60 mètres, qui se trouve der-

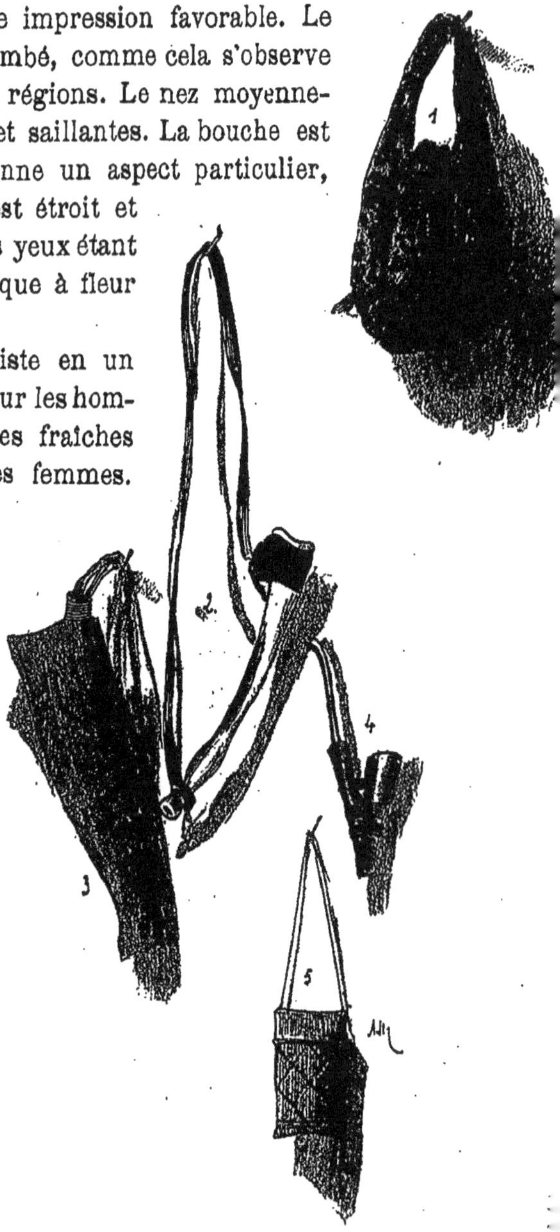

Fig. 126. — Objets tokbos : 1, sac en fourrure. — 2, sifflet en ivoire. — 3, sac de forme musulmane. — 4, pipe. — 5, sacoche à briquet. D'après nature.

rière le poste. De là, la vue s'étendant au loin, me permit de voir qu'en ce point commençait toute une chaîne de soulèvements se dirigeant vers le Nord-Est, c'est-à-dire vers la ligne de plateaux situés près de Yabanda.

De là devait donc partir, la véritable ligne de pénétration vers le Nord, par la vallée du Chari, dont cette chaîne de collines formait la limite sud. Partant de ce point, on devrait se mettre en contact avec les musulmans du Baghirmi et atteindre rapidement, en descendant le Chari, les rives du lac Tchad. Cette route, qui depuis Brazzaville jusqu'à ce poste de la Kémo pouvait se faire entièrement par voie d'eau, et en ne parcourant que de riches territoires qui nous appartiennent sans conteste, devra dans l'avenir être celle que nous choisirons pour relier nos colonies du Congo au Soudan et plus tard aussi à l'Algérie.

Et à l'infini, la vue s'étendait sur de riches vallées, toutes couvertes de cultures et semées de villages. Comme il serait aisé de partir de là pour marcher en avant, et combien j'en avais le désir ! Mais l'on m'avait annoncé la venue de renforts que je devais attendre, me disait-on. Je ne repartirai donc que plus tard, après que j'aurai été faire ma jonction à Bangui avec M. Maistre.

CHAPITRE XV

Départ pour les Ouaddas. — Cultures et avenir des régions du haut Oubangui. — Les Sabangas viennent se placer sous notre autorité. — Visite du chef Bembé. — Départ pour Bangui. — Nouvelles de France. — Arrivée à Brazzaville. — Retour en France.

Les relations amicales étant désormais établies d'une façon durable avec les Tokbos, et le poste étant organisé, j'en confiai pendant mon absence la direction à M. Brunache, alors que moi-même, accompagné de MM. Briquez et Bobichon, j'irai regagner le poste des Ouaddas, afin de me transporter de là à Bangui. Suivant les informations que j'avais reçues, je devrai trouver là M. Maistre, avec lequel je reviendrai de suite pour m'organiser à la Kémo et partir bientôt vers le Nord.

Krouma, auprès duquel je m'étais renseigné, m'avait dit qu'il y avait un chemin meilleur que celui que nous avions suivi à l'aller et qui me permettrait de regagner les Ouaddas, sans être obligé de traverser trois fois la Kémo. Comme je lui expliquai que notre absence serait de courte durée et que, bientôt, nous reviendrions avec beaucoup d'autres marchandises, sa joie fut grande et il me donna des guides pour m'escorter à l'aller et au retour.

Nous partîmes le 3 mars, emmenant seulement quelques hommes d'escorte et tout ce qu'il y avait de porteurs disponibles.

Nos guides nous firent prendre un chemin d'un parcours facile, et comme j'avais grande hâte d'arriver, bien que partis dès l'aube, nous marchâmes jusqu'au soir. Le lendemain nous arrivâmes sur les bords d'une rivière importante, ayant un cours analogue à celui de la Kémo, à la hauteur de mon poste. C'était la Tomy, affluent de droite de la Kémo. Le passage s'effectuait au moyen d'un de ces ponts de lianes dont la construction semble être la même chez toutes les peuplades de l'Afrique équatoriale.

Des grosses branches d'un arbre penché au-dessus de la rivière, et dont il faut escalader le tronc, part un cable fait de plusieurs lianes réunies. L'autre extrémité s'en va se fixer aux branches d'un arbre de l'autre rive. De chaque côté, des lianes, attachées tant bien que mal, à hauteur de la main, servent de soutien. Quand la rivière est peu large, le trajet est fait d'un seul parcours et à une faible élévation au-dessus de l'eau. Mais la Tomy a un cours important, et les indigènes ont été obligés de fixer le câble aux branches qui se penchaient le plus au-dessus de l'eau, et ce pont principal est relié par des travées supplémentaires, partant de là, jusqu'à la rive. Celle-ci est très escarpée, et les arbres ne croissent qu'à son sommet, si bien qu'obligé de marcher sur cette corde mal assujétie, dont les brins craquent, on est suspendu à dix ou douze mètres au-dessus de l'eau. Il est bon de ne pas avoir le vertige, car, en plus d'un point, la liane servant de main courante fait défaut.

Lors de ma montée vers la haute Kémo, j'avais évité de traverser la Tomy, ayant pris la rive gauche de la Kémo, laquelle, à cette hauteur, est occupée par les villages langouassis. Ceux-ci s'étendent en une longue bande parallèle à l'Oubangui, dépassant à l'est la rivière Kouango et limitée du côté de l'ouest par la rivière Kémo. Tout le territoire compris entre cette dernière rivière et l'Ombella n'est donc occupé que par les Ouaddas et les Tokbos. Ces derniers semblent prendre une importance chaque jour plus grande.

Les musulmans venant du Dar-Rouna, étendent leurs incursions jusque sur le territoire des Tokbos; mais ils sont obligés de compter avec eux, et ce n'est que lorsqu'ils se trouvent dans des villages séparés, qu'ils peuvent se livrer au pillage qui est la véritable raison d'être de leurs incursions, dans lesquelles le commerce n'est que le prétexte, dont ils usent quand ils ne se sentent par les plus forts.

Ce qui fait la force de ces hordes qui s'aventurent souvent à des distances considérables de leur pays, c'est qu'elles possèdent des montures qui leur permettent de franchir rapidement de grands espaces, et que leur armement consiste en fusils soit à piston, soit même d'une construction plus moderne, comme Crampel l'a constaté et comme plusieurs de ses hommes l'ont rapporté. D'où leur viennent ces fusils? La question est difficile à résoudre d'une façon précise; mais tout fait croire, qu'ou bien ils sont importés de l'est, de la région du Nil Blanc, ou bien qu'ils proviennent de la Tripolitaine, transportés par des caravanes qui traversent le Sahara.

Ali, le jeune enfant que j'avais trouvé dans le camp musulman de Yabanda et qui, très intelligent, apprit vite suffisamment la langue française pour qu'il fût possible de s'expliquer avec lui, dit avoir vu au Dar-Rouna des caravanes venant avec des chameaux et apportant avec elles beaucoup de marchandises.

Fig. 126. — Poissons de la Kémo (*Mormyridiens*). D'après des aquarelles.

Tous les fétichistes qui sont en rapport avec les musulmans, savent si bien l'infériorité que leur donne leur armement insuffisant, que la première de toutes leurs préoccupations est de se procurer des fusils. S'ils en possédaient, en plus d'un point, ils résisteraient à l'envahissement musulman et conserveraient ou accroîtraient même leur prospérité qui leur vient de leur aptitude au travail et à la culture du sol.

Mais leur faiblesse réside plus encore dans l'état d'isolement, dans le manque de cohésion, dans lequel vit chaque peuplade, plutôt encore que de l'insuffisance de leur armement. Si toutes ces peuplades, travailleuses et intelligentes en somme, s'unissaient, elles arriveraient par leur nombre à présenter une force avec laquelle tout ennemi serait bien obligé de compter. Mais cette cohésion, cette unité d'action et de tendance qui fait la force des musulmans, leur est complètement étrangère.

Si nous savons profiter de cet état de choses, nous ferons de ces peuplades séparées un tout homogène, et leurs aptitudes individuelles exercées, guidées par nous, dirigées dans un sens déterminé, trouveront dans ces vastes contrées, tant fertiles, mille moyens de s'étendre encore.

La direction de toutes les peuplades fétichistes est à prendre. Si nous y renonçons, les musulmans s'en empareront à bref délai et nous trouverons alors la même résistance à nous admettre, que nous avons rencontré partout où nous avons voulu asseoir notre influence dans les États où règne l'islamisme. Ils nous recevront peut-être à titre provisoire, à moins encore qu'ils ne réservent à nos envoyés quelque guet-apens et un lâche assassinat. Mais du jour où ils verront notre influence prendre une forme plus effective et se substituer à la leur, alors ils nous déclareront la guerre. Et quand bien même un sultan voudrait rester bien disposé à notre égard, il n'en aura pas le loisir, car des ordres lui viendront de plus haut et, s'il hésite à s'y conformer, ce sera sans nul bénéfice pour nous, car sa disgrâce ne tardera pas à se produire.

Nous ne pouvons nous désintéresser de cet état de lutte continuelle, qui règne entre les fétichistes et les musulmans; il nous faut prendre position pour l'oppresseur ou l'opprimé. Et si, d'aventure, les sentiments généreux auxquels on ne fait jamais appel en vain chez nous, ne nous suffisaient pas encore pour protéger les fétichistes contre l'oppression musulmane, nos intérêts matériels devraient encore nous guider, pour nous faire prendre en main la direction de toutes ces peuplades qui ne demandent qu'à être conduites et dirigées.

J'eus dès mon retour à mon poste des Ouaddas une preuve nouvelle de l'empressement avec lequel tous les chefs de tribus recherchaient notre alliance et avaient le désir que nous nous établissions d'une façon définitive au milieu d'eux. Déjà, lors de notre départ pour la Kémo, le chef M'Paka avait manifesté toute sa crainte de nous voir abandonner la région. Aussi, dès mon retour, vint-il au poste pour nous dire la joie que lui causait notre retour.

Les Ouaddas ont, comme je l'ai dit, des tendances belliqueuses. Déjà, ils avaient eu maille à partir avec les Tokbos qui, plus forts qu'eux, leur avaient détruit quelques villages dont nous avions vu les ruines. Déjà, lorsque, pour marcher vers El Kouti, j'avais dû momentanément abandonner le poste, ils avaient attaqué et chassé les Banziris qui étaient venus former près de nous un nouveau village. Maintenant M'Paka sollicitait mon appui pour entrer de nouveau en campagne. Ses voisins, les Sabangas, dont le territoire s'étend sur les rives de l'Ombella, s'opposaient à son expansion vers l'ouest, disait-il, et l'enserraient dans des limites trop étroites, à son gré. Il venait donc me demander de lui prêter quelques-uns de mes soldats, et si j'y consentais, il m'offrait comme dédommagement préalable et sans préjudice de ma part au butin, cinq belles pointes d'ivoire et cinq femmes. Sa surprise fut grande, en constatant que non seulement je ne voulais pas accepter son offre, qui cependant lui semblait bien séduisante, mais encore de s'entendre dire que je ne lui permettrais pas d'aller faire la guerre aux Sabangas qui ne lui avaient fait aucun mal et avec lesquels je comptais faire alliance.

De toutes les peuplades que j'ai visitées, celle des Ouaddas est assurément la plus guerrière. Mais le sort des armes les a peu favorisés. Ils sont actuellement cantonnés sur un territoire très étroit, qu'ils auront de la peine à agrandir, car de chaque côté ils sont bornés par des voisins puissants. Les Tokbos les ont refoulés du nord et entre les deux peuplades s'étend tout une vaste région où il n'est même pas de sentiers tracés, au milieu des hautes herbes, ce qui montre bien qu'il n'existe aucune relation amicale, aucun échange commercial, entre les deux tribus.

Bien qu'ayant pris aux musulmans, avec lesquels ils sont en contact, des habitudes belliqueuses et pillardes, les Ouaddas ont conservé, de leur origine fétichiste, les aptitudes agricoles qui sont si merveilleusement développées chez toutes ces intéressantes peuplades que l'on rencontre de l'Oubangui au Chari. Mais ces cultures sont ici plus pauvres, moins étendues, moins bien tenues aussi, qu'elles ne le sont chez les Dakouas et les N'Gapous. Il n'en est pas moins vrai, que, même chez eux, la production excède de beaucoup la consommation, puisque j'ai pu me procurer quelques milliers de kilogrammes de farine de manioc et de mil, qu'ils venaient spontanément vendre au poste. J'ai pu ainsi, à diverses reprises, envoyer des provisions au poste de Bangui où, en dehors des bananes et du maïs, les populations bouzéroues ne fournissent que peu de denrées utilisables.

Lorsque les relations qui devront s'établir dans l'avenir d'une façon suivie entre la colonie du Congo et la région située au delà des rapides, auront pris une marche régulière, toute cette partie centrale devra devenir le grenier d'approvisionnement de toute la contrée. Déjà, dans l'état actuel des choses, on peut bénéficier largement des cultures ordinaires que pratiquent les indigènes de cette région. Mais l'avenir leur réserve un rôle plus important. Il n'y aura, en effet, que bien peu de chose à faire, soit pour rendre plus fructueuses encore les cultures déjà existantes, soit pour introduire et cultiver d'autres plantes à la production desquelles il s'attacheront volontiers, quand ils verront que les produits qu'ils en retirent sont pour eux plus avantageux.

Ces populations, en effet, ne sont nullement réfractaires au progrès. Elles admettent volontiers ce qui est nouveau et qu'elles ne connaissent pas encore. C'est ainsi que nous avons pu leur donner des plants de papayers, de tomates et de quelques autres plants, qu'ils cultivent avec grand soin et qui, j'en ai la conviction, sont désormais fixés chez eux d'une façon définitive. Il n'est donc pas douteux que l'on puisse introduire de même une foule de plantes potagères dont l'usage apportera encore une amélioration plus sensible à leur alimentation ordinaire.

Ce sont là des indications qui montrent clairement qu'il sera tout aussi facile d'obtenir de ces peuplades qu'elles cultivent des plantes dont nous leur achèterons les produits et parmi celles-ci, il faut citer en première ligne, le café, qui croît dans toutes ces régions, à l'état sauvage. On peut, d'ores et déjà, tirer un produit avantageux de l'exploitation des qui arbustes croissent dans la forêt. Mais toutes les îles de l'Oubangui ainsi que les bords des rivières, souvent sur un parcours de plus d'un kilomètre, semblent devoir spécialement convenir à cette culture. On observe, en effet, qu'à l'état spontané, le café croît plus volontiers dans les endroits qui sont submergés à la saison des hautes eaux. Cependant on en trouve encore en bordure de forêt, dans les clairières, sur des points éloignés des grands cours d'eau.

La culture du caféier à petit grain, celui qui croît sur les bords de l'Oubangui, devrait être tout particulièrement pratiquée, car le produit obtenu trouvera sur les marchés un prix de faveur à cause de son analogie avec les qualités les meilleures, telles que celles de Rio Nunez et de Moka. Cependant l'espèce à grande feuille que j'ai trouvée sur les bords de la Kémo, par les gros rendements qu'elle peut produire, pourra sans doute, elle aussi, présenter un intérêt très réel.

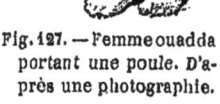

Fig. 127. — Femme ouadda portant une poule. D'après une photographie.

Le coton, on l'a vu, se trouve dans des conditions qui sont tellement favorables à son développement, que là même où il n'est plus cultivé, tel que, par exemple, sur l'emplacement d'anciens villages, il se multiplie, se naturalise et produit de belles capsules pleines d'une soie très blanche.

Mais la culture du coton, dans l'état actuel des choses, devra bien plutôt être localisée dans la partie basse du Congo, afin d'éviter le transport venant de régions trop éloignées.

L'exploitation des gommes, des résines et du caoutchouc constituera, pour le moment, l'exploitation qui, donnant des produits immédiats, peut permettre d'attendre ceux provenant de cultures organisées. Les forêts immenses fourniront pendant de nombreuses années leurs importants produits, mais ce serait folie que de croire cependant que l'on pourra ainsi indéfiniment prendre sans compenser jamais ces prélèvements par des exploitations méthodiquement conduites et des cultures.

Les récoltes d'ivoire qui, pendant de nombreuses années, ont pu faire réaliser aux exploitants de si importants bénéfices, sans être déjà complètement épuisées, iront cependant en diminuant et il faudra chaque jour se transporter plus loin pour en retrouver de nouveaux stocks. La période de préemption brutale va se terminer; celle de l'exploitation culturale devra lui succéder. Mais il est impossible d'entreprendre de semblables exploitations si l'on n'a pas en main des garanties qui puissent assurer un avenir durable aux compagnies qui s'en occuperont. Dans de semblables conditions, l'organisation de compagnies à charte s'impose.

L'aptitude aux cultures diverses, chez toutes les peuplades du centre de l'Afrique s'affirme par les soins qu'elles savent donner d'une façon si opportune à tant de plantes extrêmement diverses dont l'usage est chez elles couramment répandu. Il est, à cet égard, très surprenant de constater que certaines populations, qui, aux yeux de chacun, passent pour avoir atteint un degré de civilisation bien plus élevé, ne cultivent pas cependant, pour en faire le fond de leur nourriture, certains végétaux dont on voit d'importantes plantations chez toutes ces peuplades. C'est ainsi que le mil et le panicillaire, qui sont si abondamment cultivés dans toute la région de Soudan, y sont également très estimés. Mais leur culture est faite sans préjudice de celle du manioc, par exemple, qui est fort peu répandu au Soudan.

La présence du manioc ainsi que celle du tabac, de la patate et du chou caraïbe (*arum esculentum*, L.) ne laissent pas que de surprendre; en effet, les premières de ces plantes passent pour être d'origine américaine et la dernière est réputée provenir de l'Inde. Il est permis de se demander comment ces plantes ont pu être introduites dans ces contrées profondes, au milieu de populations qui n'ont encore de nos jours nul rapport entre elles ?

Dans la région du littoral, on constate de nombreuses tentatives d'introduction de plantes de cultures ; elles ont dû être faites par les premiers navigateurs portugais qui venaient commercer régulièrement avec toutes les populations de la côte occidentale. Peut-être aussi, quelques-uns des esclaves, qu'on exportait dans les îles, ont-ils été rapatriés et ont-ils pu rapporter chez eux certaines des plantes qu'ils ont vu cultiver. Mais ces végétaux, parmi lesquels il faut citer les manguiers, les papayers, les ananas, la canne à sucre, etc., bien que naturalisés et répandus en grande profusion dans les forêts où ils ont retrouvé toutes les conditions nécessaires à leur bon développement et à leur dissémination par la graine, restent cependant localisés et limités aux parties qui sont régulièrement parcourues, soit par les commerçants européens, soit par les trafiquants noirs.

L'ananas, entre autres, a trouvé dans les grandes forêts de la région de la côte, un milieu tellement favorable qu'il s'est répandu formant souvent des massifs d'une étendue considérable, à telle enseigne, que l'on a déjà songé à établir des distilleries de cet excellent fruit, que l'on récolterait à l'état sauvage. Les noirs se montrent très friands de ce fruit et partout où ils le rencontrent, non seulement ils le consomment mais ils en font encore des provisions pour la route. Et les épluchures, les œilletons, qu'ils jettent ainsi, chemin faisant, contribuent largement à la dissémination de la plante qui se multiplie également par graines. Et malgré ces puissants moyens de propagation, l'ananas reste cantonné dans la région de la côte où l'introduction première est tellement ancienne que les traces s'en perdent dans la nuit des temps.

Il est donc bien difficile d'admettre que les plantes que je citais comme étant cultivées dans les vallées de l'Oubangui et du Chari, aient pu avoir été transportées de la côte occidentale, en suivant les grands cours d'eau jusque dans la région centrale où l'on ne retrouve, comme j'ai eu occasion de le dire, aucune trace de pénétration et où toute la civilisation qu'ont pu acquérir les noirs semble être véritablement aborigène.

Cependant, il n'en faut pas douter, la plupart de ces plantes de culture ont une origine d'introduction, mais qui semble tellement ancienne que les indigènes en ont oublié la genèse. Et lorsqu'on examine ces cultures dans leur ensemble, lorsqu'on compare les plantes que l'on rencontre dans la région de la côte, et celles dont on constate la culture dans ces régions centrales, on est conduit à admettre deux sources d'introductions complètement distinctes, dans leur origine comme dans leur ancienneté.

Toutes ces plantes diverses, que nous contribuons nous-mêmes à propager, et dont on suit la pénétration depuis la côte occidentale jusque seulement dans des régions peu profondes, semblent avoir été introduites, comme je viens de le dire, par les négriers qui se sont dans ces siècles derniers établis sur divers points. C'est ainsi que l'on voit les ananas, les papayers, etc., pénétrer peu à peu, mais malgré les moyens puissants de dissémination dont disposent ces plantes n'atteindre que des régions peu profondes. Il y a une ligne d'arrêt à la pénétration de tous ces végétaux; c'est une bande qui s'étend entre l'équateur et le 4° N., dans laquelle on ne cultive, à l'exclusion presque absolue de tout autre plante, que le manioc et les bananiers. Puis, dans la région supérieure, on constate la présence de plantes que l'on n'a pas vu cultiver plus bas. Il semble non douteux que ces plantes ont suivi une ligne de pénétration venant de l'Est. Ces mils, ces sésames, ces choux caraïbes sont des végétaux qui caractérisent la culture de la côte orientale.

Comment l'introduction en a-t-elle été faite? C'est là une question à laquelle il n'est possible de répondre autrement que par des conjectures. Ces plantes ont dû très probablement gagner de proche en proche, par voie d'échange, de peuplades à peuplades. A moins que quelque grand courant d'invasion ait pénétré au milieu de ces populations. Mais cela semble peu probable et dans toutes les régions où pénètrent actuellement les hordes musulmanes, les cultures, loin de prendre un nouvel essor, deviennent de plus en plus pauvres pour disparaître même bientôt.

Il est intéressant de noter la modification profonde que l'on constate dans la flore, soit spontanée, soit d'introduction, à mesure que l'on s'avance plus avant vers le nord. J'ai eu l'occasion de montrer que plus d'une espèce disparait, quand on dépasse Bangui, pour faire place à d'autres plantes qui caractérisent des climats plus secs et avec une alternance plus sensible entre la température des saisons sèches et des saisons humides, des jours et des nuits. J'ajouterai seulement que ce climat, plus sec, et partant plus sain, plus apte par suite à constituer de meilleures conditions d'existence pour les Européens, s'accuse nettement par l'apparition de plantes cactiformes, que l'on désigne communément sous le nom de *plantes grasses*. Tels sont certains *cissus* et certaines *euphorbes*.

Pendant tout le temps de mon séjour à mon poste, les indigènes venaient me voir. Le chef banziri Bembé fit le trajet, des trois jours de marche en pirogue, qui séparait son village du poste des Ouaddas, pour venir me présenter sa sixième épouse. C'était la fille d'un chef de sa région. Son corps était entièrement enduit d'huile de ricin et le torse saupoudré de bois rouge. Elle portait au cou et autour des reins une quantité prodigieuse de perles réunies en tresses.

Bembé s'était fait accompagner de dix pirogues chargées d'hommes de sa tribu. En cadeau, il m'avait apporté une belle pointe d'ivoire et je lui donnai une foule d'objets divers qui éveillaient sa convoitise. Il me dit que toutes ses pirogues seraient toujours à ma disposition, soit que je veuille me rendre à Bangui, ou bien remonter la Kémo jusqu'à mon poste; bien mieux, afin de me permettre de pouvoir l'aviser aisément quand j'aurais besoin de ses embarcations, il en laisserait une avec six hommes, qui resteraient constamment au poste et se chargeraient de mes courriers.

Les Banziris, dont la vie se passe en voyages nautiques, tiennent avant toute chose à leur pirogue et la valeur qu'ils lui attribuent est plus grande que celle de deux hommes, ou d'une femme. Un Banziri ne consent a aucun prix à se dessaisir d'une de ses embarcations. Profitant des excellents termes dans lesquels je vivais avec Bembé, je lui demandai de me vendre, offrant de la lui payer très cher, une de ses pirogues qui pourrait m'être fort utile pour envoyer un courrier, soit à Bangui, soit dans la Kémo, car les canots en toile que je possédais pouvaient me rendre les plus grands services pour la traversée des rivières ou pour des petites courses sur l'Oubangui, mais il eut été imprudent d'affronter avec eux la région des rapides, ou d'avoir à leur faire supporter un des violents orages de cette région. Malgré toute l'amitié qu'avait pour moi Bembé, malgré tout l'attrait que pouvaient avoir pour lui les marchandises que je lui offrais en échange, il ne voulut jamais consentir à me vendre une de ses pirogues, et c'est pour me remplacer l'embarcation que je voulais acquérir, qu'il m'en prêtât une avec ses hommes, pour tout le temps dont je pourrais en avoir besoin.

Un matin, dès l'aube, je fus réveillé par une musique dont les sons me surprenaient au point de me faire croire que je rêvais. On aurait dit d'un piano. Je sortis de ma case, et je vis une quantité d'Oüaddas qui étaient en train de se livrer à une de ces danses de fête qui ont un attrait et une saveur d'originalité véritablement surprenants. Au centre d'un vaste cercle se tenaient deux hommes, les mains armées de baguettes terminées par des boules en caoutchouc, avec lesquelles ils frappaient à tour de bras sur des morceaux de bois très durs, disposés sur des traverses. En dessous étaient suspendues de nombreuses calebasses vides, de formes diverses et destinées à amplifier le son. Et il y avait deux de ces instruments : un faisant la haute et l'autre la basse. Tout autour, marchaient, les uns derrière les autres, une cinquantaine d'indigènes portant tous, d'une main un bouclier, de l'autre une longue javeline, qu'ils agitaient violemment comme pour la lancer contre un ennemi imaginaire. Ils frappaient le sol de leurs pas cadencés et se livraient à une danse pleine de caractère.

Ces tams-tams ont dans chaque tribu un aspect particulier qui distingue la peuplade; celui dansé par les Ouaddas ne devait pas manquer de prendre cette forme guerrière, qui est la caractéristique de la race toute entière.

Lorsque les femmes ouaddas, aux heures chaudes de la journée, s'en viennent, toutes à la fois, se baigner dans l'Oubangui, très

Fig. 148. — Tam-tam chez les Ouaddas. D'après des photographies.

habiles nageuses, elles s'amusent à des joûtes diverses, qui se terminent presque toujours par un exercice bien particulier. Frappant toutes ensemble l'eau, de leurs mains dont elles réunissent les doigts pour en former une sorte de cuiller, elles arrivent à obtenir des sons à modulations variées, qui s'entendent de fort loin. On dirait la voix d'un de ces gros tambours de bois dont les indigènes accompagnent leurs danses. Je n'ai vu les femmes de nulle autre peuplade se livrer à ces sortes d'exercices.

Fig. 129. — Le chef Sabanga.
D'après une photographie.

Quelques jours après mon retour au poste des Ouaddas, le chef des populations Sabangas, lesquelles occupent les bords de l'Ombella, accompagné de quelques hommes de sa tribu, vint me voir. Il me demandait d'établir entre lui et nous des relations de paix et d'amitié, et nous invitait à aller visiter ses villages. C'était un homme jeune, de haute stature, à la physionomie pleine de noblesse et de dignité. Je fus surpris de la pureté des lignes de son visage. Les hommes qui l'accompagnaient avaient comme lui un grand air de fierté, que l'on est peu habitué à rencontrer chez les représentants de la race noire. Le front large et pur est ceint d'une petite bande de fer poli. Le nez droit, la bouche moyenne, le menton au dessin correct constituaient un ensemble plein d'harmonie.

Ils étaient vêtus d'une pièce d'étoffe de coton, teinte en rouge sombre, laquelle pendait très bas entre les jambes, retenue par ses deux extrémités à une ceinture de cuir ornée d'anneaux de fer. Au bras et aux chevilles, des anneaux en ivoire tourné.

Il est très singulier de voir cette race des Sabangas se différencier, d'une façon aussi nette et aussi complète, de toutes celles qui les environnent. J'ai dit qu'il n'est pas rare de voir des tribus rester sans nul mélange avec leurs voisins et s'en séparer par l'ensemble de leurs caractères, tels par exemple les Banziris des Langouassis ; mais de même que les Banziris ont une parenté très proche avec les Sangas, les Yacomas, etc., de même les Langouassis ont plus d'un point de ressemblance avec les Dakouas, les N'Gapous, etc. Rien de semblable ne s'observe pour les Sabangas qui n'ont aucune analogie avec les tribus voisines. Leur territoire s'étendait autrefois, paraît-il, fort avant vers le Nord, mais les incursions des musulmans sont venues les réduire et les repousser vers les bords de l'Oubangui. Là ils se trouvent resserrés entre les Ouaddas, à l'est, et les Bouzerous et les N'Dris, à l'ouest.

Ils constituent une population sédentaire, se livrant à la chasse et aux travaux des champs.

Le manque de tradition empêche de retrouver leur origine d'une façon précise, mais ils seraient les derniers représentants d'une de ces races primitives qui, dans les temps passés, ont dû importer dans ces régions de l'Est ou du Sud-Est, toutes ces plantes qui sont cultivées dans la région et qui ont une origine exotique, que cela ne serait pas fait pour nous surprendre. On retrouve, en effet, chez eux une foule de documents qui étonnent, car ils ne ressemblent en rien à ceux que l'on voit chez les peuplades voisines. La forme de leurs couteaux et de leurs sabres rappelle une origine musulmane. Bien mieux, un certain nombre de ces couteaux sont munis de ces anneaux qui permettent de les porter au bras gauche à la façon des Touaregs, à cette seule différence près que ces anneaux sont rarement en cuir, mais plus souvent en corde tressée, ou en ivoire. Les manches en bois portent des incrustations très fines. Chez aucune des peuplades des environs, je n'ai trouvé un tel degré de perfection apporté à l'ornementation des armes.

Aux gaînes des couteaux ils suspendent divers menus objets qui semblent servir d'amulettes, tels que des serres de rapaces, de petits grelots de fer, etc. Parmi ces objets, je découvris des sortes de petits tubercules qui répandent une agréable odeur (ils semblent appartenir à une cyperacée), que je n'avais rencontrés nulle part dans la région. Cependant, j'en avais déjà eu entre les mains. Quelques années auparavant, dans un précédent voyage, ayant rencontré dans le Sahara une caravane venant du Touat, j'avais réussi à lui acheter divers objets touaregs, que les Arabes m'avaient dit provenir du Soudan.

Je recueillis le plus de documents qu'il me fut possible de réunir, provenant de cette intéressante population, chez laquelle les moindres choses prennent un caractère particulier. C'est ainsi que leurs pipes sont des sortes de narghilés à pieds, et sur le réservoir à fumée, bourré d'un foin très fin, s'emmanche un long foyer orné d'incrustations de cuivre et d'étain.

Les Sabangas sont fétichistes. Ils sont en rapport avec les musulmans, qui viennent chez eux chercher de l'ivoire, qu'ils possèdent en assez grande quantité, paraît-il.

Les eaux de l'Oubangui avaient atteint maintenant leur minimum de hauteur. En face du poste, s'étendait un banc de sable immense sur lequel venaient s'ébattre des légions de palmipèdes et d'échassiers. C'étaient des canards, des oies, des pluviers et, plus rarement des ibis, des ten-

Fig. 130. — Objets sabangas : 1, Pipe. — 2 à 4, couteaux avec anneaux de bras. — 5, sabre sabangas. — 6, couteau courbé. D'après nature.

tales et des pélicans. Ce banc approvisionnait chaque jour notre table de gibier. Quand on en avait besoin, on armait un canot et on partait en chasse; on était sûr de ne revenir jamais les mains vides.

En baissant, les eaux avaient mis à nu de grands bancs d'huîtres lesquelles portent des prolongements tubuleux sur les écailles (*Etheria tubifera*). Les Banziris les récoltent et les consomment. Comme un jour je leur donnais un plat en fer, leur disant de m'en rapporter quelques-unes, je les vis bientôt revenir avec le plat enfaîté d'huîtres, mais qu'ils avaient retirées de leurs coquilles. Cuites, elles sont d'assez bonne qualité. Ces mollusques sont en telle quantité que les coquilles constituent sur les rivages de grandes accumulations dont j'avais projet de me servir pour fabriquer de la chaux destinée à blanchir les murs, en pisé, de mes cases.

On trouve aussi abondamment un autre bivalve (*spatha*) que les Banziris ne consomment pas, le disant vénéneux; mais ils se servent de ses coquilles en guise de cuiller pour manger la bouillie de manioc ou de mil.

Qui n'a vu une tornade dans ces régions équatoriales ne peut se douter ni de la violence de ces orages, ni de la soudaineté avec laquelle ils éclatent, sans que nul signe précurseur en ait annoncé la venue. Le 13, M. Briquez était revenu de chez le chef Bembé, amenant avec lui huit pirogues qui devaient transporter des colis dans la Kémo. Le lendemain, dès le matin, les préparatifs commencent et occupent toute la matinée. Le temps est superbe, l'air calme, et pas le moindre souffle ne vient remuer les feuilles des arbres ou rider la surface des eaux tranquilles de l'Oubangui, au-dessus desquelles un brouillard léger s'élève, embrumant l'horizon du fleuve et limitant la vue; c'est à peine si l'autre rive apparaît floue et vague. Ainsi s'annoncent les plus belles journées. Et la fraîcheur relative d'une nuit claire, établissant une différence de quelques degrés entre la température de l'air qui, à six heures du matin, n'est que de 22 à 24 degrés, et l'eau de l'Oubangui qui toute l'année reste chaude à 27 ou 28 degrés produit ces brumes légers qui limitent la vue sur la surface de la nappe liquide.

Les pagayeurs viennent de prendre leur repas, puis de se reposer, étendus au clair soleil dont ils ne redoutent pas l'ardeur. Cent quarante charges, non compris le bagage des hommes, sont soigneusement installées dans les pirogues, déposées sur des rondins qui les mettront, à l'abri de l'eau dont il peut toujours entrer une certaine quantité par suite des manœuvres de la perche; à l'arrière de chaque pirogue, flotte gaiement un pavillon

Fig. 131. — Sur un banc de sable des légions d'oiseaux venaient s'ébattre...

dont les Banziris connaissent les couleurs, et qu'ils ne manquent pas de fixer sur leurs embarcations, sachant bien la protection qu'il leur donne : nul n'oserait chercher noise aux pirogues qui portent le *Sinza na fraça* (le drapeau des Français, mot à mot : le pagne ou l'étoffe des Français).

Les perches s'abattent, les pagaies frappent l'eau et les Banziris chantent à pleine voix. Bientôt le convoi tout entier disparaît au tournant de la rive boisée.

Il est deux heures. C'est le moment de la plus forte chaleur et il fait chaud aujourd'hui : 36° à l'ombre. Il y a une demi-heure à peine que M. Briquez est parti. Mais bientôt quelques gros nuages apparaissent vers le Sud-Est; le temps se rembrunit, l'horizon devient sombre, le soleil ne jette plus qu'une clarté blafarde, et soudain, un vent violent s'élève amenant avec lui d'immenses nuages tous noirs qui roulent, rapides et furieux, les uns sur les autres. Les eaux de l'Oubangui, qui ont pris la teinte de l'encre, se soulèvent maintenant en flots qui viennent balayer les rives. D'un seul coup la température est tombée à 26, puis à 23 degrés. Cependant, le baromètre qui indique des soubresauts de montée et de descente, donne dans ses variations une moyenne qui s'éloigne peu de la normale. Ce ne sont que des poussées brusques d'abaissement et d'élévation (1). Bientôt la foudre éclate de tous côtés. Deux arbres immenses qui se trouvent devant le poste, frappés par la foudre, s'effondrent avec un épouvantable fracas balayant de leurs branches le toit de la case principale qui nous donne abri. L'eau tombe à torrent.

Que sont devenues les pirogues qui avec M. Briquez s'en allaient vers la Kémo? Je suis à leur égard dans une inquiétude mortelle. Ont-elles eu le temps de gagner la rive et de se garer?

Soudain, avec la même brusquerie qu'elle est venue, la tornade disparaît et le calme qui régnait il y a une heure s'est de nouveau rétabli. Mais les arbres brisés, mais les cases du petit village banziri, détruites, attestent du passage de l'épouvantable orage. Immédiatement, je fais monter des hommes dans une petite pirogue et les envoie s'enquérir de ce qu'est devenu M. Briquez. Le soir, ils reviennent et m'apportent un mot de lui. Il a pu gagner la rive à temps et y déposer tous les bagages. Tout le monde est sain et sauf et rien n'est perdu. Tout autre, moins expérimenté, aurait pu ne pas prévoir, aux premiers signes, le danger menaçant; en un instant, les pirogues peuvent couler bas et être perdues, corps et bien.

Enfin, le 20 mars, tous mes transports par convois successifs,

---

(1) Voir le tableau des variations barométriques à la dernière page du volume.

opérés les uns par voie de terre, les autres en pirogues en remontant la Kémo, étaient terminés. Les nouvelles qui me furent rapportées de la Kémo, par M. Briquez, qui venait d'accompagner le dernier convoi, étaient excellentes. Les relations avec les indigènes devenaient chaque jour plus cordiales, plus suivies, et le pays se montrait riche en ressources de toutes sortes. M. Chalot m'annonçait que les cultures prospéraient au poste, et elles seraient prochainement capables d'améliorer sensiblement le sort de ceux qui y résidaient; et lorsque nous remonterions, avec mes renforts et les nouveaux Européens qui venaient se joindre à nous, nous pourrions, par une alimentation meilleure, refaire un peu nos santés fatiguées par toutes les privations.

Désormais, je confiai le poste des Ouaddas aux agents commerciaux qui s'y étaient établis, lesquels, de par conventions passées avec les maisons de commerce qu'ils représentaient, devaient se considérer comme gardes du pavillon français qui ne cesserait ainsi de flotter au-dessus de nos postes, même alors que nous serions obligés de marcher en avant.

Le lendemain, avec MM. Briquez et Bobichon, je m'embarquai dans des pirogues banziris pour aller regagner Bangui où j'espérais bien retrouver M. Maistre et les renforts qu'il m'amenait.

La marche est lente, il n'y a presque plus de courant. De tous côtés les bancs de sable et les pointes de roches, sont couverts d'innombrables bandes d'oiseaux qui s'enlèvent en nuées à notre approche. Les rapides n'existent plus, mais, par contre, il faut chercher ses passes, car c'est à peine s'il y a assez de fond pour que les pirogues puissent marcher. Une baleinière, même à faible tirant d'eau, serait dans l'impossibilité de naviguer. Le troisième jour nous arrivons en vue des rochers de Bangui. Sans la moindre difficulté, nous franchissons la passe du milieu et allons aborder près du poste, qui, tandis qu'il a été inondé de plus d'un mètre d'eau au moment de la crue, se trouve maintenant perché au sommet d'un banc de sable surélevé à près de huit mètres au-dessus du courant.

M. l'administrateur Largeau me reçoit avec cordialité et me remet un courrier venu de France.

M. Maistre n'est pas encore là. On m'annonce que, par suite de causes imprévues, le départ a encore été retardé. Une lettre de Brazzaville me dit que sa mission est arrivée seulement au Loango, et que l'on ne sait encore quand il pourra partir pour Bangui. Ces nouvelles me désespèrent. Si j'avais pu deviner qu'il en serait ainsi quand j'étais dans la Kémo, je serais parti de suite vers le Nord, sans perdre en vaines attentes ces trois mois, pendant lesquels ma santé, si bien trempée cependant au départ, s'use et devient chaque jour moins satisfaisante.

Comment employer utilement maintenant le mois d'attente qu'il me faut passer encore? Je forme le projet d'aller rejoindre mon poste de la Kémo en partant de Bangui par terre. Mais quelques jours à peine, après mon arrivée, les fatigues et aussi le souci de perdre ainsi un temps précieux, contribuent à développer chez moi un état fiévreux qui prend bientôt des caractères inquiétants. Il n'y a, à Bangui, personne ayant de connaissances médicales, j'en suis réduit à me soigner moi-même, mais bientôt mon état s'aggrave tellement que je n'ai plus conscience de ce qui se passe autour de moi.

Sur ces entrefaites une petite chaloupe de la Maison Hollandaise vient, non à Bangui, car la baisse des eaux ne lui permet pas de remonter jusque-là, mais à Zinga, à deux jours en pirogue du poste.

L'administrateur m'engage à quitter le poste dont non seulement le séjour est malsain, mais où l'on manque absolument de provisions et de vivres de malades. Je me décide à profiter du petit bateau à vapeur que l'on veut bien mettre à ma disposition et à me rendre au-devant de M. Maistre. On me transporte dans une pirogue et, accompagné de M. Bobichon, je vais partir pour Zinga et delà pour Lyranga. Je charge M. Briquez de revenir dans la Kémo et d'y attendre notre retour.

Après deux jours de navigation, épuisé, gisant dans le fond de l'embarcation, j'atteins le petit vapeur où je reçois l'accueil le plus empressé et le plus aimable, plein de cette cordialité que j'ai toujours trouvée auprès du chef et des représentants de la Maison Hollandaise.

Le changement d'air amène bientôt un mieux sensible, et lorsque le 5 avril j'arrivai à Lyranga, je repris l'espoir de me remettre rapidement. Là le petit vapeur devait me laisser, ayant à continuer sa route vers le Haut-Congo. Mais, par un heureux concours de circonstances, la chaloupe à vapeur des Missions Catholiques, le « Léon XIII », se trouvait au mouillage. Le Père Supérieur voulut bien consentir à la mettre à ma disposition pour me conduire jusqu'à Brazzaville, où nous arrivons dans la matinée du 10 avril.

M. Maistre est là avec tout son personnel. La grande joie que j'éprouvai de son arrivée, amena dans mon état une amélioration sensible et de suite nous prîmes d'un commun accord nos dispositions pour repartir dans quelques jours, dès que les bateaux de l'administration seraient prêts. Guidé par l'expérience, je fis un choix parmi les nouvelles marchandises qui venaient d'Europe, pour n'emporter que celles qui nous étaient indispensables.

Mais, hélas! le mieux qui s'était manifesté dans mon état n'était qu'apparent et produit par l'espoir de repartir bientôt. Deux jours plus tard, je retombai dans un état tellement alarmant que l'excellent docteur Curaud, qui me prodiguait ses soins avec un empressement dont je lui garde une profonde gratitude, ne répondait plus de mon existence. Et lorsque je lui demandai, dans combien de temps il pensait que je pourrais repartir, il me dit qu'il fallait renoncer à tout projet et, essayer de gagner la côte, lorsque ma santé s'améliorerait.

La maladie triomphait de ma volonté. Désormais je ne pourrai plus être qu'une entrave à une marche rapide en avant. Quoi qu'il m'en puisse coûter, il fallait y renoncer. M. Maistre, qui arrivait de France, plein de santé, prendrait en main tout le personnel de sa mission et de la mienne. Je m'entretins longuement avec lui, le renseignant sur le pays parcouru et étudiant l'itinéraire à suivre pour continuer l'œuvre de pénétration. Il irait rejoindre le poste de la Kémo où personnel et marchandises l'attendaient, et de là, partirait vers le Nord, comme j'avais projeté de le faire moi-même.

Mon état s'aggravait encore. Un jour, je me réveillai d'une syncope et je vis tous les Européens réunis autour de ma couche. Je compris que le moment était décisif. Cependant je me remis.

J'avais emmené avec moi le fils de Bembé, le chef banziri. Je le confiai à M. Maistre pour qu'il le ramenât, car qui sait ce qu'il en sera de moi maintenant.

Le 24 avril, je vois partir M. Maistre et je n'ai même pas la force de l'accompagner jusqu'au bateau. — Ah! je le confesse, si en partant de France, au moment de me séparer de tous les miens, j'avais su garder l'œil sec, il n'en fut pas de même lorsqu'il me fallut renoncer à poursuivre la tâche qui m'avait été confiée. Je trouvai du moins une consolation à songer que l'œuvre entreprise serait continuée utilement, puisque M. Maistre en prenait la charge dans ses mains vaillantes et qu'il était utilement secondé par les compagnons qu'il avait amenés de France et par ceux qui avaient fait partie de ma mission. Je savais, par les preuves que ces derniers m'avaient fournies en tant de circonstances, combien leur concours serait précieux. Je chargeai M. Maistre de leur dire ma gratitude pour le dévouement qu'ils avaient apporté à la cause que nous avions servie en commun, et aussi toute la douleur que j'éprouvais de me séparer d'eux.

MM. Brunache et Briquez devaient continuer à faire partie de l'expédition. MM. Bobichon, Chalot et Chaussé rentraient en France.

Le 27, je vis arriver M. le lieutenant de vaisseau Mizon, qui venait de l'Adamaoua par la Sanga; combien je le félicitai du beau voyage qu'il venait de réaliser et dont les conséquences devaient être si utiles à la France!

Peu de jours avant lui, le capitaine Decœur, qui avait accompagné M. de Brazza, était revenu également à Brazzaville atteint de graves accès de fièvre.

Le 3 mai nous partîmes, MM. Mizon, Decœur et moi, pour aller rejoindre la côte, en suivant le Congo et passant par l'État Indépendant.

De Brazzaville, nous prîmes la route de terre jusqu'à Manyanga, qui est le point frontière de notre territoire sur le bas Congo. Nous avions ainsi contourné les redoutables rapides de Livingstone. Après avoir traversé le fleuve en pirogue, nous nous embarquâmes dans un *boat* en fer appartenant à la Société Anonyme Belge, qui nous avait accordé l'hospitalité la plus large et la plus bienveillante, dans son importante factorerie de Manyanga, rive gauche. La descente du Congo jusqu'à Issanghila est pleine de péripéties émouvantes, car le courant est impétueux et plus d'une fois notre embarcation fut prise dans des tourbillons qui la firent valser sur elle-même sans que l'on sût comment on sortirait de ce pas difficile. Puis d'Issanghila nous allâmes par terre, car le cours du Congo est coupé par des chutes effroyables, gagner les factoreries de Vivi en suivant la rive droite. Traversant une fois encore le cours du fleuve, nous pûmes atteindre Matadi, puis Boma et Banane, où nous rencontrâmes la mission du duc d'Uzès, qui se disposait à aller gagner Brazzaville par la ligne de terre.

Je pris passage sur le vapeur de la Compagnie des Chargeurs Réunis « Ville de Céara » et le 15 juillet j'étais en France.

Les Ouaddas. — La Kémo. — Paris.

Janvier 1892. — *Janvier* 1893.

JEAN DYBOWSKI.

ERRATUM

Page 24, dernière ligne, à la place de *Imperata cylindrica*, lisez : *Tephrosia Vogelii*.

TABLE DES ILLUSTRATIONS

                                                Pages.

JEAN DYBOWSKI.. *Frontispice*
Fig. 1. — Recensement des porteurs.. 13
Fig. 2. — Objets fabriqués par les Loangos : Panier avec couvercle. — Chevet en bois. — Bois sculpté.. 17
Fig. 3. — Enfants loangos.. 20
Fig. 4. — Types de porteurs loangos.. 21
Fig. 5. — Domestiques loangos.. 22
Fig. 6. — Idoles en bois des Loangos... 23
Fig. 7. — Départ de la caravane pour Brazzaville.................................. 27
Fig. 8. — Forêt de palmiers à huile.. 29
Fig. 9. — Calaos de diverses espèces.. 33
Fig. 10. — Igname bulbifère du Mayombé.. 35
Fig. 11. — Maintenant le chemin c'est le lit de la rivière........................ 37
Fig. 12. — Le chef du village de M'Vouti, un de ses fils et sa troisième femme... 39
Fig. 13. — Marche dans les hautes herbes.. 41
Fig. 14. — Nous nous reposons sous un sycomore.................................... 43
Fig. 15. — Bélier de Loudima... 47
Fig. 16. — Plantation de bananiers.. 51
Fig. 17. — Quand j'eus fini le pansement, son père me demanda un pourboire..... 55
Fig. 18. — Arrêt sur les hauts plateaux... 57
Fig. 19. — Le malade devra en guérir... 61
Fig. 20. — M. Briquez.. 65
Fig. 21 — Recensement des porteurs à Brazzaville.................................. 68
Fig. 22. — Le Congo au-dessous de Brazzaville : les rapides de Livingston...... 69
Fig. 23. — Le chef du village de M'Pila... 73
Fig. 24. — Type de Batéké.. 74
Fig. 25. — Femme Batéké.. 75
Fig. 26. — Couteau de parade des Batékés.. 76
Fig. 27. — Les hommes se précipitèrent pour dépecer l'animal..................... 77

TABLE DES ILLUSTRATIONS.

	Pages.
Fig. 28. — On arrivait à tuer des hippopotames	79
Fig. 29. — Type Balali	81
Fig. 30. — Une bande de noirs fait irruption dans le cercle de la danse	87
Fig. 31. — M. Nebout	91
Fig. 32. — Paul Crampel	97
Fig. 33. — M. Brunache	107
Fig. 34. — M. Bobichon	109
Fig. 35. — Le départ de l'*Alima*	110
Fig. 36. — M. Ch. Chalot	111
Fig. 37. — Pirogue afouroue	121
Fig. 38. — Guerrier afourou	123
Fig. 39. — Type afourou	125
Fig. 40. — Couteau d'exécution des afourous	126
Fig. 41. — Couteau des Afourous et sa gaîne	126
Fig. 42. — Village afourou, près de Lyranga	127
Fig. 43. — Sagaies et couteaux de la Sanga	129
Fig. 44. — Chauve-souris à gueule d'hippopotame	133
Fig. 45. — Fruit de kola	139
Fig. 46. — Il se redresse furieux et vient sur moi	141
Fig. 47. — Le chef du village balloï Moubendilou	145
Fig. 48. — Coupe d'une case balloï	147
Fig. 49. — Banc de repos des Balloïs	148
Fig. 50. — Disque fait de poissons fumés	149
Fig. 51. — Tambours en bois des Balloïs	150
Fig. 52. — Vue de l'Oubangui en pays balloï	151
Fig. 53. — Type de Bonjo	153
Fig. 54. — Type de femme Bonjo	155
Fig. 55. — Pays bonjo : harpon de chasse, grande sagaie, couteau avec sa gaîne, pagaie, couteau-poignard	157
Fig. 56. — Antilope de l'Oubangui	159
Fig. 57. — Entrée de case, en bois sculpté	161
Fig. 58. — Rives de l'Oubangui en pays bonjo, villages de N'Gombé	162
Fig. 59. — Poterie bonjo : grande touque à vin de canne à sucre, pot pour la préparation des aliments ; plat en terre	164
Fig. 60. — Poterie bonjo : vase double, bouteille en terre	165
Fig. 61. — Branche des arbres de la rive couverts d'algues	166
Fig. 62. — Pêche au grand filet	167
Fig. 63. — Village bouzérou, près Bangui	169
Fig. 64. — Seuil et îlot de Bangui	171
Fig. 65. — Buffle et bœuf sauvages	173
Fig. 66. — Petite antilope	175
Fig. 67. — Phalanger des environs de Bangui	176
Fig. 68. — Pirogue bouzéroue	177
Fig. 69. — Coiffures de jeunes Bouzérous	179

TABLE DES ILLUSTRATIONS.

Pages.

Fig. 70. — Population bouzéroue : vase en terre, plaque en cuivre servant à orner les casques, casque en peau de chèvre... 181
Fig. 71. — Le paysage prend un aspect désolé..................................... 185
Fig. 72. — Payayeurs banziris, au poste de Bangui................................ 191
Fig. 73. — Objets banziris : couteau, sagaies, couteau avec gaîne, marteau-pilon en ivoire, pagaie.. 192
Fig. 74. — Couteau-serpe des Banziris.. 193
Fig. 75. — Bracelet banziri en fer forgé... 198
Fig. 76. — Jeunes gens et jeunes filles banziris................................ 195
Fig. 77. — Objets banziris : arc et flèches, pilon en ivoire, plat en bois, grand tambour des pagayeurs, grandes cloches en fer forgé....................................... 197
Fig. 78. — Figuier enlaçant le tronc d'un arbre.................................. 200
Fig. 79. — Les indigènes guettent.. 201
Fig. 80. — Les femmes ouaddas venaient vendre au poste.......................... 209
Fig. 81. — Village banziri du chef Bembé... 217
Fig. 82. — Vigne croissant à l'état sauvage..................................... 220
Fig. 83. — Grand poisson harponné par les Banziris.............................. 223
Fig. 84. — Ils fument le poisson sur des claies en bois......................... 225
Fig. 85. — Campement sous les palmiers... 229
Fig. 86. — Couteau de parade et javelines langouassis........................... 231
Fig. 87. — Coiffures des Langouassis... 233
Fig. 88. — Objets langouassis : tabatière, sacoche de fumeur, pipe avec pincette, mortier à piler le tabac, ceintures en liane.. 235
Fig. 89. — Langouassi fumant la pipe... 236
Fig. 90. — La case du chef Zouli... 241
Fig. 91. — L'homme rouge... 247
Fig. 92. — « Ne vas pas plus loin ! me dit le chef. ».......................... 251
Fig. 93. — Marche dans les bambous... 253
Fig. 94. — Attaque du camp musulman.. 257
Fig. 95. — Coton filé par les N'Gapous... 263
Fig. 96. — Concombre des N'Gapous.. 264
Fig. 97. — Musulman du Dar Rouna... 265
Fig. 98. — On nous l'amena bientôt... 267
Fig. 99. — Gargoulette en terre et sandales des musulmans....................... 269
Fig. 100. — Calebasses servant de pot à eau et étoffe du Dar Rouna.............. 271
Fig. 101. — Boîte en écorce, planche à Coran et calames, fers à esclaves des musulmans du Dar Rouna.. 273
Fig. 102. — Ce sont d'énormes fourmilières...................................... 283
Fig. 103. — Passage du Chari... 285
Fig. 104. — Le Pic Crampel... 289
Fig. 105. — Cocon de chenilles comestibles...................................... 295
Fig. 106. — Rats de la Vallée du Chari... 297
Fig. 107. — Grenier à mil des N'Gapous... 301

	Pages.
Fig. 108. — Lyre, flèches, carquois, arc et bouclier des N'Gapous	303
Fig. 109. — Couteau de jet des Bouzérous	304
Fig. 110. — Couteau de jet des N'Gapous	304
Fig. 111. — Couteau de jet des N'Gapous	305
Fig. 112. — Couteau de jet des N'Gapous	305
Fig. 113. — Euphorbes servant à empoisonner les flèches chez les N'Gapous	307
Fig. 114. — Hachette, sagaies, couteau de femme, des N'Gapous	309
Fig. 115. — Type de Bassa	313
Fig. 116. — Le seuil de Bangui aux eaux basses	319
Fig. 117. — Trois espèces de pintades des environs de Bangui	321
Fig. 118. — Antilope des bords de la Kémo	327
Fig. 119. — Potamogale des bords de la Kémo	329
Fig. 120. — Les rapides de la Kémo	335
Fig. 121. — Entrevue avec Krouma, le chef des Tokbos	337
Fig. 122. — Bouc des Tokbos	343
Fig. 123. — Poste de la Kémo	345
Fig. 124. — Objets tokbos : cuiller à eau faite d'une calebasse, pot en terre, plat en bois.	346
Fig. 125. — Objets tokbos : sac en fourrure, sifflet en ivoire, sac de forme musulmane, pipe, sacoche à briquet	347
Fig. 126. — Poissons de la Kémo	351
Fig. 127. — Femme Ouadda portant une poule	355
Fig. 128. — Tam-tam chez les Ouaddas	361
Fig. 129. — Le chef Sabanga	363
Fig. 130. — Objets sabangas : Pipe, couteaux avec anneau de bras, sabre, couteau courbe.	365
Fig. 131. — Sur un banc de sable, des légions d'oiseaux venaient s'ébattre	367

CARTES.

Moyennes des observations thermométriques diurnes	388
Moyennes des variations barométriques horaires	388
Index des régions explorées	388
Carte générale des itinéraires parcourus	388
Carte des itinéraires parcourus en régions inexplorées	388
Profil de l'itinéraire de Bembé sur l'Oubangui au Pic Crampel	388

TABLE DES MATIÈRES

CHAPITRE PREMIER.

Les origines de la mission. — Départ de France. — La côte occidentale d'Afrique. — Recrutement des tirailleurs. — Libreville. — Arrivée au Loango. — Organisation des caravanes. — Mœurs et coutumes des Loangos.. 1

CHAPITRE II.

Le Départ du Loango. — L'administrateur Cholet. — La forêt du Mayombé. — Le poste de Loudima. — Cultures. — Élevage des ânes........ 25

CHAPITRE III.

Le poste de Loudima. — Cultures. — Élevages. — Les ânes pourraient servir de bêtes de somme. — M. Bigrel malade retourne à Loango. — Les bords du Niari. — Un heureux coup de fusil. — Le poste de Comba. — Le poste de Bouanza. — La mission Fourneau attaquée. — Désertion des porteurs. — Mon nouveau chef d'escorte. — Le passage du N'Djoué. 44

CHAPITRE IV.

Brazzaville. — Le Congo et le Stanleypool. — Léopoldville. — Les Factoreries. — La mission Fourneau. — Populations Batékés et Balalis.... 67

CHAPITRE V.

La fête du 14 juillet. — Les tam-tams. — On m'annonce le désastre de la mission Crampel. — Arrivée de M. Nebout. — La mission Crampel. . .   84

CHAPITRE VI.

Le départ est décidé. — Envoi de dépêches en France. — Désertion du reste de mes porteurs. — Recherche d'une voie de pénétration vers le Nord. — Travaux préliminaires. — Mon départ. — Les canonnières de la Colonie 103

CHAPITRE VII.

La grande île du Pool. — Le Congo. — Les Afourous. — Commerce, mœurs et coutumes. — Bonga. — Incendie à bord. — L'embouchure de la Sanga. — Le Canal de Likouandji. 114

CHAPITRE VIII.

Arrivée à Lyranga. — Le poste. — Dans l'Oubangui. — Avaries successives. — En détresse. — Les Balloïs. — Modzaka. — Le poste abandonné. — Populations Bonjos. — Mœurs, pêche. 131

CHAPITRE IX.

Bangui. — Les Bouzérous. — Le résultat des reconnaissances faites par mes seconds. — La rivière M'Pokou. — L'Ombella. — La Kémo 168

CHAPITRE X.

Départ de Bangui. — La marche en pirogues. — Les villages Bouzérous. — Les rapides de Mokouangué. — Le poste des Ouaddas. — Population Ouadda. — Les Banziris 189

CHAPITRE XI.

Le chef Bembé. — Villages Banziris. — L'emplacement du camp de Crampel. — Préparatifs de départ. — Organisation de la caravane. — Départ pour l'intérieur. — Les Langouassis. — Accueil peu favorable. — Maladie. — Tout s'arrange. — Marche rapide. 216

CHAPITRE XII.

La rivière débordée. — Arrivée chez le chef Dakoua. — Cultures. — Bruits alarmants. — Villages déserts. — Chez les N'Gapous. — Un tirailleur de la mission Crampel. — Défaite des Musulmans. — La mort de Crampel vengée. — Le jeune Ali. — Musulmans et fétichistes. 238

CHAPITRE XIII.

Marche vers El Kouti. — La ligne de partage des eaux. — Les affluents du Tchad. — Le Chari. — Les N'Gapous se joignent à nous. — Makorou. — Villages dévastés. — Exhumation des restes de M. Lauzière. — Le pic Crampel. — Les vivres manquent. — Retour à travers la forêt déserte. 275

CHAPITRE XIV.

Nouvelles de France. — M. Nebout revient en France. — Arrivée de M. Chaussé. — Départ pour la Kémo. — Entrevue avec le chef des Tokbos. — Établissement du poste. 311

CHAPITRE XV.

Départ pour les Ouaddas. — Cultures et avenir des régions du haut Oubangui. — Les Sabangas viennent se placer sous notre autorité. — Visite du chef Bembé. — Départ pour Bangui. — Nouvelles de France. — Arrivée à Brazzaville. — Retour en France. 349

TABLE DES ILLUSTRATIONS 375

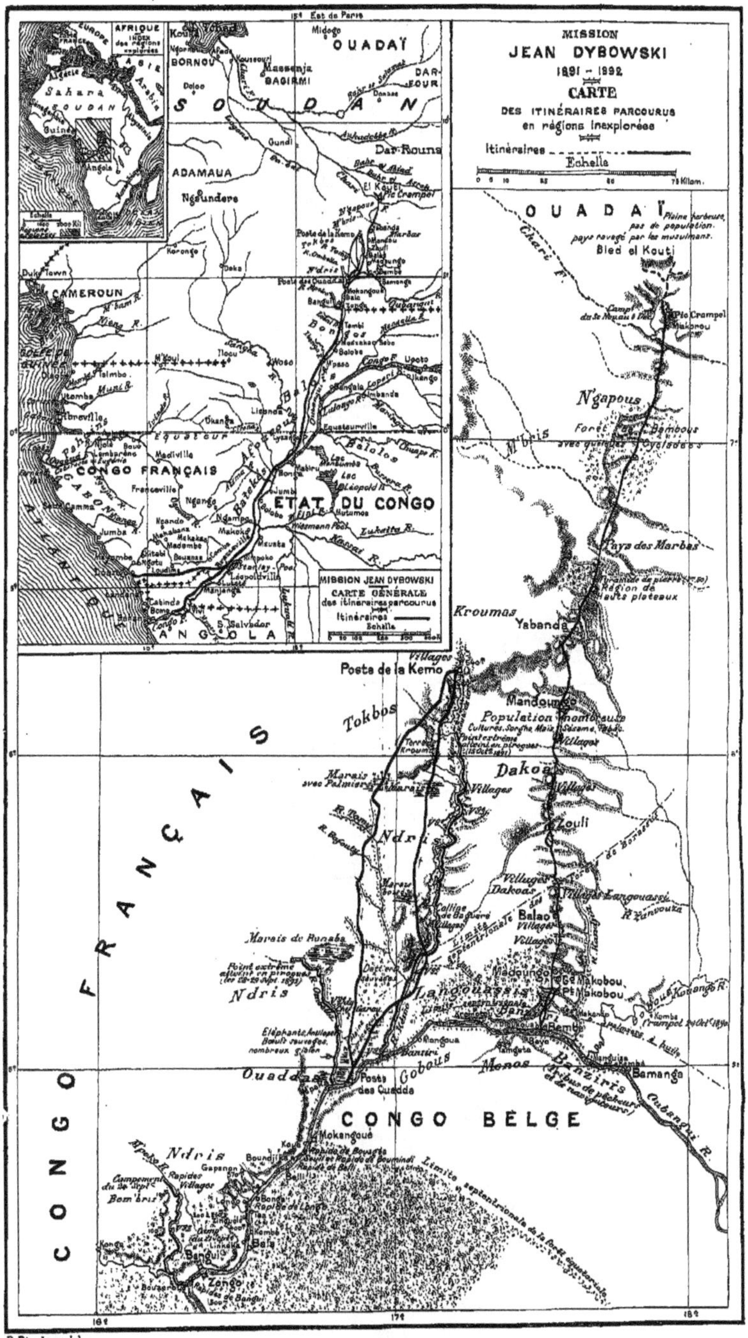

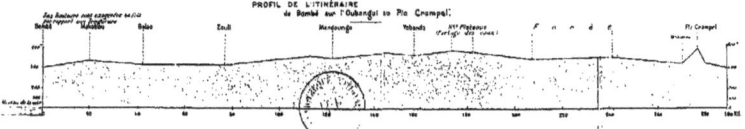

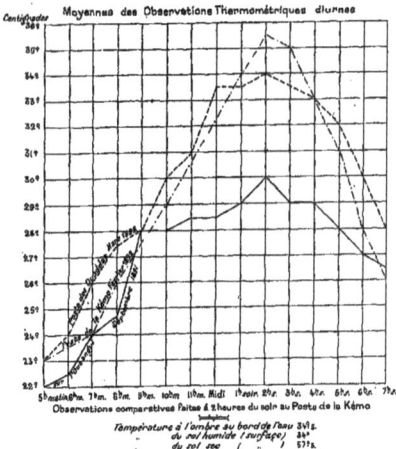

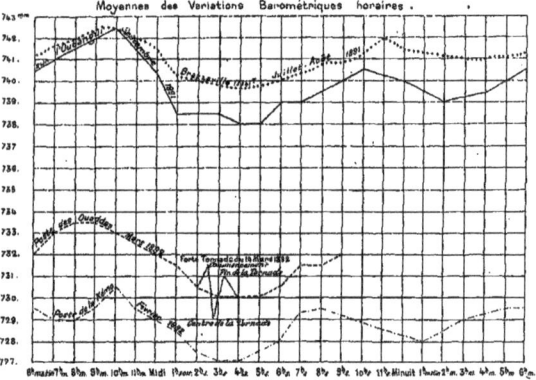

www.ingramcontent.com/pod-product-compliance
Lightning Source LLC
Chambersburg PA
CBHW060608170426
43201CB00009B/938